教 育 探 索 小 说
JIAOYU TANSUO XIAOSHUO

松韵（2）

沈杰 著

文匯出版社

目 录

第 一 章　两块抹不去的阴影 …………………………………… 1

第 二 章　公开遴选校长 ………………………………………… 17

第 三 章　卜俭熙应聘脱颖而出 ………………………………… 30

第 四 章　几成亲家忽生变故 …………………………………… 48

第 五 章　新校长第一次讲话说她有两个姓名 ………………… 57

第 六 章　教育现代化的本质是教育观念与教育过程的

　　　　　现代化 ………………………………………………… 66

第 七 章　博导幸获照料与裘沉摊上了心事 …………………… 87

第 八 章　把学生从单纯追逐分数的桎梏中解脱出来 ………… 97

第 九 章　第一次教育技艺学习交流会 ………………………… 108

第 十 章　胡兴兴抑郁症发作与裘沉期盼出国读研 …………… 122

第十一章　两大危机的提法并非杞人忧天 …………………… 129

第十二章　开启问题学生的心灵之锁 ………………………… 140

第十三章　巧于心计的保姆 …………………………………… 150

第十四章　第二次教育技艺学习交流会 ……………………… 160

第十五章	晚霞斜影宛若曦	184
第十六章	一辆警车把裘沅从教室里接走	195
第十七章	喜上加喜	210
第十八章	迎接全市校长的观摩考察	221
第十九章	仅仅是提供一个研讨的案例	229

后　记……………………………………………………239

第一章
两块抹不去的阴影

新世纪初,高级研究员裘谷平一家三口从一间房搬进了高知楼近80平方米两房一厅的套间。妻子卜俭熙是S中学的语文教师。看房当日,卜俭熙就决定大间让给裘谷平做书房,床底下的许多专业用书终于有个适当存放的地方,也便于他查阅与研究。原先一张三人旧沙发,小小的餐厅里靠墙也能紧凑地安放,它仍然是独生女儿裘沅的床铺。不过自从去年考取了外国语学院英语系,她基本以学校宿舍为家。

裘谷平就职于某激光研究所,他的世界只有一个接一个的课题。他总说时间不够用,脑子里没有闲工夫,衣服脏了不知道替换,下班回家才发现两只脚上是不成对的袜子,这在他身上不是笑话。要不是妻子卜俭熙的悉心照料与策划,出门在外哪来这一身清爽得体的装束?

所有家务都由卜俭熙包揽,即使最近她被提升为副校长工作很忙,邻居们也从来没听见他俩有过一句口角,两人相敬如宾,堪称模范。

可是今晚,走廊里却传来他俩不知为了什么而争执的声音,有时甚至相当激烈。

"你要走,那……我怎……怎么办?"事情太突然,裘谷平眨巴着圆形镜片后的眼睛,急得说话也有点结巴了。

"嗨,你这个大专家就那么没能耐,我不在你就得饿着啦?"卜俭熙带着笑意说。

"不是，我有课题……"

"你有课题，我也有事业呀，难道你有课题我就应当放弃我的追求？"

"不是……"

"什么不是……"

"不是……实话对你说，婚后这二十多年里，我是被你……被你一手惯坏的，你不在我就心里发慌……"

"噢，那是我害了你了！"

"不是……"

"好了好了，你呀，先别发慌，去不去还不一定呢。"

事出有因。

卜俭熙毕业于东海师大中文系，自此五六年里一直在S中学担任高中语文教师兼班主任。她教学投入，管理有方，班级面貌出色，师生关系融洽，同事之间有着良好的口碑。"文革"后期，卜俭熙被指名担任六个初一住读班的年级组长。那时候学校管理混乱，学生纪律涣散，年级组简直是孤军奋战，三百多个二十四小时住校学生的课内课外吃喝拉撒样样都得管。卜俭熙事必躬亲与各方搞关系打交道，天天忙得团团转，把整个年级安排得井井有条，令全校为之瞩目。那时老校长虽然靠边，对卜俭熙的管理才能却有着惊异的发现，不过眼下只能在心里默默赏识。

改革开放伊始，S中学恢复原先重点中学定位，老校长官复原职。但是他自知年事已高，再加上那几年的折腾，身体状况已大不如前，纵有重振过往的雄心，却深感力不从心。于是在他的建议之下，卜俭熙被聘为校长助理。鉴于对老校长的信赖与崇敬，卜俭熙欣然从命，但她舍不得放弃刚刚接任的新高一语文课兼班主任岗位，办公桌仍旧放在年级组里。

　　为了新学期开学有个新面貌，卜俭熙竭力协助老校长处理各种事务。她早到晚归，甚至休息天还专程来校检查食堂、宿舍、厕所等的准备情况。报到当日，大大的横幅"欢迎新同学、新伙伴"挂在最醒目的位置。来一批新同学学校的锣鼓队就热闹一阵。卜俭熙还组织了一批高二学生，个个笑容可掬，既是向导又是义工，帮着办理手续，搬运行李，热情友好地将一拨又一拨新同学引进宿舍就位。开学当天，一切有条有理，热热闹闹，一派有别于以往的新鲜气象。老校长满意慧眼不花，卜俭熙也暗自欣喜。

　　然而，恰恰就在这个新学期开始不久，卜俭熙却接连发生了两桩让她永远不能原谅自己的失误：

　　第一桩发生在高一第一学期学校秋季运动会时，她班上有个姓黄的男同学，100米决赛获得冠军，而且破了尘封多年的校运会纪录，同学们高兴得把他抛向空中。广播台反复祝贺、欢呼。他的母亲为儿子刚刚跨进心仪的学校便能如此出彩而兴奋不已，第二天兴冲冲特意前来看望班主任、新任校长助理。卜俭熙自然要对学生还有家长夸赞一番。末了，母亲问她"孩子有什么缺点吗"，那时办公室里议论某某学生聪明某某学生迟钝之类是习以为常的事，卜俭熙也就未假思索地脱口而出"从最近数学与化学测验看，脑子的灵敏度似乎有所欠缺"。语音未绝，卜俭熙即刻警觉糟糕，赶紧说这说那竭力弥补，可是母亲的神色已经全变，这不分明是在评说她的儿子四肢发达大脑简单吗？学期结束，黄同学转学去了别的学校。这件事情对卜俭熙的刺激极深，她猜想自己在这位母亲的眼里很是不屑，所谓新任校长助理，对于教育学、心理学知识的掌握程度，以及对聪明含义的理解竟是如此浅薄！

　　第二桩事情出在一次作文讲评课上，卜俭熙的意图是激励同学们把语句写得准确通畅，这是写好作文的前提，于是举了几个例子，接着又在黑板上抄了一个句子:"夜自修结束,我离开了教室,消失在黑暗之中……"完了卜俭熙说:"这个句子是文章的收尾,初看还颇具某种意境,不过大家仔细看看,有什么问题吗?"同学们一时都没能看得出问题。于是卜俭熙直呼其名地说:"王玉辉,你消失了吗?"有几个同学体会到了,点头窃笑。卜俭熙继续说:"这种毛病叫做视点错位,在别人的眼里你在黑暗中是消失了,而你自己怎么会消失呢?"同学们于是都哈哈地笑出了声。下课后,作为老师,这等事未必放在心上,哪知下一次作文交上本子的时候,卜俭熙发现王玉辉把上次那篇作文一页不剩地全部撕掉了。她即刻警醒是自己在大庭广众之下犯了大忌!同学们哈哈的笑声,深深地伤害了他的自尊心!卜俭熙仿佛觉察到那扯下作文的嘶嘶声里,王同学既有愤恨又有被羞辱的无奈。卜俭熙充满后悔与自责。当天卜俭熙找王玉辉谈话,真诚地向他表示了歉意,并且鼓励他这个句子只要稍加修改,确实能成为文章颇有意境的收尾。同学自然很受感动,事情也就这么过去了。

但是,这两桩事情卜俭熙怎么也忘不了,心头总是有两块抹不去的阴影。

类似这样的时候,卜俭熙总会想起大学期间的同窗好友梁雪梅。她是个调干生,生活经验丰富,待人友善宽厚,思维敏锐又富于创意,四年里各科成绩一直在优秀行列。卜俭熙对她十分信赖,而卜俭熙的真诚与勤奋,也让梁雪梅觉得相处和睦,乐于与之交往,所以她俩早已是无话不谈的闺密。毕业之后两人一直保持着联系,尽管具体境遇各异,然而情趣相投以及对教育事业的热忱,使得两人在不同的人生画卷里依旧不缺乏共同的话题。梁雪梅毕业分配在本市顶级的R中学当了五六年语文教师,业务超然,笔头勤快,发表过《教书与育人》《学做人与长知识》《素质教育与素质特长》等多篇论文,引起了教育局党委书记兼局长崔正的关注,终于直接把她调入教育局,转而保送至东方大学教育系读研,意图为局里储备真正懂得教育的人才。

卜俭熙因为心头那两块阴影,一直想找梁雪梅述说,以求舒缓心头之郁闷。今天下午她终于挤出了时间,直奔东方大学。两人在校门口如约相见,握手拥抱,异常亲热,随后一起坐进了校内的茶室。

"读研怎么样,紧张吗?"卜俭熙问。

"说不上紧张不紧张,时间上很自由,导师给你一个课题,或者开列一张书单,设个时限递交答案或者文章,所以在这里我是整天整天地泡图书馆。"

"你们不上课?"

"导师点评你的作业,肯定优点,指出不足,启示思路,以至顺势阐述他的理念与观点,这就是上课。当然有时也上大课,至于有关专家学者的讲座,我从不放弃。"

"雪梅,现在你是研究生了,学习依然那么专注,知识与视野肯定又上了新的层次,我给你讲述两桩事情,请你给点评点评。"

"你也来考考我,好呀,你说!"

于是,卜俭熙述说了那两桩事情的全部细节,尤其是自己那挥之不去的懊恼心境。

"点评什么呀,你的心境其实就是答案。"梁雪梅语气平和地说,"我们不是常说,人都是踩着两个阶梯上进的……"

"一个是她的优点和长处,一个是她的缺点与错误。"卜俭熙接过话题说。

"就是嘛,缺点与错误,一旦被感知、被认识,那是一种特别深刻的长进。所以啊,你心里的懊恼,实在是你的思维境界切切实实地又上了一个台阶!"

"谢谢,你总是鼓励我!"卜俭熙端起咖啡,正准备喝时却又突然放下说,"雪梅,因为那两桩事情,我反反复复想得很多,似乎忽然醒悟我们教育学生,纵有满腔真情还是不够的,言行举止不加讲究,有时效果甚至适得其反!"

"俭熙,我们之间真的是心灵相通呢,最近我正在构思一篇文章,题目就叫《师德涵盖不了教育技艺》。"

"从标题看,你的意思是说'师德'与'教育技艺'并不是一回事情?"

"正是。我思考了很久,教育活动的形成至少需要具备三个要素:教材,学生,教师。其中教材只是些类别不同的知识系列;学生是渴望获取知识的求知者;而教师是整个教育活动起着决定性作用的最为灵动的要素,其基本职能是通过适当的方式方法或者说手段,把既定的知识授予学生,这就是教学过程。很显然,这个过程没有固定的模式,它可以是照本宣科粗糙肤浅,让学生入耳不畅半明不白的;也可以是精耕细作详尽阐述让学生无需咀嚼便可下咽的;还可以是辩证深入注重思维能力提高的;更可以是深入浅出巧设疑难借以激励学生跃跃欲试利于探索精神的培养的,等等,此类差别比比皆是,极有讲究。所以,教育过程明摆着有个优化与否的问题,我一直认为这是每一位教师应当追求的一种基本功夫,我把它称为教育技艺。教育技艺在对待学生的品格教育方面尤为凸显,因为每一位学生都是独特的'这一个'。教育过程的现代化,就是教育技艺的最优化,它随着教师个体面对下一代的责任心、热忱、底蕴、方式方法等等状况的不同而迥异。就当前的学校教师队伍,这肯定是一条起起伏伏的曲线,问题在于其总体层面不高,纵有巅峰,但是不多。"

"这不难理解,"卜俭熙说,"几十年来单纯的分数比拼,使得基础教育的培养目标几乎迷失了方向!"

"你说的是呀!"梁雪梅说,"'德智体美劳'是教育学生的总体目标,但毫无疑问'德'是第一位的,因为它对其他四个要素具有本质的、深刻的潜在影响,然而要将其间的关系把握得好绝非易事,问题还在于'德'

的高低优劣难以用'分'来表述,但是评优升学的标准却只是看'分'。随着国家建设事业的发展,对人才的需求越来越大,懂得成才之路必经读书的家长与学生也越来越多,于是读书追'分'渐渐演化为普遍的思潮,而思潮是一种特殊的巨大力量,难以撼动,凡学校只能顺势而为。不同的学校,抑或同一所学校换了校长,大多各有一套新鲜以致花哨的方针口号,而实际上真正着力处都是分数……"

"所以啊,教育必须改革!"卜俭熙感慨万千地说,"而且,德育为首必须切实落地,这是为人的根本问题。学校应当是个育人的大熔炉,清新悦目的校园环境,和谐相处的师生关系,领导与教师们循循善诱的育人氛围,同学之间的友善相处,学科学习天天有所获、有所乐,学生的智力潜能得以开发,再加上学校有意识地组织各种形式的学科活动,拓展他们的视野,鼓励与发展他们的兴趣特长,培养与激励他们的钻研精神,使层次不同的学生,都有志于做一个传承中华民族的聪慧基因,有敢于探索未知的创新欲望,成为对民族振兴有所作为的人。"

"俭熙,说得好,我的文章里将会引用。"

"谢谢!"

"俭熙,我们两个经常议论分数顽疾几十年来对品格教育的深重冲击,我们教育本身似乎也很无奈,使不上劲。其实,任何一个国家,任何一种社会体制,办学都是把培养自己的价值观念所需要的人放在首位的。美国的一位教育家叫做奈勒的就这样说:'实际上,许多人认为青年人的品格教育比传授知识的教育更为重要。这些人虽然关心教材的内容问题,但是更关心的则是学校如何最有效地传授道德和精神价值。'我们的教育方针很直白,培养新时代社会主义事业的接班人。这首先是一项塑造心灵的特殊工程,它需要了解与研究学生多方面的情况,比如家庭生活环境的影响、性格的特点及其可能的发展趋势、思想状况的既定层面及其可能的走向,等等,教师面对形式千姿百态、个性千差万别的活生生的'这一个',如何给予最恰当最有效的教育与引导,是一项精准而灵动的以规划线、以理服人、以情感染情、以心点燃心的工程,也就是说它对于方式方法或者说手段极其讲究,同样绝不仅仅取决于教师的道德情操,因为品格教育是塑造学生心灵的一门绣花般的艺术,笼统的'师德'两个字怎么涵盖得了呢?"

"传授知识的教学过程,道理也是一样的。"梁雪梅继续说,"比如,传授知识能不能抓住重点准确无误;知识的传授能不能做到深入浅出让学生易于理解接受,并且兴趣盎然;能不能在传授知识的过程中同步提升学生的认识水平与思维能力;能不能在传授知识的同时激励学生自我拓展的兴趣,以及更加高远的求知欲望与抱负,这一切也绝不仅仅取决于教师的道德情操,即所谓师德。所以我的结论是,作为教师必须讲究与提升教育的方式方法或者说手段问题,也就是提升教育技艺的水准。我一向认为,我们教育学生最核心的任务是两条,一是指引和积聚良好的品格素养,学会做人;二是掌握知识并激励他们养成自我学习的习惯与能力,进而催生他们对未知探索的兴趣与欲望。所以,我最新的看法是,品格教育是塑造学生的心灵,需要绣花般的艺术。传授知识是开发学生智力潜能,是一门深邃的学问。所以我的结论是:师德涵盖不了教育技艺。"

"雪梅,你的看法跳过了当下的一般见解,太有道理了,你是怎么会想起研究这个问题的?"

"以前只是笼统地想过,真正触发我用心去认真研究的,源自报上的一则新闻。大约五六个月之前,那新闻说某地某校一个14岁的初二女生,因为承受不了老师给予她的委屈而自缢。令人疑惑的是,这则新闻还有回顾这位老师'管理一向很严''曾经两次被评为先进'等文字。看完之后,我为人生才刚刚起步的14岁小姑娘委屈离世感到万分的痛惜,我更为面对如此惊世骇人的悲剧还要为这位老师'管理很严''两次先进'鸣唱几句赞歌感到十二万分的不解和气愤！"

"这则新闻我们也都看到了，"卜俭熙说，"当时办公室里议论纷纷，都对这位14岁小姑娘的死无限痛心！但是后来却没有看到任何下文，无论是电视或者报纸，比如进一步的调查报告，或在一定范围内探讨议论，追根究底以让教育界引以为戒，如能这样，比之在高档酒店里宣读什么《未来世纪教育新模式探索》《论二十一世纪的教育之策略》那种虚无缥缈的高谈阔论，切实有用得多！"

"问题就在这里。当天我一夜没有睡好，第二天我告诉导师，我希望去该校做一次调查了解。好像并不顺利，一个多星期之后导师总算为我弄得了一封介绍信。隔日我就出发，花了三天时间找到了学校。哪知该校领导说，还必须由他们的上级部门签字盖章才行。我又花了半天时间寻找当地教育局。接待同志问我介绍信派什么用场，我说我们是教育研究单位，即使写文章也不会指名道姓。他说那好，不过你们一旦成文，能不能先让我们过过目。我说当然可以，为了教育事业，共同研究嘛。"

"后来你了解到了什么情况吗？"

"据说班主任是位中年女老师，正停职不在学校。其实事情并不复杂。那女孩有意向她喜欢的一个男生借了一本书，归还时夹了张纸条，那男生并不知晓，随便一翻书，纸条飘飞落地，被同学捡起交给了班主任。班主任当即将女孩叫到办公室，首先是大声诵读了那纸条，接着面对那女孩说：'那么点儿年纪，好好读书才是你的本分，怎么想着谈情说爱了，你不觉得难为情吗？多丢人！'女孩羞愧得低着头，但没有哭。班主任训了一通之后说：'你回去吧，明天我去跟你家里联系。'女孩一下紧张起来说：'老师，我改，家里你不要去！'老师说：'为什么？'女孩终于哭了起来，哀求似的重复说：'老师，我错了，我改，家里你不要去！'老师说：'不去？到头来你家里还会骂我不负责任呢！'女孩反而不哭了，一擦眼泪,转身便离开了办公室。当天晚上她就自杀了,挂在卧室的门框上,真是可悲啊!

"俭熙,我们一起来分析,从师德的角度讲,老师发现学生的错误找她谈话,可以说是负责任的,是非大体也没错,可是整个过程,这哪里是老师对学生的教育?简直是尖酸刻薄的羞辱,而且是当着办公室众多老师的面,一个14岁的小姑娘哪里承受得了!尤其当女孩两次苦苦哀求老师不要去她家时,老师竟毫不思考其中可能有着什么特殊的原因,根本不予理会,这不是活生生把一个稚嫩的小姑娘逼上了绝路!

"我悄悄找了班上的两个女生,问那小姑娘家里的情况怎么样,其中一个正巧是她的邻居,那女生十分同情地告诉我,她的后母对她很凶,经常骂她。我听得当时就眼眶湿润,心里想,小姑娘纵然做了不该做的事,可她这是在寻觅慰藉与温暖啊!"

"雪梅,难以理解的是,这样的老师怎么还两次被评为先进?"

"这个问题我问了班上的几位干部,'你们的班主任对你们要求很严',回答说'严,我们都怕她'。我还问'你们的班主任曾经两次被评为先进',回答说'是的,她工作负责,当天的作业一定要我们在教室里当天完成,回家还要另外布置家庭作业'。我问:'有人逃走吗','哪敢,她一直坐在讲台上陪着,直至最后一个同学作业做完'。我说'你们班学习成绩一定很好',回答说'是的,全年级一直第一'。"

"雪梅,如今教育的成效只看分数,教师用足功夫为的只是向学生索取分数,于是学生读书无乐趣可言,爱好与特长受到抑制,以致性格也为之扭曲,同学之间、班级之间,甚至是教师之间的关系都因为分数的攀比而失却了友善与和谐。回顾我们的学生时代,教育简直是在倒退!"

"完全同意你的看法。"梁雪梅说,"教育的陈年旧疴太厉害了,只要分数,不看过程!而且,这位小姑娘的悲剧绝非个案,类似的消息报上早已见过,耳际也时有所闻,更加值得注意的是,在她们的边缘,还有着一个很厚的比例层,他们仍然享有的是与那 14 岁小姑娘差不多的教育!"

"不是听说过不止一所名牌中学,高三毕业生高考结束,回到寝室便把课本撕得粉碎,撒满一地,他们竟以这样的'仪式'与母校告别!"

"这对当今的教育是多么大的讽刺啊!"

"你们教育系知道你了解的情况,反响一定很强烈!"

"是的。"梁雪梅说,"系里有位曾经也在中学任教过的老先生,耳闻我的调查深有触动,特意找我告诉我让他受益一辈子的一则故事。那是在他当教师才两年的时候,有机会去市里听一位模范班主任黄老师的报告。黄老师说她班上的学习委员,是个女孩子,长得活泼可爱,各门功课的成绩都属上乘,老师很喜欢她。但从初二下学期开始,黄老师发现她的成绩在下滑,于是把她请到办公室了解有什么原因。黄老师还没说上几句,那女孩说'老师,我觉得自己变坏了'。黄老师十分吃惊地轻声问:'你说什么?'女孩说'上课总是专心不了,老想着一个……',老师赶忙轻声说'你等一下,我们换个地方'。

"于是黄老师与女孩一起来到校园里,在一张绿色木条的长椅上坐定,然后黄老师语速缓缓地问'刚才你说什么,你再说一遍'。'老师,我觉得自己变坏了',老师问'为什么这样说'。'好长时间了,我上课总是专心不了,老是想着一个男生……'老师立即明白了,说:'不,不是你变坏了,是你长大了……'女孩听了既惊异又疑惑,原本她是等着挨批的。接着黄老师和颜悦色地继续说:'十三四岁的女孩子是身体成长发育阶段,这期间开始对异性产生兴趣,甚至遐想,这是正常现象,黄老师也是从小姑娘过来的,黄老师知道。不过假如处理不好,比如突然不惜时间讲究化妆打扮了,学习不放在心上了,甚至以跟男生逛街游荡为乐事,就是说思想未能与身体的发育一起成熟起来,那可是真的要变坏的。

所以日本有位心理学家把女孩子十三四岁称为危险年龄。'女孩紧接着问:'那怎么办呀?'黄老师说:'不用紧张,懂得了这个规律,坦荡自然,用理智去抑制这种突发的情感,把注意力放在书本上,培养和拓展自己的兴趣爱好,多与比较沉稳的同学交往,大多数女孩都能过好这一关的,你今天能够与我坦率地谈心,说明你是冷静与理智的,不用紧张,继续当好你的学习委员,把落下的功课努力补上去,你能的,是吗?'女孩连连点头。'回教室去吧,遇有疑难就随时来找我!'于是那女孩嘴上说着'谢谢老师',一个转身,步履轻快地离去了。"

"两个故事两重天地啊!"卜俭熙大声感叹。

"关键就在于教育过程,我称之为'教育技艺'的不同。如今的问题是,教育技艺的客观性,以及它的潜在功能,在学校教育中的重要性还远远没有被普遍地认知与重视。为了提高师资队伍的质量,一味强调'师德一票否决'等等,教师队伍中的舆论也就这样长时期地有失偏颇!"

"雪梅,我明白了,师德确实涵盖不了教育技艺,不过我总觉得其间还是有联系的,这种联系应当怎么理解呢?"

"师德与教育技艺之间不仅有联系,而且极其密切,说得具体些,高超的教育技艺必定架构于崇高的师德之上,然而反过来,师德即使崇高也并不必然地衍生出高超的教育技艺。比如大热天里挨家挨户访问学生家庭,埋头备课与批改作业经常到深夜,从不计较个人得失甚至抱病工作等等,这些当然是良好师德的表现,但却并不就是良好教育技艺的明证。所谓'严',常常是肯定一个教师管理的溢美之词,但决不能笼而统之。严而无度,严而无情,老师哪像个塑造心灵的教育者,活脱脱就是个判官。严是严谨,泾渭分明,讲逻辑,讲分寸,讲以理服人,以情感人。总而言之,教育技艺是塑造学生心灵一门绣花般的艺术,传授知识是开发学生智力潜能的一门深邃的学问,两者是良好师德的质的升华!"

"雪梅,我完全赞成你把教师的职责提高到这样的高度来认识!唱歌跳舞是艺术,白纸上写字画画是艺术,在石块木料上雕雕刻刻是艺术,我们教师面对千差万别活生生的个体塑造社会所需要的心灵,责任崇高而艰辛,一些人却仅仅视之为一种职业而已!不过,有时想想呢,我们教育界自身的确也存在问题。"

"我把两个故事原原本本向导师做了汇报,他听了从座椅上刷地站立起来,在办公室里不知所以地快步兜了两圈,然后感慨万端地说:'常有文章说教育要现代化,但教育现代化的真正内涵是什么?能够落地的策略与举措在哪里?许多人依然是模糊的,甚至包括某些教育行政领导。前些日子,我去市郊某教育局,宽大的门厅里挂着一条长长的横幅:两年以内坚决实现本区教育现代化!作为一个区的教育行政领导机构,他们认为的教育现代化显然指的只是校舍设备之类,着实令人汗颜。教育现代化的本质要到教师的教与学生的学的过程中去调研,要到教与学的实践中去探索,找杠杆,下结论。漂亮的校舍,先进的设备,完善的教材,学历合格的教师队伍,固然是教育现代化的必要条件,但它们不是教育现代化本身。我是非常赞赏你文章里的观点的。问题是中国百千万教育工作者里,并不缺乏符合趋势的经典性言论与实践,但就是凝不成共识,形不成气候。而凝不成共识,形不成气候,强国先强师的谋略就落不了地。只凭少数几个自发成就的优秀教师,是撑不起教育真正现代化这块天地的!'"

"雪梅,希望你的文章早日发表,"卜俭熙说,"但愿能够引起广泛的重视与宣传,以致引发一场大讨论更好!"

这时,茶室里的顾客一拨一拨地渐渐散去。

"今天收获真是不小,和你一起当了一回研究生。"卜俭熙看了看手表说,"时间不早了,我得赶回去为谷平准备晚饭了。"

"俭熙，你还真是一位贤妻良母啊！"

"有什么办法，他总说课题研究任务紧迫，国家急需。"卜俭熙突然把话题转向她，"哎，你跟老胡的情况近来怎么样啦？"

"难啊，自从他下海当了合资公司的高管，钱多了，非要我辞职当一名专职家庭主妇，这我哪里接受得了？这事以后有机会再说，今天你赶紧回去吧。"

隔天回到学校，卜俭熙觉得有必要把与雪梅交谈的内容向老校长报告，但她没有急于实行，而是自己先悄悄地看了几本有关教育学心理学的书，收获良多，尤其联系到自己那两块阴影，真切地认识到：一是每一个孩子的大脑都有着与生俱来的无限潜能，而且各有特点与长处，开发他们的智力潜能是教师应当具备的学问；二是孩子都是向好的，表现千差万别，自尊心既强烈又脆弱，塑造他们的心灵，是教师的必修技艺。之后，她把与梁雪梅交谈的内容很有条理地向老校长做了报告。老校长听得十分专注，不时频频点头，于是卜俭熙顺势建议："能不能在我们学校叫响'品格教育是塑造学生心灵的一门绣花般的艺术，知识传授是开发学生智力潜能的一门深邃的学问'，号召老师们努力实践，优化我们的教育过程，把教育技艺体现在我们学校各个环节的教育过程之中。"

"这不仅是一句富有创意的口号，而且是一个切合当今教育需要的科学命题，我举双手赞成！卜老师，学期总结大会上给你40分钟，把两个案例对比分析，好好宣传宣传这个口号、这个科学命题！"老校长颇为兴奋地说。

岂料没隔两周，老校长因为严重脑梗住院了。老校长本已超龄履职，即使康复出院，再要返校重担重任似乎也没有可能。教育局崔书记亲自去医院探望，他们自然会商讨接班人问题。老校长断断续续地说："按能力与潜质，我以为最合适的人选是卜俭熙老师，但是两位副校长资历深,在校都二十几年了,一个女同志我担心压不住,看来,校长只能在两个副校长里挑选了。不过我力荐将卜俭熙老师提升为副校长。"崔书记说:"就按您的意思办吧,还是以稳妥为好,同时也给了卜老师舒展才华的机会。"

受聘副校长以后,卜俭熙一如既往地努力工作。与此同时,作为一名校级领导,常有机会参加或官方或民间的各种会议,她以能有这样的学习机会感到庆幸。有次在外省市开会,用餐时有位老先生颇为感慨地说:"校长们的发言个个侃侃而谈,却大部分不在点子上!"话语的口气着实不小,而观其形象似乎有点不甚相应,涤卡中山装臂肘已经磨白,胡子拉碴,卜俭熙以为大约来自偏远的什么小县城。她悄悄询问邻座这位老者是谁,得到的回答"他可是20世纪40年代留美的教育博士、著名的教育家",让就任副校长不久的她肃然起敬,并且认定他是像裘谷平那样不拘小节狠钻业务的行家,相信他的话语是有感而发,于是很想知道他话里的真意。终于她单独找到了他,说:"老先生,我是上任不久的一名副校长,很想把工作做好,劳您赐教,能不能把您用餐时那句话里的真实意思告诉我?"老先生定神看了她一眼,说:"看来你是一位责任心很强的新领导。校长们的发言你不也都听到了:有的说国家投入太少,没钱教育办不好;有的争名争权,大谈党政矛盾;有的说自己的主要精力是搞创收,福利不好教师的积极性调动不起来;有的凭借传统名校的底气,夸耀升学率怎么怎么高;有的埋怨地区地段是'第三世界',三流生源难于造就一流成品,等等,就没有听人谈及校长作为教育领头人的职责本分——研究学生,掌握学生的心理特点与知识实际水平,引导教师讲究教育教学的方式方法,以及如何激励学生的学习兴趣和开发他们的潜能等等。当年陶行知先生有什么好的条件?能有多少钱?生源落差之大谁能与他比?但是他研究学生由于境遇差异而形成的不同的心理特点,掌握学生不同的知识实际水平,探索学生各有特点的潜质,特别讲究教育教学的方式方法,这方面陶先生有许多精彩的故事,所以学生们很喜欢陶先生,学得既紧张又愉快,在那个贫瘠的年代照样培养出了许多人才!"卜俭熙听着,虽然觉得自己尚未领会透彻,但却有一种从混沌之中顿觉豁然的感悟。

自此之后,类似会议的见闻,副校长岗位的体验,愈加引发她在这个层面上的思考。她想假如碰到雪梅,肯定又是一个议论不完的话题。

忽然有一天,卜俭熙接到梁雪梅的电话,约她尽快见面,有紧要事情商量。卜俭熙猜想是什么紧要事情呢,是不是两个人曾经玩笑似的说起过如何设法让她们的儿子女儿见一次面的事?

第二章
公开遴选校长

梁雪梅与卜俭熙相约在一家咖啡馆碰头,他们觉得这是一个适宜轻轻聊天的适当去处。

"俭熙,今天我要与你商量的事情可不止一件噢。"

"好啊,反正是休息天,有的是时间,跟你聊聊我总会有收获。"

"你就别谦虚了,知道你这个副校长当得很出色,上下都受欢迎!"

"哪里哪里,不说这些,先说你的紧要事情。雪梅,你算是遇到伯乐了!"

"你就别拿我开玩笑了。"

"我的话很客观,崔书记现在认准了培养你,将来一定会重用你。哎,那么你的读博问题定下来了吗?"

"俭熙,我倒不在乎什么重用不重用,读书钻研是我的癖好,可老胡坚决反对,已经吵过几架了。"

"怎么的啦,你们两个可真是牛头马嘴,老对不起来!你儿子支持吗?"

"他支持,他自己毕业以后也决心读研。可儿子一张口,就给老胡的大嗓门压回去了。"

"那你打算怎么办?"

"老话说船到桥头自会直嘛,我们的夫妻关系格调不合,已经不是一两年的事了,顺其自然吧,我的事不说了。"雪梅忽然换了一种语气,"我今天紧急约你出来主要是为了你的事情。"

"啊?我的什么事情,劳你那么郑重其事?"

"你听我跟你说嘛,"梁雪梅端起咖啡喝了一口,然而接着的话语却并不直接涉及卜俭熙急于想要听到的,"崔书记遵循上面的精神,改革的根本要旨是体制机制问题。他问我最近《慧报》上的记者长文《中小学优秀校长青黄不接——本市普教系统的当务之急》读过吗?我说读过。他说其实缺少的不是优秀的校长人才,问题出在校长的遴选机制上。如今所有学校都不缺校长,怎么上去的,无章无规,不该上的上了,一旦上了,又缺乏科学严格的考核机制,只要不犯大错误,不出大问题,就一年一年地延续下去。然而,一所学校业绩的消与长总是滞后的,一旦发觉问题,其实已经相去甚远了。有的问题已经很明显,又因为这关系那关系的,要撤下来还真不那么容易。他说现在有个机会,他决心'摸着石头过河'!"

"这话是什么意思?"卜俭熙不解地发问。

"他要在校长遴选机制方面尝试改革。龙港高科技园区你听说过吗?"

"听说过。"

"顾名思义,那里集中了本市许多高科技企业、研究机构、先进的实验室,以及有关的实验工厂等等。根据中央精神,高科技园区必须加速发展,5年之内人口从20万增至50万,已经更名为龙港科技城,一大批高科技企业,诸如航空航天、人工智能,以及许多科技前沿的研究机构即将落地。市委指示,为了吸引全国各地以及国外的高科技人才,必须办好普通教育。那里现有三所中学,其中一所是从前的县中,传统优良、经验厚实。新建的龙港中学占地100亩,校舍设施一流。校长是从某大学请来的一位博士,教师是从人才市场精心挑选的,也有好几位本市名牌中学的教师因为住房问题而跳槽过去的。开张之日,初中毕业生蜂拥而至。可是四五年了,高考升学率一直落在县中后头,而且有越落越远之势。上个月,成群结队的学生要求集体转学,闹了一场不小的风波,校长已经辞职。"

"那学校现在怎样了?"

"当地的教育署负责人坐镇代理。"

"那也不是长久之计呀。"

"崔书记相信'一个校长就是一所学校',趁着这个机会,他决心尝试改革校长遴选机制。据说初步方案已经形成。我得到的信息是:全市招聘,广告登报;在校工作10年以上即可报名,职务不论;评审委员会由7位专家组成;测试过程两天,形式是笔试与答辩;专家评审结论直送教育局,最后由教育局审定签约,试用期一年,试用确认,签约6年,业绩扎实,再可续约;另有住房、工资等方面的优惠。"

"我看这个机制好,这样才能把真正懂得教育、善于治校的能人推到校长的岗位上!"

"对呀,我要跟你商量的就是这件事。"

"什么意思?"

"我建议你去应聘!"

"我?不行,我不行!我看你去倒是最恰当的人选!"

"跟你说实话,我倒敢于去试一试,但是我与崔书记有约定,进修完成必须回教育局工作,所以我提出这个问题显然是不适宜的。"

"我资历太浅,经验不足,担任副校长才几年……"

"招聘广告不是说了,'在校工作10年以上即可报名,职务不论',这才叫'不拘一格降人才'嘛,所以资历不是问题。有时候资历深,经验丰富,习惯于老框框,反而具有某种排他性。你年富力强,虚心好学,勤于钻研,举措果敢。你对那两块阴影的态度,让我既感动又钦佩!而且你是那样深切地体察学生的心理,尊重和维护学生的自尊心,这对于一个教育者来讲,是多么宝贵的财富!在非常时期,你团结十来个教师,把一个年级组管理得井井有条,你们的老校长十分赞赏。副校长当了没几年,又获得了普遍的好评……"

"让你这么一鼓动,试一试倒也未尝不敢,但是家里的问题不好解决。谷平的生活自理能力极差,他的时间分分秒秒都花在科研上,课题又都是国家急需,一旦过去总不能天天回家吧?"

梁雪梅沉默了片刻,说:"你的女儿裘沅呢,听听她的意见。俭熙,这是一个机会,我认为你应当豁出去,为教育改革闯出一条路子来!"

"我会认真考虑的。"卜俭熙端起咖啡,原本一口可以喝完,她故意留下一半说,"没有别的事了吗?雪梅,你回去是不是把你对我的建议,以及我的难处告诉你的儿子,听听他的看法。"

"好的,然后把两个年轻人的见解比对比对。"

两个人自然想起她们玩笑似的说起过的意愿,眼下虽然彼此没有点穿,但是心知肚明都为着想在了一起而窃笑。

卜俭熙回到家里,大略地说了去科技城应聘校长的事,由此,夫妻之间才有了故事开首那场颇为激烈的争执。

卜俭熙转身给女儿打了个电话,要她明天下午尽量早点回家,有事与她商量。裘沅四点刚过就回到了家,问有什么事急着商量。于是卜俭熙把雪梅阿姨(裘家迁居梁雪梅特来祝贺,还送了一只漂亮的花瓶,所以她俩见过面)的建议原原本本地告诉了她。

"妈,我支持你!"

"你真的支持我?"

"当然真的!雪梅阿姨眼光不会错,你有当正校长的才能,并且富于创新精神!"

"一旦应聘成功,那你爸怎么办?"

裘沅自然知道,她爸的分分秒秒全都用在了科研上,课题一个接一个,大小奖励得过好几次。至于他的科研究竟搞的什么东西,解决的是什么问题,他从来不说,只知道他的工作单位是激光研究所,每个课题都是国家急需的。多少年了,生活上的一切全由她妈照管。裘沅知道龙港科技城离市区五六十里,这倒确实是个问题。

就在这时,裘沅听见门外有人操弄钥匙准备开锁的声音,她一步跨过去把门拉开:"爸,你今天怎么回来得这么早?"

"有好消息报告呀!"他转身关上门,很有些兴奋地说,"你妈不是要到龙港中学去当校长吗?告诉你们,我们所,哦,已经更名为激光研究院,也要搬到龙港科技城去了!"

"这下可圆满了!"裘沅一听高兴得拍起手来。

"你们院什么时候能够搬过去?"卜俭熙问。

"大约两年以后,现在主楼已经动工。"

"也好,"卜俭熙说,"我不去应聘了,待你们院两年以后搬家,我再申请把工作调去龙港中学不就是了。"

"妈!"女儿叫了一声,马上转过身去对着她的父亲,"爸,你专心致志于科学研究,为国家做贡献,我们全家都支持你,妈工作再忙,对你的照顾真是无微不至啊……"

"我知道,我知道!我感谢她,我的心里永远感谢她!"

"光心里感谢还不够,爸,妈也是一个事业心很强的人,她不仅有能力和潜质当好一名校长,而且正与雪梅阿姨谋划,决心为改革教育事业闯出一条路子来,你不支持?"

"支持,我支持!"

"据雪梅阿姨透露,这次龙港中学公开招聘校长,是教育局整体改革构想的一个起点,所以在时间上不能错过。爸,这事是雪梅阿姨首先提出的,让我们一起坚决支持妈去应聘,并且预祝妈应聘成功!"

"女儿说得有道理,我应该支持!"裘谷平说。

"你也支持?"卜俭熙加重语气望着她丈夫再问。

"支持,支持!"

"你们爷儿俩这可给我压力了,这下我得好好准备准备,为我也为你们,我得争这口气! 不过,谷平,一旦我真的应聘成功,那两年的时间你得有点思想准备噢!"

"妈,你放心,到那时,我每周至少回来两次,我会用水饺云吞汤团之类速冻食品,还有容易存放的半成品菜肴,把冰箱塞得满满的。爸,饿了水里煮煮就可以吃。"

"行行,只要不花费我太多时间,能吃饱就行。"

"用过的碗筷什么的泡在水斗里好了,我回来会洗刷的,回来得早我还会为你做热菜热汤。爸,两年时间就艰苦点,何况休息天妈回来一定会加倍犒劳你的!"

"好好! 我不仅有个好妻子,还有一个这么孝顺的女儿,我还会有什么顾虑呢?"裘谷平终于现出爽朗的笑容说。

全家早早地吃了晚饭,裘沅回学校去了,裘谷平一放下饭碗就把自己关进了书房。卜俭熙不待餐后残局收拾,转身去房间给梁雪梅挂电话,把事情的全过程告诉了她,还说让她特别觉得高兴的是,女儿不仅支持她,而且还帮助说服她老爸,孩子真是长大了!

"雪梅,家里的问题解决了,我却忽地感觉压力山大呀,应聘校长终究不是儿戏,到时候给人家轻飘飘刷下来,那面子丢得可不小咯,我该怎么准备呀?"

雪梅在电话里说:"这你不用着急,一两周里招聘广告见报后,我们再一起商议。"不待卜俭熙插话,梁雪梅紧接着说,"告诉你,在我导师的一再建议与阐释之下,教育系从下学期开始,凡三年级都要增设一门新的课程,曰'古今中外教育家评述',开课者就是我的导师。他写过一本与之同名的书,我想尽早让儿子把这本书给你送过去,你先翻阅翻阅,也许会有启示。顺便跟你说,我把建议你应聘的事跟儿子说了,儿子说'肯定应当支持,他们家里有什么难处我也可以帮忙的'。俭熙,我想,儿子送书来最好是你女儿在家的时候!"卜俭熙回答得爽快:"后天,星期六整个下午她都在家。""知道啦!"声音里都听得出来梁雪梅的心里在笑。

第二天上班的时候,卜俭熙一直在想,弄点什么招待这个第一次上门的年轻人呢?下班路上拐进了食品公司,花生瓜子似乎俗了点,于是在西点摊位挑了几种点心,回到家里悄悄藏入食品橱。

第三天上午,别人看不出,卜俭熙做什么都格外利索,并且早早地安排吃好了午饭。裘谷平总是一吃完饭就进书房去了。女儿要帮妈收拾,妈说不需要,让她进卧房去休息。卜俭熙边收拾边想,在哪里招待客人呢?裘谷平的书房从来不欢迎别人进入,包括自己家里人。要是跟他说今天关系重大,结果准会讨个没趣。卧房里光线好,但显然也不太合适,所以这个小小的用餐处只好权充会客厅了。

卜俭熙很快把一切收拾得干干净净,妥妥帖帖。看看时间还早,就拿了一叠作文本,准备边改边等。刚坐下,她用一个手指在餐桌的玻璃台面上刮了刮,好像还有点油腻,于是又去拿了块干净抹布把玻璃台面再擦拭了一遍,似乎还不放心,又抽了两张餐巾纸再一次加工。

卜俭熙摊开作文本,根本心不在焉,只等着敲门声。她想,雪梅的儿子胡兴兴敲门决不会鲁莽兮兮地"砰砰砰",一定是体现某种涵养的"笃笃笃"。"笃笃笃",有人敲门,卜俭熙赶紧起身开门,一看是个眉清目秀的年轻人。

"您是卜俭熙阿姨吧?"年轻人问。

"我是我是,你是胡兴兴,辛苦你了!我们这儿好找吗?"

"好找,一出地铁站就看见你们的大楼了。"

胡兴兴不急于进门,两只脚在门口的塑料垫子上反复地擦磨鞋底。

"没关系,没关系,快进来,快进来!"

刚跨进门槛,胡兴兴便急着交代:"卜阿姨,这本书是我妈特意让我送给您的。"胡兴兴把用报纸包好的一本书递给卜俭熙,顺手还把一盒点心放在餐桌上,"这也是我妈让我带来的。"

"谢谢,谢谢!"卜俭熙还未关上门,转过脸便朝里喊,"裘沅,有客人来了!"

裘沅走出房门,一看是个颇为帅气又温文尔雅的小伙子,心怀喜悦地问:"你好,你是……"

"他是你雪梅阿姨的儿子,胡兴兴。"卜俭熙端着两盆点心从厨房走出来说。

"哦,雪梅阿姨的儿子,快请坐,请坐!我们第一次见面?"

"第一次。不过我常听妈说起你……"

"阿姨怎么说我?"

胡兴兴有些腼腆,迟疑片刻才说:"我妈说你长得很漂亮!"

"谢谢雪梅阿姨夸奖!"

这时卜俭熙从厨房里端来两盆西点,又泡来两杯茶,边说"你们吃",边转身在书房门上敲了几下说:"谷平,有客人,出来见见。"

裘谷平跨出书房,说:"这位就是梁雪梅的儿子,长得生气勃勃,你已经大三了,听说你毕业以后决心读研,很好,趁着年轻,多学一点,知识这东西,真正到用的时候总嫌少。"

"谢谢裘伯伯指教!"胡兴兴很恭敬地站起身说。

"我爸就是这样,在家里一天到晚关在书房里看书,电脑里查资料,一到单位就闭门在实验室里做实验。"

"我早就知道裘谷平伯伯的名字,成就卓著,不久前妈才告诉我就是你爸,今天见到他也算是一种荣幸。比起他来,我辈差矣!"

"你还年轻,你是学建筑的,将来建造全世界最高的大楼!"

"你可别笑话我,这个我连梦都不敢做。"

"梦有什么不敢做的?我就什么梦都敢做,尽管醒来什么都没有。"裘沉说完咯咯地笑。

"你是一位勇敢的梦想家!"

"你可别耻笑我!"

"不是不是!"胡兴兴赶紧解释,"记不起是哪位名人的话,说所有的发明创新都是从梦想开始的。"

"胡兴兴,你绕起圈子来真够快的。"说完裘沉又咯咯地笑起来。

就这么一来一往的几番对话,胡兴兴略显拘谨,甚至还会出现瞬间的不自在。不过,在敏感的裘沉看来,这是面对年轻姑娘心有所钟的袒露。而裘沉面对这位清秀又淳朴的胡兴兴也顿生好感,所以她今天的言谈确是超乎往常地活跃。

自始至终,卜俭熙的耳朵一直紧贴门缝倾听。感觉他们起身要告别了,卜俭熙赶紧开门出来,说:"胡兴兴,辛苦你了!谢谢你,请代我谢谢你妈!"胡兴兴说:"卜阿姨,您客气了!"这时裘沉已经拉开了门,胡兴兴回过身说:"应当向裘谷平伯伯告别一声。"裘沉说:"不用,他看书思考最不喜欢别人打扰,待会儿我会代你向他问候的。"于是胡兴兴跨出门去,卜俭熙赶紧喊:"裘沉……"下面的话裘沉接过去说:"我去送送他。"

两个人出了小区,向着地铁站方向走去。经过了第一个出入口,他们没有下去,是两个人忙于说话忘了呢,还是故意视而不见。第二个出入口,他们也是这样走过了。沿着脚下的人行道一共三个地铁出入口,第三个出入口在望了,不待走近,裘沅抬起头说:"前面就是大惠丰商厦了,八楼有个咖啡厅,我们去坐坐,喝杯咖啡怎么样?"胡兴兴急着回答:"好啊!"

　　进了咖啡厅,两人在边角处捡了个小桌子面对面坐定。服务员送过来一张印有各种咖啡名目的大卡片,裘沅接过去扫视了一下,将它推到胡兴兴面前,说:"你喜欢哪一种?"

　　"随便。"胡兴兴迅即把大卡片推了回去。

　　"随便是什么意思?"

　　"随便就是你喜欢什么,我也就喜欢什么。"

　　裘沅忽然咯咯咯笑了一阵,说:"你说话很像我爸!我们有时外出用餐,妈边翻看菜单边问我爸,爸总说'随便',妈问'随便是什么意思',爸回说'随便就是你们喜欢什么,我也就喜欢什么'。"

　　胡兴兴居然也嘿嘿嘿笑了一阵,不过声音仿佛只在喉咙口。

　　"你笑什么?"裘沅问,"是我这么一说让你赚着便宜了?"

　　"不是不是!"胡兴兴赶忙解释,"只是听你这么一说,我忽然想起了一首小诗……"

　　这时服务员走过来,裘沅要了两杯拿铁。

　　"是什么小诗,可以读来听听吗?"

　　"当然可以,不过小诗前面有个小序,不能不先说一说。去年暑假,我们七八个同学自发组织去日本旅游。有一次在电梯里,日方导游问我们:'听说你们A市男人都是怕老婆的?'一些人哈哈地笑。我说:'不是,误解了,我们A市男人都是很尊重老婆的!''对对对!'我的同学们大声附和。"

　　"说得好!你的话既维护着A市的老婆们,也为你们男人争得了面子!"

　　"当晚躺在床上一时睡不着,便腹稿了一首小诗:

A 市男人

有一天,老婆准备去买菜。

老婆:你想吃萝卜还是青菜?

老公:萝卜。

老婆:我想吃青菜。

老公:那就青菜。

又一天,老婆准备去买菜。

老婆:你想吃青菜还是萝卜?

老公:青菜。

老婆:今天我想吃萝卜。

老公:那就萝卜。

再一天,老婆准备去买菜。

老婆:你想吃萝卜还是青菜?

老公:萝卜或者青菜。

老婆:今天听你的。

老公:那就青菜或者萝卜。"

这回裘沅更是咯咯咯大笑起来,以致不得不赶紧双手捂住嘴。

"有这么好笑吗?"胡兴兴说。

"好笑!第一,你写的就是我爸,简直一模一样!"

"这说明你爸是一个典型的 A 市男人。"

"第二,你很幽默,幽默是聪明的升华,是一种真正的智慧!"

"承蒙夸奖!"

这时,服务员送来了两杯拿铁。

裘沅端起杯子,刚刚喝了第一口,包里的手机响了,拿出一看,是她妈打来的。"在做什么?"手机里传过来。"喝咖啡。"裘沅回说。"和他？"还是手机里的声音。"是。"裘沅答。"人家是客人,抢着付费!"妈语音铿锵。"知道!"

裘沅刚把手机放进包里,胡兴兴的手机也响了,拿出口袋一看,也是他妈打来的。"在哪里?"手机里传过来。"喝咖啡。"胡兴兴回说。"和她?"还是手机里的声音。"是。"胡兴兴答。"你是男的,抢着付费!"妈颁布指令。"知道!"

两个人都绝顶聪敏,都猜得到对方接的是谁的电话,回答"知道"指的什么意思。于是各自手里都准备好了百元大钞。喝完了最后一口咖啡,服务员走了过来,两个人几乎同时把钞票递了过去。服务员扫视一下两位,接过了胡兴兴手里的钞票,转身去柜台结算。

"让你破费了!"裘沅说。

"服务员判断正确!"胡兴兴说。

"什么意思?"裘沅莫名其妙。

"你可不要小看这个小姑娘服务员,年纪比你还小,在她们这一行里,都有着一双火眼金睛。"

"喔,是什么样的火眼金睛?"

"一男一女喝咖啡,从最后付费的表现,他们可以判断两个人之间的关系正处在什么阶段。"

"哪有这么神,你倒说说看。"

"两个人抢着付费,那是忐忐忑忑的初次约会,这是第一种;第二种,女的泰然安坐,或者整理衣包,男的付费,那是多次交往的一般状态;第三种,男的东张西望,若无其事,女的付费,那是早已敲定。"

裘沅压低着声音又咯咯咯笑了一阵。

"所以啊,"胡兴兴说,"下回再来,你只管整理衣包,或者抬头观赏咖啡厅的优雅装饰,让我付费,免得我们争来争去,让人家心里暗笑。"

"绕了那么大的圈子,原来为的是这个目的!"

"我还没说完呢。"

"你继续说!"裘沅说。

"再下回来,我希望能有机会仔仔细细地观赏咖啡厅的优雅装饰……"

"让我付费?"裘沅对着他莞尔一笑,"这是个更大的圈子,你真是幽默!"

喝完咖啡,裘沅挥手向小姑娘服务员打了个招呼,两个人嬉笑着离开了咖啡厅。

裘沅回到家,卜俭熙从她的神色断定情况似很乐观:"小伙子不错吧?"

"什么都好,就一个缺点。"裘沅回她母亲的话说。

"一个什么缺点?"卜俭熙笑容蓦地隐去,虽说"一个",是大是小却是个变数。

"只比我高一点点,最好再高那么四五公分。"

"傻丫头,下回出去,你穿鞋跟低一点的鞋子,给他买一双增高的皮鞋,高出四五公分有什么难!"

"妈,你真有办法!"

"找对象,成个家,主要看人品!你看你爸,当初嫁给他,虽然没听人说过他是'牛粪'……"裘沅喷饭似的咯咯大笑,她妈继续说,"但姐妹们总认为我这朵鲜花插得不是地方,可现在怎么样,他有才,对国家贡献大,脾气又好,不是一切都很美满?尤其是生了个像你这样的女儿!"

裘沅很清楚,这个话匣子一打开,妈说起来道理就多了,于是竭力从速收官:"妈,我懂,你就放心吧!"

第三章
卜俭熙应聘脱颖而出

《古今中外教育家评述》是本厚厚的书,卜俭熙翻开第一页,目录的人名就有三十几个。中国的从古代孔子、孟子、董仲舒,直至近代的蔡元培、陈鹤琴、陶行知等;外国的从远到近有苏格拉底、布鲁纳、夸美纽斯、杜威、马卡连柯、苏霍姆林斯基等。卜俭熙看得很认真,对与自己职业有关的书,她读起来向来不追求速度,总是边看边品,有时索性闭起眼睛冥想一阵。读着,思考着,她忽然兴奋地发现,所有这些教育家时空相距遥远,境遇和个性也各不相同,但却有着显著的共通特质,于是赶紧梳理成三个要点,记录在自己的笔记本上:

一、对社会具有强烈的责任心,他们理论与实践的宗旨是使下一代更优秀;

二、他们十分重视对教育对象的研究,研究他们的性格特点、智力潜质、知识的实际状况等,这是品格教育与知识教学之所以有实效的前提;

三、他们在教育过程中对于方式方法或者说手段的运用极其讲究,可以这么说,教育是一门学问、一门艺术,千百年前在他们的教育实践中早有体现,或者说早已是事实。

卜俭熙深切地觉得所有这些教育家的理论和实践,对于当今的教师来讲是多么的切合与需要！而对于当好一名校长就更加不可或缺！雪梅的导师建议教育系开设这门课程是因为他懂教育，东方大学教育系领导层决定开设这门课程也是富于远见的决策。她觉得所有师范专业都应当开设这门课程。当初她们没学这门课程，实在是难以弥补的重大缺憾啊！

忽然电话铃响了，是梁雪梅告诉她征聘广告已经见报，说她时间容易安排，下班前"我来你校门口等候，我们一起在外吃顿晚餐，届时再聊"。卜俭熙说："你忘了，我家里还有个谷平呢。这样吧，你到我家来吃晚饭，就这么定了！"说完卜俭熙便把电话挂了。

卜俭熙推门进屋，竟见裘沅正在厨房里忙乎，有点吃惊地问："你怎么回来了？"

"看见报上的征聘广告，时间可以安排，我就赶回来烧晚饭，一旦你应聘成功，老爸还是要照顾好的。我得估算一下乘车、买菜、烧煮需要多少时间。"裘沅很平静地回答。

"我的好女儿，你让妈既开心又感动，可妈真有点舍不得……"卜俭熙说着，眼泪就要滚下来了。

"妈，这有什么呀，你不是说13岁时烧煮洗刷家务事样样都做，这不也算是让我有个锻炼的机会嘛。"

有人敲门，是梁雪梅，一进门倒是她抢先发问："裘沅，这会儿你怎么有空在家？"

"她呀，今天比我回来得还早，为她爸烧晚饭。"卜俭熙说，"她也看到了征聘广告，说一旦我应聘成功，她会尽可能找机会回来照顾她爸的，今天是演习。"

"俭熙，你有一个这么孝顺的女儿，太让我羡慕了！"她转向裘沅继续说，"我要教胡兴兴好好向你学习！"

"雪梅阿姨，您过奖了！"裘沅被夸得有点不好意思。

"雪梅,光顾着说话,快请坐!"说着,卜俭熙挪过餐桌边的座椅。

梁雪梅靠过去,顺势将手里的食品盒放在桌子上,说:"你电话一挂,下命令来你们家吃饭,我就买了点熟菜。"

"裘沅,雪梅阿姨给我们加菜啦,烤鸭!"卜俭熙向着厨房大声说。

"谢谢雪梅阿姨!我这边也已就绪,那我们就开始吃饭吧。"

裘沅拿来抹布擦桌面,转身又搬上菜肴餐具什么的,动作干净利索。卜俭熙转身去书房门上敲几下,喊"吃晚饭了"。

梁雪梅自进门开始一直目不转睛地仔细端详着裘沅的一切,喜悦之情溢满心头。

裘谷平走出房门,梁雪梅站起身说:"裘老师,您好!"裘谷平忙回说:"是梁老师,欢迎,欢迎!"说着径直走向餐桌。"爸!"裘沅赶紧叫一声,随即做了个两手对搓的动作。"噢,饭前要洗手。"裘谷平说着去了卫生间,出来时他说,"在这个世界上,就是人管人。家里多半是女人管男人,梁老师你们家也是吧?"梁老师回说:"我可管不了。"裘谷平说:"哦,你们家是两男一女,一管俩,难。我们家是俩管一……"大家哈哈大笑。卜俭熙边笑边插话:"哎哎,你可不要没了良心,今天的晚饭是你女儿特地赶回来做的,不管,你吃什么?你看,干煎带鱼、清炒西兰花、糖醋黄瓜,还有一碗番茄蛋汤,怎么样?还不满意?""不不不,本来我的话还没说完,是你抢了我的话头,原本我接下去的话是俩管一,还那么地心甘情愿!"大家又是一阵哈哈大笑。"爸,这烤鸭可不是我做的,是雪梅阿姨带来的。"裘谷平说:"梁老师,让你破费了!"梁雪梅说:"您客气了!裘老师,您不仅科研成果卓著,还有一个幸福美满的家,妻子里外一把手,教育事业出色,富有创新精神,您还有一个这么漂亮、这么孝顺的女儿……"裘谷平说:"常听人夸赞我的女儿,哪一天把她嫁出去,我还真舍不得呢!"裘沅说:"雪梅阿姨,你不知道,平日里一个星期都听不到我爸说那么多话,今天特别兴奋,大概是因为你在场的缘故。"裘谷平说:"梁老师来,我当然高兴啰。不过我告诉你们,这些天我的心情特别好,因为我们的课题研究取得了重大突破!"裘沅紧接着说:"爸,真的!那我们要为你庆贺!妈,你去拿葡萄酒,我去拿杯子。"

裘沅给每个人的杯子里斟上酒,然后说:"这第一句祝贺的话应当由妈对爸说,爸,妈实在是你们团队的幕后成员!""女儿说得不错,没有卜俭熙同志精心周到的照料,哪里挤得出时间搞科研,每天不会有热腾腾的饭菜,衣服也一定脏兮兮的!"说着裘谷平起身,举起酒杯,卜俭熙也起身,举起酒杯,说:"你能为国家的强大做出贡献,也是我们全家的光荣!"于是两人碰杯,各自喝了一口。梁雪梅、裘沅都先与裘谷平碰杯,接着大家相互碰杯,四只杯子叮叮当当音乐般喜庆悦耳。

餐后,裘谷平进了书房,裘沅回学校去了。

卜俭熙转身拿来了载有"征聘广告"的报纸,梁雪梅好像完全忘记了这事,只问:"她的态度怎么样?"

"你不是看见了,很支持,她一定会经常回来照顾她爸的。"

"这个不用说,我看得出,我是问她对我们家胡兴兴的感觉怎么样?"

"她说他聪明、幽默,简直没有缺点。"

"简直没有缺点?这可不大好捉摸。"

"这有什么不好捉摸的?简直没有缺点,就是没有感觉到什么缺点嘛。你儿子一双机灵的眉眼,鼻梁挺挺的,皮肤嫩滑,彬彬有礼。"

"今天有幸仔仔细细观赏裘沅利索有序地忙碌,又那么随和孝顺,心里说不出有多欢喜!""我也是很喜欢你们家的胡兴兴。"卜俭熙说。

"愿他们常常交往,多多了解,早早相恋。"梁雪梅充满希望。

"我相信我们两家有缘!"卜俭熙也是信心满满。

两人抒发心愿也只能至此,忽地定神,几乎同时记起了征聘广告的事,相向一笑。梁雪梅说内容跟自己上回说的差不多,接着她指着报纸边看边读:"报名时带上有关证件……"

"这些我看得懂,我需要你给我指点指点,出出主意!"

"俭熙,什么指点指点,我们一起议论议论吧。"

"好,议论议论,然后我自己梳理。雪梅,看了你导师的这本书,我是深受教育与启发,而且由此我更加赞同你的'师德涵盖不了教育技艺'的观点!"

"文章的发表也许赶不上你去应聘,倒好,你可以尽情阐述、发挥,免得人家说你不过是重复别人刚刚发表的文章。其实啊,你是从自身的教训中反思所得,我是调查案例后的发现,我们是观点相通,异曲同工嘛。"

"你客气了,是你把一般性的见解理论化了,谢谢,就让我沾点光吧。我会告诉评委们,师德与教育技艺不是同一个问题,师德是教育者的道德情操,教育技艺是教育者向被教育者传授人品与知识过程的方式方法或者说手段问题,这是两个不同的概念。所谓教育技艺,主要指德育教育是塑造学生心灵的一门绣花般的艺术,传授知识是开发学生智力潜能的一门深邃的学问。"

"俭熙,何况你有充分的案例把这些概念阐述清楚,我相信你能让那些评委们听得点头称是。"梁雪梅停顿了片刻继续说,"俭熙,你不是对你们的老校长说过,建议在全校叫响这两句话,号召大家努力学习与实践,把教育技艺体现在教育过程之中吗?老校长说举双手赞成,还说给你时间充分阐述。"

"是呀。"卜俭熙低头瞬间思念了一会儿老校长,然后说,"我正是沿着这条思路做着进一步推敲,不过,雪梅,最近国家专门召开大会,号召'教育要现代化',可以肯定它的意义更加深广高远……"

"是是是!我们首先要好好学习!但是我相信你强调优化教育过程,强调教育技艺,与教育现代化不会有冲突。"

两个人谈论十分投入,以致颇为兴奋,但梁雪梅忽然感叹说:"难啊!上层领导缠身的事务还未忙出头绪,压力重重,还顾不上对这个号召的学习与探讨。不过崔书记的思想是很敏锐的!"

"我相信!而且我假如被聘为校长,倒认为'教育要现代化'给了我新的动力,我的信心好像增强了。"

"你有信心就好,祝你应聘成功!"

报名时间,卜俭熙自然选在休息天,女儿欲陪伴,卜俭熙说:"你不是晚上要与胡兴兴一起听音乐会吗,第一次去龙港,时间也难以把握,不必了。"

从市区到龙港科技城,地铁还在建设之中,卜俭熙只身前往,其间至少要换乘两部公共汽车。卜俭熙随身备齐了有关证件,还有发表在《A市教育》上的《学生最初的自信来自于他信》等文章,约摸花了三个半小时才到达龙港教育署。

接待的是一位中年女同志,沉稳而热情。验证了有关证件,她让卜俭熙填写一张表格,贴上照片。完了之后递过去时,卜俭熙轻声问"报名的人多吗",那女同志回说"您是第七位",同时递过一张"应聘须知",个中的要点是应聘活动共两次,第一次笔试,全体统一参加;第二次答辩,个别过堂。具体时间一周以后通知到人。

教育署的通知告知,笔试时间三个小时,从上午八点半到十一点半。考虑到不少同志路远,教育署已经在华光宾馆预订了房间,各位可以于前一天下午报到入住。

笔试当天才知道报名应征共有十九个人。试卷共有三道试题:

一、写出你所知道的古今中外教育家的姓名。就个人的体验着眼,其中哪两位教育家使你最为崇敬,说说缘由。

二、阐释你对"一个校长就是一所学校"的理解与体会。

三、最近国家号召"教育要现代化",请谈谈你对此的理解与认识。

卜俭熙答题的概要如下：

第一题，得益于梁雪梅博导的著作，写出了十九个古今中外教育家的姓名。她最崇敬的教育家是陶行知和苏霍姆林斯基，缘由卜俭熙写了许多，既有理论又有案例，此处暂不赘述。不过卜俭熙答卷中有一句话这里不妨重复一遍："其实所有这些教育家都非常值得崇敬，我之所谓'最'，仅仅是因为我对他们两位的材料了解得稍微多一些。"这一句说明绝非多余，既显现了卜俭熙的谦逊，又足见其思维之周密。因为卜俭熙知道对所有这些教育家到底知之不多，仅仅以自己的一孔之见便为"最"，显得底蕴过于浅薄。相信评委专家们会洞察这一点的。

第二题，这个问题卜俭熙分四个要点阐述：1. 说明校长责任之重大，一所学校办得好或者不好，校长的作用具有决定性的意义，其关键是作为一校之长是否忠诚于教育事业，并且真正懂得什么是教育，以及是否具备较为前沿的教育理念。2. 理想的校长应当是位教育家，就像陶行知和苏霍姆林斯基那样。如今的校长应当以他们为榜样，至少应当具备教育家的基本素养与思维方式。3. 对这句话的理解失之偏颇的校长不乏其人，似乎既然是校长了学校就得唯他为是，再加上体制规章尚不健全，于是"校长负责制"极易异化为"校长一个人说了算"的管理机制，于是乎"以人治校，以权治校，以分治校，甚至以钱治校"等等也就并不是罕见的现象了。4. 去年，报上刊载《中小学优秀校长青黄不接——本市普教系统的当务之急》长文，其实校长人才不缺，问题出在遴选机制方面。此次前来应聘，动机并非只在应聘，觉得教育改革抓到了要处，仅表示我对校长遴选机制改革的拥护与支持。我以为需要制订具有法的意义的学校管理机制，比如既要保障校长的权力得以充分发挥，又要使其受到必要的制约与监督。学校健全的管理机制既能够培养一批又一批合格的毕业生，与此同步也必将能够孕育和诞生自身的管理者——优秀校长。

第三题，关于"教育要现代化"，这是新时代国家对教育改革高远而深切的期待。我以为所谓教育现代化，其本质是教育观念与教育过程的现代化，漂亮的校舍、先进的设备、完善的教材，以及学历达标的师资，并不是教育现代化本身，没有教育观念与教育过程的现代化，它们不过是些现代化的教育硬件而已。

笔试结束，还是那位中年女同志再次把大家召集在一起，告知接下来几天是评委阅卷、打分、审核。答辩因为是个别过堂，会提前两天电话通知到人，请各位耐心静候。现在请各位去食堂用餐。餐后有车送大家参观龙港中学，然后游览龙港科技城，这里虽然不能与市区相比，但也值得一看，已经成了新兴的旅游热点。最后原车送各位回家，各位可以随时叫停下车，直至市区。大家拍手表示感谢。

龙港中学以新颖的设计、合理的布局、明快的色彩、齐全的设施，自然格外吸引每位应聘者的眼球。城市居中是一个巨大的人工湖，谓之龙港湖。湖岸曲折幽远，看不清哪里是尽头。几个地貌不一的半岛都是休憩观景的好去处，远远望过去那边还有一座山丘，谓之龙港山，是当年挖湖的泥土堆积而成，山上绿树成荫，星星点点的亭台楼阁隐含其间。登顶便能看见波涛汹涌一望无际的大海。转身回眸，龙港湖沿岸是林荫大道和鳞次栉比的建筑群，而最令人注目与遐想的是，那湖中心一股直上蓝天的人工喷泉，据说高有200米，水柱降下来，数不尽的波浪水花跳跃滚动，昼夜不歇，象征着龙港科技城永远是波光粼粼的一湖活水！

答辩那天，卜俭熙神态自若地进入答辩室，五男二女七位评委一字排开，正襟危坐，一侧还有两个书记员。可以断定七位评委年龄都在七十左右，这忽地使她产生一阵莫名的紧张，而更让她内心一怔的是，居中的竟是她在某市开会时请教过的那位老先生，显然眼下他是评委会主持者。不过今天他服饰齐整，胡子刮得光光的。卜俭熙竭力镇定，老先生也表情如常，没有显露出他们曾经谋面的任何迹象。

"各位专家好！"卜俭熙很恭敬地向评委们行礼致意。

"卜老师，我们是同行嘛，还是以老师相称为好，请坐请坐！"那位老者说着，同时以整个手掌指着他们前面三四米处的一把座椅。

"谢谢！"卜俭熙说着从容入座。

"卜老师，你的答卷我们一致认为很有见地，"仍是那位老先生说，"现在我们准备与你进一步讨论几个问题。"

"好的。"

主持者右侧的一位老师首先发问："卜老师，你认为应当在教育领域叫响'理想的校长应当是一位教育家，至少应当具备教育家的基本素养与思维方式'？"

"是的，我是这样认为的。因为在教育领域从未听到过这样的声音，因而身为校长者其实并不警觉什么才算是一名好校长的标杆和意识，这并不正常。"卜俭熙回答得非常明确。

"你可以向我们阐述一下你所谓'教育家的基本素养与思维方式'的内涵吗？"还是那位老师问。

"可以。不过这个问题的内涵极其深广，而我能说的肯定还很肤浅。"卜俭熙显得很是沉稳地开始了她的阐述，"仅在三年之前，我从一个校长助理被任命为副校长，为了不致名不副实，我用心阅读了陶行知先生和苏霍姆林斯基等的几本书，深有感触，于是又浏览了古今中外一些教育家的业绩与言论，因为他们多半亲历过校长生涯，或者是长期从事教育工作的实践者，所以他们有着共通的素养与思维方式，我把我的体会与认识分为三点加以阐述：

"一、对社会具有强烈的责任心，忠诚于教育事业，深爱学生，他们的理论与实践的宗旨是使下一代更加优秀。马卡连柯说'培养学生就是培养对未来的希望'，作为校长他把数千名少年违法者教育成社会主义的建设人才;陈鹤琴将其精力以至财力全部倾注在培养'真正的人'上。陶行知先生说服操持家务的妹妹,把出书的稿酬全部用于创办晓庄师范,他说'教育是立国之本','千教万教教人求真,千学万学学做真人'。何谓真人?我的理解是:具有独立的人格,有抱负,善解人意,富于创新精神,热爱自己的祖国和人民。

"二、他们十分重视对教育对象的研究,研究他们的性格特点、智力潜质,研究他们的知识实际状况,这是品格教育与知识教学之所以卓有成效的前提。孔子对他门徒们各不相同的性格特点、智力与潜能了如指掌,所以对他们继续学习的安排,或者任用趋向的提示每每都在点子上;陶行知先生将性格与知识参差不齐的学生培养成不同的人才;马卡连柯之所以能把形形色色的违法少年教育成社会主义的建设者,前提就是他对学生各不相同的实际状况的研究以及循循善诱;陈鹤琴先生是我国现代幼儿教育创始人之一,为了有效进行幼儿教育,曾以自己的孩子作为研究对象,才有《家庭教育》这本著作。

"三、他们在教育过程中对于方式方法或者说手段的运用,极其讲究。可以这么说,知识的传授是开发学生智力潜能的一门深邃的学问,品格教育是塑造学生心灵的一门绣花般的艺术,千百年前在他们的教育实践中早有体现,甚至可以说早已是事实。苏格拉底是第一个提倡用问答方式进行教学的人,其用意是提振学生对问题的注意力,以激发他们对寻求答案的兴趣;苏霍姆林斯基从教始终在自己的家乡,离世前二十多年一直在一所完中当校长。他也有过失误,然而反思让他开拓了新的境界,他运用有趣的小故事教育孩子,收到很好的效果,后来他写了1 200个教育儿童的小故事。有评论家说用故事教育孩子是苏霍姆林斯基的伟大创造,著名的《给教师的100条建议》,其核心也是倡导教育必须讲究技艺。

"陶行知先生当校长的时候,他教育学生常常自身就成了故事里的角色。有一天,他看到一个男生王友用砖头砸同学,当即制止,并要他去到校长室。当陶行知先生回到校长室时,王友已经等在门口准备挨训了。没想到陶校长却给了他一颗糖,并说:'这是奖励你的,因为你很准时,老师却迟到了。'王友惊疑地瞪大了眼睛。陶校长又掏出第二颗糖对王友说:'这第二颗糖也是奖给你的,因为我不让你打人时,你立即就停止了,说明你很尊重我。'男孩将信将疑地接过第二颗糖后,陶校长又掏出第三颗糖:'我调查过了,你砸的那些男生,是因为他们不遵守游戏规则,欺负女生。你砸他们说明你很有正义感,正直善良并且有跟坏人做斗争的勇气,应该奖励你啊!'王友感动极了,哭着说:'陶校长,你打我两下吧!我错了,我砸的不是坏人,是自己的同学啊⋯⋯'陶行知这时笑了,马上掏出第四颗糖:'因为你正确地认识了自己的错误,我再奖励你一颗糖⋯⋯我的糖没了,我看我们的谈话也该结束了。'陶行知校长看到王友犯了那么大的错误,全无居高临下的动怒训斥之类,而是循循善诱,教育过程简短平和,然而是非态度鲜明,话语句句震撼心灵,教育效果直落学生的心田,凸显其塑造心灵的艺术功力,可谓教育技艺的一个不朽的典范。我认为当今作为一名校长,重要的是应当真诚、虚心地向他们学习,以他们为榜样,身为校长理应增强自己的校长意识,在新的条件下学习运用,并且发扬光大。"

"卜老师,古今中外教育家的三个共通特质,我认为你概括和说明得很好。"一位女老师说,"陶行知先生的教育技艺确实令人钦佩和敬仰。卜老师,我想问,你说的'教育技艺'跟我们通常说的一个好教师必须要有良好的师德,这两者之间有什么矛盾吗?"

"没有矛盾,但是师德涵盖不了教育技艺。所谓师德是指作为一名教师必须具备的品德情操,而教育技艺指的是教师在向学生传授为人品格与科学知识的过程中的方式方法或者说手段问题,我称之为教育技艺,他们不是同一个概念。"紧接着,卜俭熙举例说明(一是自己两块阴影的教训，二是梁雪梅告诉她的两个初中小姑娘犯的类似错误但结局迥异的案例）。

七个评委个个听得十分专注，脸上都显现出一种颇被打动的表情。

"师德与教育技艺虽然不是同一个概念，"卜俭熙继续说，"但它们之间有着紧密的联系，那就是高超的教育技艺必定架构于崇高的师德之上，而崇高的师德未必一定衍生出高超的教育技艺，这里边必定有一个学习、领悟、不断修炼的过程。在当今的教育领域，教育必须改革，纵有几度浪潮，然而一些习以为常的观念与举措使得改革总是踩不着点子，再加上惯性思潮是天然障碍，以致真正的改革未曾起步便已夭折。"

最边上的一位老师问："卜老师，你在自己的学校里倡导和实践过吗？"

"还在作为校长助理时，我把自己的教训以及学习所得向老校长汇报后建议过'能不能在我们学校叫响教育过程是一种技艺，讲究方式方法，讲究深入浅出，讲究引发学生的学习兴趣以致乐于探索与钻研。传授知识开发学生智力潜能是一门深邃的学问，品格教育是塑造学生心灵的一门绣花般的艺术，号召大家努力实践，把教育技艺体现在教育过程之中'。老校长说这不仅是一个响亮的口号，更是切合实际的科学命题，他说他举双手赞成，当即决定学期总结大会时腾出时间让我专门讲一讲这个问题。可是不久老校长突发脑梗住院，就此也便离职了。我虽然被提为副校长，这事也就搁下了。"

居中的评委主持者说："假如你被聘任为龙港中学校长，你将会实践你的这些理念与主张吗？"

"会的！"卜俭熙语气坚定。

"卜老师，你在笔试中说'教育现代化的本质是教育观念与教育过程的现代化'，我觉得很有独到之处，你能不能向我们简要诠释一下！"一个不曾发问过的女老师说。

"好的。"卜俭熙整一整身子,"我很愿意向各位老师说说这个提法的有关思考,不妥之处,还望得到老师们的批评指正。可以告诉各位老师,在听到'教育要现代化'号召之前,我对教育改革的思考,重点一直放在教育过程必须优化上,后来经过和同学同事们的反复学习探讨,认识到'教育观念现代化'是'教育要现代化'中更为重要的内涵,教育过程仅仅局限在方法论范畴。学校是教育培养人的地方,所谓教育观念,实质是育人意识中'为谁培养人,培养怎样的人,怎样培养人'种种观点的综合。比如,作为教师以及相关的教育工作者,要坚持德育为首,培养学生爱祖国爱人民的深沉情怀;要真诚地爱护学生;要尊重学生的人格、个性、自尊心;要始终鼓励和表扬学生的优点和长处,因为学生的成长成熟,本质上是他们自身的优点与长处不断扩展的结果;对待学生难以避免的缺点与错误,教师要耐心地根据具体情况运用最适宜的方法予以转化和提高;对所谓的问题学生,教师尤其不能轻视他们,要以真诚与善意竭尽所能地用道理、用情感把他们唤醒。在这里,我还想指出有一个重要的科学原理长期被教育界忽视,那就是要相信每一个学生都是聪明的,因为他们都有一颗与生俱来的潜能无限的大脑。教师教育学生的目的,并非仅仅为重复自己的知识,重要的是开发学生大脑的潜能,培养他们读书与学习的兴趣爱好,引导他们敢于钻研创新的欲望与能力,进而激励他们对大脑潜能的自我开发,这才是基础教育目标的最高境界。诸如此类,有些似乎属于教育过程的问题,但本质上首先是教育观念的问题。观念是先导,也是归宿,观念只有通过适当的过程才能得以体现、物化。所以,所有现代化的教育观念,应当成为新时代每一位教师的标配素养。

"各位老师,讲到这里,请允许我举两个例子。比如,有教师针对学生的某些很难原谅的缺点或者错误,当众训斥,伤害其自尊,辱没其人格,可以断定这样不仅不会有好的效果,而且教师自己也在给学生们演绎着一种负面的榜样。又比如,有位老师对一位学习成绩不怎么好的学生说'你也想什么钻研创新?老老实实首先把作业做做好'!如此冷漠地把一个学生小看,这将极大地打击他的学习积极性,以致对未来的憧憬。我认为,这两位老师毫无异议属于不合格的。自然不用说身为教师者对学生实施殴打的!尤为可叹的是,竟然有人主张制订适当的惩戒规章,以管辖那些不听话的学生!这哪里跟教育现代化沾得上边,着实后退到封建私塾的戒尺时代了!至此可不可以反过来问一句,教育部门的领导层、教育专家们,能不能研究制订几条作为教师理应具备的理论素养和必须遵循的守则?"卜俭熙极其迅速地扫视了七位评委,继续说,"我的意思是说,'教育要现代化'号召,也是鼓舞与期待整个教师队伍的现代化素养有一个大的提升!"

"说得好!"有几位老师异口同声地说。

"我有同感!"另外几位也这样说。

"谢谢各位老师的鼓励!"卜俭熙接着说,"至于教育过程的现代化问题,在前面已经有所涉及,我就不再啰唆了。"

"不过,卜老师,我想问个问题。"有位老先生紧接着说。

"老师您请说!"

"卜老师,你所强调的教育过程问题,你自己也认为说到底属于观念问题。不过教育过程确实是学校教育中最经常、最直接、最真切地体现着教育是否真正产生成效的大问题,我非常赞赏这是一种教育技艺的提法。现在我的问题是,有关教育过程你所举的例子多是思想教育方面的,包括过往教育家的案例,那么那些非班主任、数理化任课老师怎样在他们的教育过程中体现教育技艺呢?所有其他六位评委心里都觉得这倒确实是个问题。"

"这个问题我是这样想的,"卜俭熙回答说,"首先,凡身为教师,无论他从事什么学科,也不论在什么情况下,塑造学生的心灵与开发学生的智力潜能的职责是一样的。纵然科学知识是无国界的,但是教育者与学习者却是有祖国的,我国的教师为什么而教、学生为什么而学的目的都是为了中华民族的伟大复兴,所以任何学科的教学过程中都蕴含有一个为中国的未来而教的问题。所谓塑造学生心灵,就是要教育与鼓舞学生首先成为一个具有中国心、民族魂的人!这是作为一个教师无可置疑的职责。况且,就纯科学类学科而言,除了学科本身的知识,还都有着它们固有的潜在功能。比如,数学理化类,教育技艺低下者,教学过程只是摆出问题,然后给出答案就算完事。教育技艺高明的老师,教学过程中一定同时付之于如何分析、综合,及至推理的思考过程等等,长此以往,学生得到的不仅是未知的答案,重要的是思维能力同时也得到了相应的提高。我是教语文的,比如有的老师把段落大意、中心思想抄在黑板上,让学生做笔记。而有的老师与学生一起逐句逐段厘清含义,进而引导学生如何分析、综合、概括,最后让学生自己写出段落大意、中心思想,只要抓住要点,其结构措辞无须强求一律。前一位老师只是给了学生记忆的材料,后一位老师是着力于学生的分析综合概括能力的培养。记忆的东西总会遗忘的,而积聚的能力是能动的,可以成为理解和汲取新知识的物化了的潜质,因此,教育技艺孰优孰劣不是显而易见了吗?更何况,各学科,尤其是文科类学科,其所饱含的世界观、人生观、是非观、美学观、渗透于字里行间的辩证思维方法等等浩如瀚海,如此丰富的潜在功能,任教者如若置之不顾,只从知识本身,或者只从文章学角度归纳几条特点,这与教育过程现代化相距甚远。有位著名的物理学家(姓名记不清了),回顾他成长过程时说物理知识固然吸引着他,然而给他印象更深的却是,物理老师在讲解某些定律时常常穿插介绍定律发现者的那种矢志不移的坚毅精神,一直深深地鼓舞着他,最终使他成为一名物理学研究者。又比如历史地理等科目,有些老师总是说小学科难教,学生不喜欢听。其实中国历史课是真正地讲中国故事，高明的教育技艺体现在塑造中国魂的激情上。讲古代史，借以激发中华民族勤劳聪慧的自豪感；讲近代史，据此弘扬中国人民受帝国主义列强欺压而从未停歇过的反抗斗争；讲现代史，讴歌颂扬新中国的成立、改革开放的伟大成就等等，这样学生们在知晓了中国历史的同时，定然增强了爱国主义的情怀。地理学科情况亦然，尤其是拿古代与当今的中国地图做一比较，同样能激发学生们的爱国激情。"

卜俭熙这么滔滔不绝，评委们听得个个点头称是。

"重视教育过程，倡导教育技艺，"卜俭熙继续说，"实际上是为教师们架构了宽阔的施展才能与释放智慧的平台，在这里各显神通，百花齐放，风格各具，易于形成富有学术氛围的环境风尚。倘若硬性拔高几个所谓拿得出手的优秀教师，树为典型，其实对大局的影响太过微弱，不仅成不了气候，甚至跟广大的普通教师反而产生某种距离感。教育的切实改革与发展，既有赖于正确的理论导向，更需要能够撬动大局的恰当举措，从而营造舆论环境的大气候，以促使每一位教师都能感奋起来，满怀信心地成为教育改革的弄潮儿。如是，地域不同、生源差异的各级各类学校一样可以出彩，培养出社会各个层面所需要的人才。期望千百万教师队伍整体素质的切实提升，这是一条合乎逻辑的通道，有害无益的单纯以分数评比教育优劣的观念也可能渐渐得以淡去。"

"卜老师，我们讨论的时间按原计划已经超过了不少，但是我还是想最后问你一个问题。"居中的评委主持者说，"卜老师，你在答卷中提到作为校长，应当正确引领教师队伍，知人善任，以调动他们特点不同的各自的积极情绪，我非常赞同。据说龙港中学的内部关系不够和谐，特别是教师与领导之间，你惧怕吗？"

"并不惧怕。"卜俭熙语调平和，但字字清晰。

"如果你接手，你将怎样处置？"

"教师队伍是各具专长且有着相当的理论水平与较高的辨别能力，

又是自尊心极强的知识分子群体,作为校长首先必须身体力行,虚心谦和地与他们相处,力争取得他们的认可与信任。教师队伍居然与领导发生矛盾,往往说明这支队伍具有相当的能量。当然,我会认真细心地做些了解,但是我的工作不会从解决过往的具体矛盾入手,弄得不好反而被陷进原有矛盾的旋涡之中。校长与教师团结和谐的天然缘由是,把注意力引导到对学生的教育教学工作上去。而作为校长自身也要重视学习,以在教育理念与教育技艺方面具备相当的示范性效应。我当教师的时候就这样想过:不被自己的属下信赖和崇敬的校长算不得一名好校长。何况,校长纵有百般设想,最终还得依靠教师的劳动才可能实现,因为教师是学生最直接最经常最有效的教育者,是学校的教育任务如何完成与完成得如何的关键所在。特别值得注意的是,他们的劳动又有着显著的特点:① 形式上的个体性。无论备课上课、批改作业,都不像生产部门那样受到程序与操作上的制约。② 内容上的深刻性。教师的劳动是一种以智慧启迪智慧、以心感染心的塑造心灵的技艺。③ 工时上的模糊性。教师的工作,白天与晚上,休息天与工作日是没有显著界限的。正是因为这三个特点,决定了教师的劳动对于自觉性与创新精神的要求特别突出。所以,我主张带领教师队伍不应把重点放在'管'字上,而应放在'理'字上,也即讲理论、讲规律、讲合作、讲互补等等,用我的说法叫做'以理而治'。"

评委主持者微笑着说:"卜老师,似乎还有值得与你讨论的话题,限于时间关系,只能到此为止了,谢谢你的回答!"

"谢谢各位评委老师!"卜俭熙赶忙起身,行鞠躬礼后走出了答辩室。

离去的时候,还是那位沉稳而热情的中年女同志告诉她,大约两星期之后,聘用与否都会通知到人。

一出大门,卜俭熙便给梁雪梅挂电话,告诉她答辩刚结束,正在去车站的路上。梁雪梅急切地问:"自我感觉怎么样?"卜俭熙回说:"自我感觉还可以吧,评委们的插话与表情好像也不错。哎,你知道评委会主持人是谁?"梁雪梅说:"我怎么知道,这一切都是保密的。"卜俭熙说:"我认识!"梁雪梅说:"是谁? 你怎么会认识的?"卜俭熙说:"我跟你说起过,就是我有一次去外地参加校长会议时专门请教过的那位老先生。"梁雪梅说:"你们相互招呼吗?"卜俭熙说:"没有,不过我心里突地一怔。哦,车来了……"卜俭熙得奔跑几步赶到站点,就此挂断了电话。

　　一个多星期以后,梁雪梅来电告诉卜俭熙:"刚从教育局探听到了好消息,十九个应聘对象,在七个评委那里,你的总分都是第一,中了!卜俭熙,祝贺你,中了!"卜俭熙说:"分数的一半属于你的!"梁雪梅说:"我可不敢贪人之功!哎哎,你不是说评委会主持人你认识?"

　　"是啊。"卜俭熙答道。梁雪梅说:"他就是我的导师!"卜俭熙说:"啊,竟有这么巧的事! 这次应聘能成功,他的书对我太有帮助了,请代我谢谢他!"梁雪梅说:"恕我暂不代劳。我们之间的这种巧合关系,如今谁也不知道,连我们自己也才刚刚弄清楚,说了有可能引起误解。你就等着大红通知吧!"

第四章
儿成亲家忽生变故

　　胡兴兴偶然经过一家百货公司门口,忽然发现他父亲的轿车正停在那里,千真万确,牌号一字不差,他好奇又有些惊疑,于是躲闪在一边等待、窥视。不一会儿,他爸和一位年轻又时尚的女子,各自双手提着七八个包包,嬉笑着从百货公司走向汽车,他爸打开后车盖,放好包包,两人各走一边,进了汽车,马达嗞嗞启动,刷地远去了。

　　胡兴兴傻站着,好长一会儿不知道自己在想什么,应该怎么想。憎恶他爸?为他妈叫屈?怨恨那个年纪与自己差不多的轻浮女子?想的都在理,可他能有什么招?责备他爸,没这个能耐,规劝他几句,门都没有;寻找那女子,责骂她离他爸远点,结果准会遭她白眼或者嘲讽;最难的是怎么跟他妈交代,索性只当什么也没看见,不说,又觉得这样既对不起妈,也对不起自己。他似乎从来也不曾遇到过如此两难又纠结的事情。

　　胡兴兴终于想到给裘沅打电话,约她见面。裘沅问:"什么事?"胡兴兴说:"有事商量,见面再说,很重要!"裘沅说:"怎么重要?电话里先说说!"胡兴兴说:"只能见面说!"裘沅说:"那只有明天了,今天我实在没空。"胡兴兴说:"那我今天回家怎么办?"裘沅说:"到底什么事?你尽量简要说说呀!"胡兴兴说:"今天我看见我爸跟一个年轻女子在一起!"

裘沉说:"哦,是这等事,我们做小辈的管不了,管了反而多生枝节。"胡兴兴说:"那就随他去?"裘沉说:"大人们自己的事,总会有结果的。"胡兴兴说:"装作视而不见,我心里堵着呢,很难受!"裘沉说:"你就别书呆子了,这种事情,小说里电影里比比皆是,其实不就是街头巷尾的真实故事,哪一天听不到?这是一种社会病,比伤风感冒还普通,要是哪家医院治得了,排队三天三夜肯定还不一定挂得上号!安下心吧,明天再说!"

胡兴兴于是给妈打电话,他知道她最近专注于写论文,常在家。"妈,你在家吗?"听到回应在,便说"我回来吃晚饭"。

胡兴兴回到家,他妈正在厨房里忙着,他只叫了一声便关进了自己的房间,心里只是翻腾着说还是不说的"问号"。他妈觉得有点异样,推门看看,只见他和衣带鞋地斜躺在床上。"兴兴,身体不舒服?""没有,只是有点累。"于是她拉上门又去了厨房。胡兴兴一下坐起身来,想:爸在妈面前很少有笑脸,说话也是冷冷的,这些自己早有察觉,但今天发现他爸竟然如此背叛他妈,做儿子的怎么能装作视而不见,让妈蒙在鼓里受委屈?可说了又能怎样,准是天天吵架,他料定他爸是难以回头的,结果是让妈反而受气更盛、更恼。胡兴兴想来想去一无头绪,直到他妈喊吃晚饭了,满脑子依然只有一个"问号"。

"兴兴,今天怎么啦?无精打采的,跟裘沉吵架了?"只见胡兴兴低头吃饭,他妈问。

"没什么……"

对儿子愁眉不展的表情,含含糊糊的言辞,做母亲的哪有看不出来的,于是放下已经夹在筷子上的菜肴,柔声和缓地说:"肯定有事!是不是与裘沉吵架了?跟妈说说是为了什么事?"

"不是!"

"那是为了什么呀,学校里犯错误了?"

"不是！妈……"胡兴兴抬头望着他妈，眼眶里闪着亮晶晶的泪花。

"怎么啦，儿子……"梁雪梅赶紧抽取两张纸巾给他，肯定儿子受了什么委屈，自己的眼泪倒要夺眶而出了。

"妈，爸对你怎么样？好吗？"

"怎么今天忽然问起这样的问题？儿子，你住校许多事情不知道，自从你爸下海当上了合资公司的高管，凭借他在位时的人脉关系，很受公司器重，于是昂扬自得，飘飘然起来，一星期没几顿晚饭是在家里吃的，经常喝得醉醺醺的，通夜不归是常事，我与你爸早已不是正常的夫妻关系了……"梁雪梅说着，并不流泪，但显得十分沮丧。

"妈，你有没有严肃地说说利害关系，好好地规劝规劝他？"

"没有用，一说就吵架。你爸还要我辞职，做一个专职家庭主妇，妈是多么热爱自己的事业，怎么可能接受这样的安排！其实，这只不过是他的计谋，想逼我提出离婚，可我就是不说！"

"妈……"胡兴兴再也憋不住了，"今天我看见爸和一个年轻女子从百货公司走出来，大包小包买了许多东西，放进汽车开走了……"

"这是妈早就有所预料的，当下想着不劳而获找个有钱男人过过好日子的漂亮姑娘多得是！"

"妈，你怎么不想想办法，找找他们的领导？"

"儿子，你比妈还守旧，现在可不是妈年轻的那个时代了，何况是合资公司，领导根本不会管这种事，去了准会遭人嗤笑！"

"妈，要是爸正式提出离婚呢？"

"离就离吧，虚无的婚姻也不会有真正的家庭温暖！"

"妈……"胡兴兴抱着他妈，终于哭出了声来。

"儿子，别哭！"妈在儿子背脊上拍了几下，"堂堂男子汉，大学毕业还要读研，妈为你骄傲！妈只希望你和裘沅好好相处相爱，待妈退休了，就伺候你们两个，有了孩子，妈包管包教！"

"妈,你还年轻……"

"不,妈早就想好了,就盼着这一天呢!"

胡兴兴听到妈对他与裘沅的关系如此热切的期待,一下把他隐隐的疑虑吊上了心头。他与裘沅已经一个多月没见面了,约了几次都说这事那事的没空。今天因为他爸的事,她答应"明天再说",所以晚上他给她打电话,她回说明天学校里有事,"后天,后天下午我没课"。

终于见面了,胡兴兴说喝杯咖啡去,裘沅说就公园里坐会儿吧。于是两人进了附近的一个街边小花园。胡兴兴几重心事堵得烦闷,在长椅上坐定之后一时无话。

"怎么啦?垂头丧气的,跟你妈说了?"裘沅侧一侧身子看着他问。

"眼看我妈这样地被背叛,我实在憋不住,说了,没等与你商量。"胡兴兴似乎有一种违约的歉意。

"其实跟我商量有什么用,我能有什么好办法!你妈的态度怎么样?"

"我妈的冷静与坦然简直令我吃惊,她说她早有预料,因为事实上他们之间不和已经几年了。我问假如爸提出离婚呢,她说离就离吧,虚无的婚姻也没有家庭的真正幸福!"

"是嘛,做女人就要有那么点骨气!离开了这个男人就没有其他男人了?再说女人没有了男人就不活了?我就非常赞赏你妈,热情,有个性,事业心强!"

裘沅的话语与脸色充满同情,甚至带着几分激愤,但胡兴兴听了却觉得有着一股凉意,不是吗?把她话里的"女人"换成"男人",这不正在给他打预防针吗!

"裘沅,妈对我说过几次了,"胡兴兴接着说,顺着她对他妈的同情,这既是如实的传达,却也不失为一次试探,"请你到我们家吃顿饭,我现在转告了,你能赴约,对她此时此刻的心境,倒是一种莫大的安慰。"

"我懂,请你先代我向你妈表示问候和感谢。吃顿饭,不急,稍后再说。"

裘沅的回应,使胡兴兴进一步觉得自己的疑虑绝非神经过敏,她在给他们之间的关系有意降温。表象的任何一点变迁,总会有其内在的原因,但胡兴兴哪里会知道实情。

还是在本学期初,外语学院女生宿舍近乎惊异地传遍了一则新闻,说学院新近引进一位海归老师,年轻的博士,他那种蒙了层洋味的帅气,女生们无不看得眼睛发直。近乎一米八零的身材,挺拔的脊梁,一头黑发整齐又不显呆板,浓眉大眼,皮肤不是那种病态的雪白,而是略微掺和点南美的棕红,鼻梁上架着亮闪闪的无框眼镜,沿着镜架看过去,耳朵的大小比例也恰到好处,总而言之,帅得无可挑剔。"我怎么没看到过?"裘沅说。"你走路低着头,心里老想着胡兴兴,自然看不见啰。"同寝室的小柯说。

国庆前夕,连续几个晚上有舞会,小柯对裘沅说去跳舞。"我又不大会跳,不想去。"裘沅说。"我也不大会跳,庆祝国庆,去看看热闹。"小柯说着,轻轻一扯,裘沅也便跟着走了。来到舞厅,两人在边上的靠椅上坐下。不多一会儿,小柯急促又神秘地说:"过来了,过来了!"裘沅望着她问:"谁呀?"小柯说:"海归博士!"裘沅刚抬头,一个让他眼睛一亮的大帅哥已经来到她的面前,非常绅士地邀请她跳舞。裘沅说:"我不大会跳。"海归博士说:"没关系,随着大伙儿一起转转就是。"于是裘沅伸手便被牵着进了舞池。裘沅真的不大会跳,很是拘谨。"你不用使劲,随我转就是。"海归博士显然是位舞池高手,裘沅随他转着转着,渐渐觉得自己的步法也有点谱了。

"老师,您是……"裘沅的话还没说完。

"'您'!"海归博士抢过话头很是谦和地说,"我把'心'留下了,请你就用'你'称呼我吧!"

"您是老师,做学生的应当有礼貌。"

"礼貌固然需要,但有时候反而让人产生距离感,我说了我把'心'留下了,请务必用'你'称呼我!你不知道,其实,我早就认识你了!"

"怎么可能,在哪里?"

"怎么不可能?在中央大道上,你低头走路,我可看一眼就忘不了了!"

"我很特别吗?"

"特别!特别漂亮!我还知道你是英语系三年级二班的。"

"这你怎么会知道?"

"我想知道,自会有办法的。"

"我叫什么名字你知道吗?"

"这还不知道,我这就请问,漂亮的小姐,您的尊姓大名?"

"唉,老师,你怎么对我用'您'?"

"这是礼貌,我在请问呀!"

"老师你真风趣,我叫裘沅,'裘'是……"

"这名是你爸给取的?"

"是的。"

"你爸一定是从事什么研究工作的,求本索源嘛!"

"老师你真会分析和揣测!老师,那您的尊姓大名呢?"

"陈念球。"

"你的名字也有 qiu?"

"不是你那个'求'字下面一个'衣'的'裘',是足球篮球的球。我爸是个超级球迷,念球嘛。进校读书了,同学们给起的绰号叫我'廿九',后来演化为'三十缺一',再后来竟简化成了'三缺一',唤我搓麻将哩!"

裘沅咯咯地笑,声音使劲压在喉咙口。海归博士继续说:"我问爸球迷是你,可为什么硬把'念球'两个字放进我的名字里?我爸说这叫传承。

传承,这球真成了我们的传家宝货,干脆把这'货'字加在'念球'后面,就叫我'陈年旧货'得了!"裘沅咯咯咯地终于笑出了声来。

这时,一曲终了,舞伴们大多就地放松小憩,等着下一个乐曲再起。海归博士也邀裘沅再跳一曲,裘沅说去看看同学。走近原先坐过的椅子,小柯不在了,便也走出了舞厅。

回到寝室,小柯先一步已回。裘沅进门便问:"你怎么走了?"小柯说:"你们有说有笑地越跳越远,一会儿人也看不见了,我还待着干吗?"小柯的语调似乎很有点儿妒气,并非醋意,她知道自己的形象与裘沅的差距,但不知怎么心里总觉得不爽。寝室里一共三个人,不一会儿王莉也回来了。王莉,嘴鼻眉眼匀称,胖瘦高矮适中,有一副活泼玲珑的模样。她一了解情况,便叹息道:"危险了,危险了!"小柯问:"什么危险了?"王莉说:"胡兴兴危险了!"小柯紧接着说:"对对,我就是有这种预感!"裘沅说:"瞎扯什么呀!"王莉说:"你别嘴硬,感情这东西有时就是个醉汉,明明握着方向盘就是要开错地方!"小柯紧接着又加一句:"可别撞墙噢!"听到这里裘沅有点生气了:"你们什么意思?坐在舞厅里,人家邀请,随便拒绝是不礼貌的,我陪着跳了一曲,犯了错误了吗?""不是不是!"两个人赶紧否认。"再有,抛开刚刚发生的事情不说,胡兴兴是我的男朋友,难道因此我就不能跟其他任何一个男人交往了吗?难道以后只有嫁给胡兴兴才算没有开错方向!"王莉急忙站起身说:"别生气,别生气!小柯,我们是说得太多,有点过了……"小柯也起身靠拢过去说:"裘沅,对不起!相处那么久,彼此太熟悉,就随便了,其实你说得在理,倒是我们在瞎说,对不起!"裘沅露出笑意说:"好了好了,你们的心思我理解,我们是好姐妹嘛!"

就在这时,裘沅的手机响了,打开一看是海归博士,裘沅觉得此时此刻不宜躲到门外去听,于是故意大声说:"喂,你是哪位?啊,哪位?哦哦,你好,有点事先走了,以后再说吧。"然而电话那头不肯停:"你听清了,明天晚上三角地星巴克见!"裘沅回说:"知道了。"

挂断电话,裘沅故意若无其事地将手机往自己床上随便一丢,说上厕所去。裘沅一出门,小柯靠近王莉的耳朵轻声说:"听出来了吗?准是那个海归博士,手机号码都交换了。"

第二天晚上,裘沅准时赴约,海归博士领着进他预订的二楼小包间。"大堂的小方桌不是蛮好,何必多花钱?"裘沅自然不是真的为省钱,心里似乎有点不自在。"漂亮的小姐,你先请坐!"隔着一张色泽典雅的长方形茶几,海归博士指着对面的沙发示意。"裘沅,你说到钱,我给你讲讲我与钱的故事。我的家乡在河南洛阳,高中毕业我考取了全国顶尖的外国语大学,很是荣耀,可是家里没钱,为了我读书父母狠心卖了两间房子,这件事深深地镌刻在我的脑子里。父亲是球迷,我也喜欢打球,但想到家里卖了房供我读书,我就常常强忍着不去球场,而去图书馆。我想,我一定要用父母的砖瓦把钱赚回来,想法虽然单纯,但却不失为是一种动力。"裘沅听着顿生一种钦佩感,说:"所以你的学习成绩特别优秀!""是的。大学毕业国家公费送我去美国留学。读书更加用功,获得了博士学位,我被留校任教,后来又出了一本书,很畅销,我把积攒的第一笔钱汇回家为父母买了一套房子。"裘沅感动得心也在颤动,说:"老师,你真是一个大孝子!"海归博士说:"尽孝是中华民族的传统美德呀!"裘沅问:"老师,你写了一本什么书?"海归博士转身从提包里取出一本:"我带来了,送你一本!"裘沅连声道谢,双手接了过去。这是一本厚厚的硬封皮精装,书名有两行字,上面一行是中文:中华成语典故英译六百例;第二行是英文:600 Chinese ldioms with Origins。海归博士说:"当今世界不是有股学习汉语的热潮吗,而成语是含义幽深概括力特强的中文独特的语汇,外国人较难掌握,所以我搞了英译,为了学习者容易领悟以及增强可读性,还特意收集了它们有趣的形成过程。"裘沅又问:"老师,这本书在美国出版,怎么放在第一行的不是英文,而是中文?"海归博士回答:"作者陈念球,我是中国人!"

交谈至此,裘沅的心里怪异地突然跳出来这么个意念:我被他捕获了,难以逃脱,如果他真的猛追的话。与此同时,她想起了胡兴兴,如她母亲说的,找对象主要看人,半年多的相处,她相信跟胡兴兴在一起,会有安稳与和睦。然而小船未到彼岸,难说会不会突然遭遇什么风浪。月亮原先也有光芒,可太阳一出,它便无可奈何地暗淡下去了。

两个人离开小包间,走下楼梯,穿过大堂,同宿舍的、同年级的、大道小路上经常照面的,数不过来多少个学院的同学,一齐转过脸来望着他俩,眼光里是惊异、羡慕、妒忌,也许都有。裘沅脸上有些羞涩,但其间蕴含着较多的是得意。

不多时,这则新闻便传遍了整个学院。他们两个也时不时肩并肩地在校园里来来往往,校门口进进出出,接触频繁。所以胡兴兴那边感到降温,甚至冷落那是自然的事啰。

第五章
新校长第一次讲话说她有两个姓名

卜俭熙收到教育局专人送达的受聘通知,并且约请下星期一上午9:00到教育局直接找崔正书记,有事商议。

当日,卜俭熙看着手表,提前5分钟跨进教育局大门,门卫告知崔书记办公室在三楼。几乎是分秒不差地来到书记办公室门口,她轻轻敲了两下,开门的是一位五十挂零精神抖擞的汉子。"您是崔书记吧?"卜俭熙问。"是,是,您是S中学的卜校长?""是的,副校长卜俭熙。"

"欢迎欢迎,请进!"崔书记指着靠墙的一对小沙发说,"你请坐!"

崔书记随即自己动手为卜俭熙泡了茶,送到茶几上,卜俭熙赶紧起身致谢。然后他转身把写字台上自己的茶杯也挪到了小茶几上,在另一只小沙发上坐定了下来。

"卜校长,首先我祝贺你应聘成功!你将成为我们尝试校长遴选机制改革的第一位受聘校长!"

"谢谢崔书记的祝贺与信任!"

"因为是第一位,关系到机制改革的前程,所以只能成功,失败不得!"崔书记说这句话时,既带着微笑,又显得相当凝重。

"我知道,我会努力的,当然我希望多多地得到崔书记您的指点。"

"卜校长,我仔细地看了你的试卷和答辩记录,以及有关的文章资料,还了解了你以往的工作业绩,我们局领导,所有七个评委,不仅对你充满信心,而且对你富于创新精神的理念与设想,寄予热切的期待!"

"我一定尽心竭力,不辱使命!"

龙港中学如今校长空缺,新校长应当尽快上任,在谈到是不是准备一个比较隆重的欢迎仪式时,卜俭熙说:"崔书记,我认为无需隆重,在学校例行的什么会议上把我介绍给大家就行了,而且,第一次见面我也不宜做规划举措之类的长篇大论,让我平平常常地融入他们中间反而好。"崔书记说:"我赞同你的意见,你是作风务实的稳健派。不过我一定得陪同前往,我要告诉大家新校长的遴选过程,这个学校需要输入一点变革的气息以鼓舞他们的信心,另外,我也需要为将来校长遴选机制的创举与推广埋下点宣传的伏笔啊!"

星期五下午学生放学以后,是学校例行的全体教职工大会。教育署代理校长陪着崔书记和卜校长走进会议厅时,全场响起了热烈的掌声。主席台上一张长桌,铺着蓝色的台布,三把椅子。坐定之后,代理校长介绍了新校长,随即请崔书记讲话。他说中央已经发出指令,教育要改革,教育必须实现现代化,我们市教育局假座各方面条件具备的龙港中学作为试点。崔书记说他相信"一个校长就是一所学校",所以我们的改革首先从校长的遴选机制开始,校长遴选机制不改革,真正懂得教育的人才被埋没,校长不称职事实上拖延着我们教育事业的发展。接着崔书记简要地介绍了卜俭熙校长的履历,以及她在这次遴选中脱颖而出的过程。最后他说:"希望龙港中学的全体教职工同志,与卜校长精诚合作,让国家的教育理念落地生根,为我们A市的教育改革积累经验,闯出一条路子来!"全场热烈鼓掌,接着代理校长起立恭请新校长讲话。

卜俭熙站起身,向管理音响的老师要了一个无线话筒,走到主席台前沿,有声音喊"坐着讲,坐着讲",卜俭熙说:"不,在座的许多老师和职工有着资深的阅历与丰富的经验,你们既是我的合作同行,也是我的学习对象,今天第一次向全体教职工讲话,应当恭恭敬敬地站着讲。"有人拍起手来,瞬间全场掌声一片。"老师们,职工同志们,大家好!首先我要感谢教育局崔书记对我的信任与嘱托,我既感到兴奋又觉得压力重重。然而今天来到这里,教职工同志们用那样热烈的掌声对我表示欢迎,使我顿感信心倍增! 不过,我校的教改试验从哪里开始,怎样起步,我还必须与支部书记、各位副校长们一起商讨后再行部署。教职工同志们,此时此刻我只想告诉大家我的内心迸发出的一个想法,我的名字叫卜俭熙,我非常珍惜我的姓名,但是从跨进龙港中学的大门,我忽然意识到从今天开始我又有了一个新的姓名,这个新的姓名就叫'龙港中学'!"全场爆炸似的热烈鼓掌。卜俭熙继续说:"其实,'龙港中学'也是我们全体教职工共同的姓名!"全场又一次报以热烈的掌声。"同志们,从今天开始,我是这个学校的第一责任人,我一定在崔书记以及有关领导的指引下,努力工作。但我知道自己还有许多不足,不过我有信心、有决心,跟老师们和职工同志们,团结合作,长短互补,为教改试验,为我们共同的姓名'龙港中学'尽职尽力,增光添彩!"全场再一次热烈鼓掌。"今天是星期五,我作为校长的第一个决定,宣布会议即将结束,让大家早点回去,与家人欢度周末。谢谢大家!"

说完,卜俭熙向全体教职工鞠躬行礼,全场热烈鼓掌。崔书记起身走过去与卜俭熙握手,教职工们纷纷起立,会议厅里惊现从未有过的长时间的热烈鼓掌!

散会以后,卜俭熙送崔书记先走,说自己还要与支部书记和三个副校长聊几句。一共五个人来到办公楼会议室,卜俭熙再次与大家热情握手,然后坐定。卜俭熙说:"今天是周末,我们稍微聚一会儿,一则是对你们周到热情的安排表示真诚的感谢;再则,我要告诉各位,应聘来到这个学校非常高兴,但确实压力重重。因为龙港中学作为教育局教改试点,是崔书记重要的策略步骤,所以只许成功!因此,我首先希望能够融入你们之中,获得你们的支持与合作,互相帮助,奋发共进,一定让今天成为龙港中学再次起步值得回忆的日子!"

"卜校长,我们一定支持你、配合你,努力使龙港中学循着崔书记的教改意图和你的具体部署团结共进!"书记与三个副校长异口同声地回应。卜俭熙有些兴奋地说:"谢谢各位的诚意!作为校长,我应当敢于负责,敢于担当,但我们五个人是一个整体,是学校最高领导层,重要议题放开讨论,一旦定局,我们要用一个声音说话,这样才能为全校教职工的团结和谐起到示范性效应。"支部书记若有所悟地说:"我完全同意卜校长的这个观点!"卜俭熙接着说:"好!为了做到这点,在如何办学的问题上,我们必须提高和统一认识,所以,龙港中学再起步首先从学习开始,下周我们第一次校长会议的主要内容就是:学习和认识教育改革的必要性、总体设想,以及我们的试验如何开局的问题!"

走出办公大楼,卜俭熙没有马上坐进等候在办公楼门口的小车,而是径直向门房走去,对两个门卫握手问候:"你们日夜守卫着学校,谢谢你们,辛苦了!"两个门卫异常感动:"谢谢校长,应该的,应该的!"卜俭熙走近一直跟随在后的小车,拉开车门还转身向书记、三位副校长,以及门卫挥手致意,然后坐进小车出了学校。

回到家,裘沅已经把晚饭弄得差不多了。"女儿,辛苦你了!""妈,你还对我客气?为了让你能在新学校放心工作,舒展才华,我会尽力照顾好爸的!"

晚饭时,裘谷平只是随意地问问新学校欢迎她的情况,称赞女儿照顾他很用心的话倒是说了好几句。裘谷平吃饭总是很快,完了就进他的书房。裘沅准备洗刷碗筷,卜俭熙说:"妈在,我来吧。今晚住家里?"

"还是回学校,睡沙发到底不大舒服。明后天你有事吗?没事我就星期一再回来给爸烧晚饭。"女儿说。

"没事,在家准备准备第一天新学校上班,星期天晚饭我会安排好再走的,那你就早点回吧。"

裘沅便去整理她的双肩包,有意拿出那本书来:"妈,给你看一本书。"

"《中华成语典故英译600例》,好挺括的一本书,陈念球,这人是谁?"卜俭熙接过看后问。

"学院新引进的海归老师,是他送给我的。"

"你们全班人人都有?"

"哪里,他又不上我们的课,偶然认识,我知道他只送我一本。"裘沅表情如常,可她内心的兴奋哪里逃得过母亲的敏感神经。

"多少年纪了?"

"我看不到三十,最多二十七八。这本书我给爸看过,爸说是本好书,值得我学习参考,还说这个人很有才气。"

"长得怎么样?矮胖子?满脸斑痕……"卜俭熙自然是故意贬谪,她希望真是这般模样就不会有麻烦了。

"妈,你怎么瞎猜,人家是大帅哥!"

"大帅哥?而且正好比胡兴兴高五公分。"卜俭熙说着,仔细地观察着女儿面部的每一根神经末梢。

"这倒让你猜着了……"女儿笑嘻嘻地说。

"按你的标准,这不就一个缺点也没有了吗?女儿,姑娘家最要警醒的是,不要被帅气啊风度啊诱惑,妈可认准了胡兴兴,他能够让你一辈子安逸幸福。一个海内海外闯荡多年的大帅哥,你能真正了解他多少底细?"

"妈,你就放心吧,我心里有数!"说着,裘沅转身背起双肩包,忽儿显得有点急匆匆地,"我走了,星期一我会回来烧晚饭的。"

其实,海归博士早与她约定,三角地商厦五楼看夜场电影。裘沉没进学院,直接来到电影院。"票买了吗?"裘沉问。"不用急,电影厅好几个,每个时段都有票。"他们进了电影厅,百十来个座位观众不到四分之一。情侣们故意坐得疏散,便于说说悄悄话。海归博士要裘沉一起坐到边角处,裘沉没肯。不过似看非看,也不知道看的是什么电影,故事也连贯不起来。忽然,海归博士的一只手向裘沉伸过来,把她的一只手牵了过去,裘沉猛地一惊,但是没有抗拒,只得任由他抚摸捏弄,心跳渐渐加速,她第一次那么异样地感觉到一双男性的大手传递过来的温暖与舒适。不知怎么她突然一阵惶恐,仿佛自己的心被他抓去了。海归博士伸手还想捏她的大腿,被她果断地抵挡。海归博士把手缩了回去,但他心里清楚,这不过是初恋少女下意识的羞怯而已。

电影散场,走在回学院的路上,两人好长时间无话。

"对不起!"海归博士终于说。

"有什么要对不起的?"裘沉笑嘻嘻地抬头望着他问,虽然路灯昏暗。

"以后,我一定不会做你不喜欢的事!"

"老师,你在说什么呀?"裘沉真的有点听不懂,她哪里有能够识透这位博士话语的功力。

此后四五天里,裘沉一直没见到海归博士,连电话也没接到过一次,而以前甚至一天里就有几次。裘沉终于忍不住了,主动给海归博士打电话,接通以后裘沉说:"老师,你在哪里呀,怎么电话也不来一个!"海归博士说:"最近确实比较忙,南方外国语大学邀请讲学,我正忙于找资料,撰写讲稿……"裘沉显得急切地问:"什么时候去?"海归博士回答:"两个星期以后。"裘沉再问:"那么本周还见面吗?"海归博士说:"老在校内来来往往太显眼,校外去逛逛马路,喝杯咖啡……"裘沉抢着说:"再看场电影吧!"海归博士说:"好,看电影,老地方,老时间!"

他俩又一次坐进了电影厅。海归博士今天看电影很是专注,简直目不转睛,其实他的眼梢随时关注着裘沅。他敏锐地觉察裘沅一直心神不定,不时转过脸来偷偷看他,而他更加地专心致志,旁若无她。裘沅想不出其间有什么蹊跷,上次看着看着便把手伸了过来,今天怎么会那么安稳?噢,她一下想起来了,上次他伸手想捏她的大腿被她挡了回去,是生气了吧?是的,回学院的路上他说过以后一定不会做我不喜欢的事。想着想着,她终于悟出来了,往后再要有什么亲昵之举,他是逼她主动啊,这个博士真坏。不过这个"真坏"在裘沅的心里可不是词典里的注释。终于,海归博士预想的事情发生了,裘沅突然伸过手去,把他的一只大手牵了过来,用她那嫩滑的双手抚摸搓揉,而海归博士便顺势捏弄裘沅的大腿,这次她自然不会抗拒,海归博士不知是兴奋还是对上次被拒的报复,重重地拧了一把,痛得裘沅差点发出声来。

"老师,你去讲学多长时间?"电影结束,在回学院的路上裘沅问。

"半天。"

"远不远?"

"不远,飞机才一个多小时。"海归博士窥视一下她的表情,带些俏皮声调说,"一起去怎么样?"

裘沅心怦怦直跳,满脸涨得燥热:"这叫我怎么说呢……"

"不说了,不说了,我懂了!"海归博士好像没有顺势台阶可以下,语调显得有点气呼呼的。

继续走路,两人无话。海归博士的脚步似乎依然轻捷,裘沅的双脚仿佛灌了铅。她想"我懂了",他懂了什么呢?如果指的是"初恋姑娘的谨慎"就好了,要是他指的是自己不愿意与他发展长远的关系,那可就想错了,她不愿意他心存这样的误会。

"我要回家照顾我爸。"裘沅小心地解说未能明确答应的原因。

"你不是说隔一天两天不定数的吗?"

"你哪天去?"

"下星期二。"

"星期二我上午下午都有课……"

"几节课,何须在乎,飞机上就可帮你解决!"

"让我想想……"

"想什么呀,我知道你想什么!"海归博士诡异一笑,继续说,"他们已经为我在宾馆预订了房间,如果你同意也去,我会去电话让他们再预订一个房间。"

裘沅没有马上说同意,但是吃惊自己心里想的他怎么都知道:"你想得可真周到!"

这天,裘沅毫无迹象悄悄地背了个小包,既忐忐忑忑又颇为兴奋地随着海归博士一起出发了。飞机落地太阳即将落山,到达宾馆天已经漆黑,海归博士第一桩事情是打电话。"喂,是陈校长吗?我已经到达宾馆,噢,明天上午八点半,知道了,我会准时过来,啊?不用不用,我自己打个车过来就是,明天见!"挂断电话,海归博士转身去服务台领了两张房卡。

"要不要明天在这里玩一天?"将房卡塞到裘沅手里时,他问。

"不,明天一定得回去!"裘沅心里一直隐隐有点后悔,总觉得不该莫名其妙地跟他这么走一趟。

"那么这样,明天上午你打个车去市区逛逛。中午他们有宴请,下午三点钟的飞机……"

"我哪儿也不去,在宾馆看看功课、电视。"裘沅说。

晚餐以后,又去咖啡厅喝了杯咖啡,然后各自回房。房间很漂亮,裘沅关上门,上好锁。打开电视,什么也看不进,书本更是无心翻开。她不知道自己究竟在想什么,有点兴奋,有点期盼,却也有点心慌,不能自已。她希望海归博士过来坐会儿聊聊,看看他英俊的脸庞、挺拔的身材,心里有一种暖洋洋的幸运感。但是又害怕他进来,谁知道他可能做出什么来。在她纷乱如麻的思绪里,原来自己此刻有所向往的恰恰也是她最为害怕的。

洗完澡,穿上淡绿色的毛巾浴衣,站在又宽又高的镜子前面,欣赏着自己的容颜、身段,忽然脑子里的海归博士就紧贴在身后,心里一阵惶恐,继而独自对着镜子发笑。

有人按门铃,她赶快紧束腰带。准是他,她的心脏慌得简直颤抖起来。她不声响,猫眼里一看,真是他!

"谁呀?我已经睡了!"她后退到床边喊也似的说。

"那么早就睡了?开门,聊一会儿嘛!"

"我累了,明天吧!"

好一会儿没有声音,裘沅以为他走了,轻手轻脚走过去,猫眼里一张,仍然直挺挺地站在那里。突然,他举起右手再按门铃,而且持续不断地一按一放,叮咚叮咚的门铃响个不停,迫使裘沅只得开门。

裘沅长发披肩,脸色白里透红,淡绿的浴衣那长长的锐角裸露着雪白的乳沟,海归博士一下扑过去,抱住她猛地亲吻,脸颊、嘴唇、耳朵,裘沅推不掉,挣不脱,只是喊"不能不能",海归博士充耳不闻,只是抱得更紧,裘沅哪里忍受得了,一种从未体验的感觉模糊了一切,两条手臂终于举起,勾向海归博士的脖子。海归博士一蹬身子,把她抱到了床上。"老师我害怕!""怕什么?""怕出事!""这你就放心吧!"……

可叹啊,什么受邀讲学,忙于撰稿,宾馆大厅里大声打电话等等,都是他精心编织的故事,只有单纯无瑕的裘沅失身于他,却是真的。

第六章
教育现代化的本质是教育观念与教育过程的现代化

星期天下午，卜俭熙早早地为裘谷平安顿好晚餐，自己匆匆吃了就赶往龙港教育署为她准备的一房一厅宿舍。煤气灶上的一壶水还未烧开，有人敲门。是位中年女老师，上星期会场里见过面的。

"卜校长，您好！我是化学教研组的，叫李珏，不好意思，您刚到我就来打扰您！"

"没关系，李老师，你请坐！"卜俭熙搬过一把椅子，"李老师，你找我一定有什么事情想要对我说？"

"是的，我想告诉您……"

"李老师，跟我说话不必您啊您的，我们是同事，朋友！"

这个平和的细节，竟然对李老师的心绪是一次不小的冲击，她想这个新校长真是谦和，她定神望了望后说："卜校长，我想告诉你，卢校长，就是不久前调离的那个校长，评选职称太不公平！我们组的王敏娟比我晚来两年，她倒评上了高级，我的材料连送也没送上去！说她上课比我好，考试测验分数比我高，还说论文质量怎么怎么的。卜校长，其实我上课很受同学们欢迎的，她对同学很凶，再说论文我比她差在哪里？"李老师没逗没句地一口气倾吐着，情绪也有些激动起来了，卜俭熙觉得不宜急于插话,让她满肚子的委屈释放释放。"卜校长,我告诉你真正的秘密,王敏娟年轻,长得漂亮,她跟卢校长的关系,很难说……"

听到这里,卜俭熙估计她要对自己说的话差不多了,于是她说:"李老师,听你说了那么多,我理解和同情你心里的委屈……"

"啊呀!"李老师突然大声感慨,"卜校长,你算是第一个体谅我的人!学校领导我一个一个找过,我还去过教育署,找过评审组负责人,都批评我不相信领导,不相信评委,缺乏自我批评精神,没有一个人理解和同情我……"

"李老师,我想问问,今天你找我谈这些,希望我帮你做什么吗?"卜俭熙语气非常和缓地说。

"卜校长,我说不清,我没有要你帮我做什么的想法,只是听了你第一次跟我们的讲话,我觉得你那么和善,我信得过,所以闷在心里好几个月的话愿意找你说说,不好意思,你还没正式上班我就来打扰你,说得不对你就批评吧!"

"李老师,事情已经过去好几个月了,心里的烦闷你愿意找我说说,我很感谢你对我的信任。"卜俭熙的语调依然温和,"李老师,我虽然是来当校长的,但本质上我们是同事,是朋友,所以我愿意告诉你,类似的委屈感我也有过,也烦闷过,我甚至可以说这种情况许多人都可能有过。但是通过学习与思考,通过同事之间加深了解,渐渐地我懂得了,所谓委屈感有两种情况:一种是你的长处和优点确实没有被公正地对待,受到了压抑,你的委屈感是客观的;一种是别人或者什么组织对你问题的处理,是公正与适当的,是你由于对自己成绩的偏爱,判断失却了平衡,委屈是你心里的一种主观感觉。李老师,我相信你的真诚,我建议你再冷静地做一次分析判断,要不然到处找人诉说,不仅不会有好的结果,影响也不一定好,反而弄得自己心情烦躁郁闷,你说是吗?"卜俭熙观察她的表情未有什么突然变化,继续说,"德国有位哲学家叫康德的说过,从事所有任务中最费力的任务是认识自我,有人还把这种'自我'比喻为'眼睛',说眼睛虽然使我们看清许多其他事物,却往往并不注意它自己,有人主张需要有一种技艺把自己放到一定的距离之外,然后把'自我'作为对象进行观察和研究……"

这时,煤气灶上的水烧沸了,噗噗噗发出声响,卜俭熙赶快起身,同时说:"水开了,李老师,我去给你泡杯茶。"

"不用不用!"李珏也站起身说,"卜校长,听了你讲的道理,我的心情一下子宽松了许多,谢谢你!真是不好意思,你一到我就来打扰你,我这就走了,谢谢你,卜校长!"说着李珏转身便欲离去。

"李老师,不急,请你再坐两分钟!"卜俭熙放下水壶走过来,说,"李老师,我想告诉你,你身上有一种不服输的精神,这是非常可贵的,这是一种必将做出成果的竞争意识,我相信你!不过,你自己思想要放得开,坦荡,大度,能忍让,敢于吃亏。记不起来是哪位教育家说的,他说'好老师是学生成就的',我们当老师的能够得到学生的喜欢,他们的品格与学业能够得以提高是我们的最大满足!职称问题相差一年两年不必在乎,相信你会把课上得更受学生欢迎,文章也一定能写得更好,到时候职称升级是水到渠成的事!"

李珏频频点头,神情轻松地告别,反手关门时好像特别小心地把门轻轻地拉紧。

李老师刚走,小车司机来电话,问明天早晨上班几点来接,卜俭熙告诉他上下班不用接送,走路也不过二十来分钟,总务处已经给我送来了一辆闲着的自行车。小车司机心里想,这个校长是有点不同一般。

第二天卜俭熙早早地起身,吃了两片家里带来的面包,喝了几口开水便出了门。骑在自行车上,两边是色调明快立面各异的建筑群。树木葱茏,海边的空气是那么清新,每经一个路口还能看见蔚蓝无边的大海,听得见海浪拍岸的声响,这让她蓦地产生一种念想:我是去一个新的教育岗位上班吗？肯定不仅于此！于是她闪电般回想起自己从教的努力与教训，和梁雪梅几次很有收获的讨论，阅读《古今中外教育家评述》的得益，应聘时的笔试与答辩，崔正书记的谈话，以及社会上对我们教育种种尖锐的议论等等，这让她深深意会到当下去上班并不是以往工作的延续与重复，而是自己充满信心与抱负的教改试验的正式起步！想到这里，她的内心感到一股热流的涌动，于是紧踩几脚，不一会儿便来到了校门口。她下车，与门卫打了个招呼，推着自行车放进了车棚，快步把手提包放进办公室，然后下楼站在办公楼的台阶上望着一批又一批师生的自行车大军鱼贯进校。有老师发现了，放好自行车特意过去向她问好。消息灵通的同学看见了，指指点点地说，她就是我们的新校长。

广播操铃声响后，两个门卫关上了大铁门。卜俭熙走过去问他们说："自行车这样成群结队快速通过大门，不到十米又必须急转弯，出过事吗？""出过，好几次了，有同学还手臂骨折……""有人提出要你们管吗？""书记说过，我们两个哪管得住……"卜俭熙点点头，转身去大操场看广播操了。

第一天的整个上午，她走遍了所有教研组与各个科室，直至厨房、大炉间、勤杂工休息室。不过是与各位老师和职工握手问好，寒暄亲善，她认定下车伊始还不是发表指示或者意见的时候。曾经有过召开几个小型座谈会的计划，后来一想算了，免得被卷进怎么也解不开种种矛盾的旋涡里。卜俭熙决定单刀直入，把教师们的注意力一下引向教改试验的潮流中去。

星期二下午是校长会议例会。卜俭熙早早地坐在了小会议室里，边等边翻看自己准备在周五教师大会上的讲稿。接着第一个来到的是支部书记，卜俭熙对他说起前天晚上刚到宿舍，化学组李珏老师就来找她。"啊，这个女人！"卜俭熙话还没说完，支部书记立即激愤起来，"为了职称评定问题,卢校长被她缠得简直坐立不宁!她倒抓得真紧,你还没正式上班就被她缠上了!""书记,你怎么称她为'这个女人'……"这时走廊里传过来脚步声,卜俭熙立即改口,"以后再说。"

人到齐了。主管教学的副校长姓黄,主管学生政治思想工作的副校长姓方,主管总务后勤的副校长姓石。

"书记同志,各位副校长,今天是我就任龙港中学校长后的第一次校长会议,相信这是一个值得回味的日子!"卜俭熙的语调既庄重又亲和,"我们五个人是学校的最高领导层,我们的理念、视野,我们处事的态度、方式方法,对学校的舆论氛围必将有着导向性影响,所以我希望与各位真诚合作,长短互补,甘苦共享,努力使龙港中学的教育教学上一个台阶!"

"卜校长,是呀,我们学校的风气是应当改变改变了!"支部书记说,其他三个人也附和。

"不仅于此,教育局崔书记把教改试验放在我们学校,我们理应不负期望地有一番作为!"卜俭熙说话时语调温和,态度坚决。

"我们一定配合你……"

书记、副校长们的表态让卜俭熙增添了信心,她忽地站起身连连说着"谢谢,谢谢",同时与他们一一使劲地握手。

接着,卜俭熙足足用了近一个小时向他们详细介绍了准备周五教师大会上报告的主要内容与观点,并且暗示个中有着书记兼局长崔正同志的指点与期待。不过卜俭熙唯恐疏漏或者不周,于是说:"诸位看看还有什么问题吗?"

"不知怎么我总有点担忧……"主管教学的黄副校长说。

"黄校长,你说!"卜俭熙语气很随和地说。

"我是赞成改革的,"黄副校长说,"但是我校的平均分、高考升学率落在县中后面已经几年了,最近又闹过集体转学事件,步子一下子跨得太大,我担忧社会影响对我们更加不利。"

其实,黄副校长真正担忧的是,现在社会上哪所学校不在拼分数,而我们的教改试验首先就要冲击这个分数!龙港中学的师生只要稍一松劲,那么势必加大我们与县中的差距,只是面对卜校长不便把问题说得彻底。而卜俭熙也没有真切理解黄副校长出自内心的忧虑,只把他的话当做一般性的警示,于是说了"黄校长说得对,我们的改革应当扎扎实实一步一个脚印地向前推进",就宣布了散会。

会散了,书记留下告诉卜校长,说会议期间他几次开小差,你问我怎么称李老师为"这个女人"?"这说明我对教师不够尊重,虽然在正式场合我没有这样说过,但仍然说明我作为一名学校领导的基本素养还很有欠缺,请你多多批评。"

"书记,你是个聪明人。我比你大不了几岁,让我们在工作中不忘学习,不断提高。我们充满信心搞教改试验,首先要取得广大教师的认可与信任,除了观念正确工作努力以外,在为人处事方面,需要具有标杆性影响,甚至所谓感召的魅力!"

"卜校长,你说得太对了!"书记愈加钦佩这个新校长一定会给学校带来新的气象。

第二天下午上课铃响过不久,支部书记急匆匆过来报告卜俭熙,说不少老师在议论校长会议有关分数的观点,还有说黄副校长要走了。

"黄副校长要走?去哪里?传说可能是真的吗?"卜俭熙觉得很突然。

"可能是真的,县中几次要挖他过去,被我劝住的。"

"你能劝住他?"

"因为当初是我把他从一所普通中学引进来的,许是就凭这么点关系。"

"那好,书记,我们两个一起立刻找他谈话,不能让他走。我刚刚上任,教改试验正要起步,一位主管教学的副校长就在这当口辞职离去,产生的影响肯定多半是负面的。"

"我这就去找他。"支部书记转身欲走。

"书记,你不要自己去,通知校办主任去找他。"

卜俭熙和书记在小会议室等黄副校长。校办主任只说卜校长找他,黄副校长一进门看见支部书记也在,想必一定有什么重要的事情商量。支部书记起身泡茶,一分钟左右的静默,让他觉得事情并非一般。三人坐定之后,卜俭熙对黄副校长说:"黄校长,听说你想离开龙港中学?"

"是真的吗?"支部书记紧接着问。

"有这个想法。"

"为了什么?你倒说说看!"支部书记显得有点急躁。

"我的老一套做法,怕跟不上形势……"

"黄校长,我算是了解你的,几年来你勤勤恳恳为的是要在分数上赶超县中,现在我们遵循教育局的意图即将展开教改试验,在这个节骨眼上你却突然要离去,你是丧失了原先赶超的信心,还是对教改试验有抵触情绪,或者是有意帮着县中把我们抛得更远?"

"书记,话不能这么说,你不要激动!"卜俭熙把书记的情绪缓和了下来,接着说,"黄校长,书记只是不希望你走,在这点上我俩的意见是一致的。昨天你说起过有点担忧,我也没有仔细体会你话里的含义,原来你对自己学校的关心是如此实在与深沉,所以,现在我更加不能放你走!黄校长,安下心来,让我们团结合作,把教育局交给我们的教改试验,做出一点成效来!至于教改试验冲击单一的'分数比拼'这个顽疾,那是自然的,不是我的发明,而是国家上层领导的指示,教育行政部门调研的结论,专家学者们的一再呼吁,还有众多的学生家长的正当抱怨,早就明示这是教育之所以必须改革的焦点所在!"

"卜校长,我理解……"黄副校长边点头边说。

"不过,黄校长,你的担忧不无道理。"卜俭熙继续说,"我在敢不敢应聘来到龙港中学、接受教改试验的问题上也迟疑过。但是,几十年来,看到我们的学生为了追逐分数而纠结,性格被扭曲,才华被抑制,我们的许多老师为了追逐分数的普遍办法是增加作业量,教育过程反而愈趋简单化,教育的本来目标严重错位,这一切,天天敲打着每一位真正教育者的良知!如今国家号召教育要实现现代化,教育局崔书记他们谋划我校进行教改试验,绝不是为的激励我们针对某所学校打个翻身仗,而是着眼高远,希望我们有所作为,为实现教育现代化勇于探索、实践,贡献一点有价值的经验,哪怕是教训……"

"卜校长,书记,我再也不会提离去的事了,请你们相信!"

"这就是了嘛!"书记激动地迅速站起与他紧紧握手。

黄副校长也被感动了,转身去与卜校长握手:"卜校长,让你操心了!"

卜校长本来还有个话题,但在眼下的气氛里决定暂且不说了,待适当的机会再说,那话题是:校长会议通过的决定,即使仍有不同意见,可以保留,但不能在群众中随意表露,事实证明,群众中间不够团结的现象,这是个绝对不可忽视的源头。转而一想,也不用自己说,黄副校长也是个事业心很强的人,待会儿跟书记悄悄通个气,让他们好朋友之间点到为止。

接下来的几天里,卜俭熙对她的报告做了进一步修改、润色,书记参与校办准备会议的有关事务。

周五下午,学生放学之后,教师们陆陆续续汇聚到会议厅。卜俭熙注意到,书记、三个副校长、教导处正副主任、学生处正副主任、科研室主任等都在第一排一个挨一个早早地坐定。她记得第一次见面会不是这样的。老师们一旦进场,个个安安静静地就座。后来知道这都是书记的用心。

今天会场的布置也与往常有点不同,没有硕大的会议标题,主席台正中是一块黑板,讲台被放在偏右的地方。会前,卜俭熙自己坐在会场的第一排最边角的一张靠椅上,时不时看看手表,待到时间差不多了,她才和书记一起走上讲台。今天书记主持会议,大声宣布:"现在大会开始,欢迎卜校长为我们做报告,大家欢迎!"在热烈的掌声中,卜俭熙走到主席台中央,恭恭敬敬地向全场教师鞠躬致意。

"老师们,大家好!"卜俭熙微笑着对老师们说,"今天我要报告的题目是:让我们精诚团结,为龙港中学的教改试验力争有一番作为。报告的内容,融合了教育局崔书记的指示精神,以及我们校长会议自己的体验,经过了几次学习和讨论,所以,我的报告也代表着校长会议全体成员的意志。"

"好,现在我说正题。"卜俭熙开始了她的报告,"教育要改革、教育必须改革,直至国家号召教育要现代化等呼吁,多年来在各种媒体上,出现的频率很高,但真正有成效的改革却举步维艰,关键的原因是几十年来形成的'分数顽疾',好像什么招数都难以迈过这个'坎'!因此,我们要进行教改试验,就不能回避这个'分数顽疾',所以,我今天的报告首先就要谈谈关于分数的问题。

"那么分数究竟是什么呢?其实,分数不过是学生学习某种科目、某一阶段学习成效的一种符号,是学生与老师经历过的成百上千次的寻常之事。分数本来有着它端庄而又笑眯眯的面容,是教育可以借以调动学生学习情绪的手段和工具。可是由于种种原因,最近几十年来,分数的面容已经被挤压扭曲得简直不成样子!现在的分数是什么?是学生肩上受不了卸不去的重担,是家长手里祈祷中奖的彩票,是某些玩家煞有介事地给学校排比名分的卡片,是名牌学府唬人的高墙大院,是形式主义者管理教育的重器。总而言之,分数被绝对化了的负面效应不仅压迫着学生,压迫着教师,压迫着家长,而且分数已经成了教育自身发展难以摆脱与跨越的羁绊!

"记得在报章杂志上,专家、学者、作家、家长,也有教师等,曾经几度有过强烈的呼吁与质疑。然而没有一次真正展开过深入的讨论。各级教育行政部门发过红头文件,规定学生回家作业的数量,确保学生每天的睡眠时间,甚至最高教育行政当局还召开过全国性的电话会议,强调必须大力减轻学生的作业负担,甚至筹划着高校入学不能以分数作为唯一标准的问题。曾几何时,教育界得到的回应是,分数作为入学的唯一标准固然有它的缺陷,但是在现阶段,比较起来,以分数论定一个学生的优劣,仍然不失为最合理的办法。于是乎,各种级别的补习学校,挤压小学科的校中校、夜习班,名目繁多的补课方式雨后春笋般冒头,'名'教师一对一辅导的小广告电线杆上随处可见,甚至是私塾式的圆台面补习也相当红火,挨不进此种补课大潮的学生与家长简直诚惶诚恐。与此同时,从新华书店到路边书摊,从堂堂正正的教育专业机构到与教育八竿子打不着的出版部门,印刷的复习资料门类齐全,花样翻新。在我看来,我们的教育早已呈现着两大危机:一,我们的教育理念、宗旨,尤其是在培养人才的机制与规律方面严重脱节!所谓'钱学森之问',我想他绝不是无视国家各方面的飞速发展,而是质疑几十年来我们的教育为什么未能培养出多一些的高端科技人才。二,我们的学校领导层,尤其是教师队伍长期为追逐分数所缠绕,什么德育为首,每一门学科都有一个为什么而学的问题,等等,统统无暇顾及。至于传授知识的同时应当教会学生学习的方法,提高学生的思维能力,等等,似乎从来不属于教学的范畴。偶有几堂优质课,或者什么实验班,也不见有树得起的典型,更不知其体系之所属。所以我常常怀疑我们教师队伍的核心素质也许在不进而退?!

"分数第一,真正受伤的是我们的学生,他们有做不完的作业,读不完的参考资料,没完没了的各种补习,各种各样的习题前呼后拥地都来抢劫学生的时间,蚕食学生的智慧!我不相信自己是九斤老太,我忧心于我们当下的青少年,会不会将是缺乏远见卓识和贫于创新精神的一代?

"其实呀,从大脑机理的本质而言,每一个学生都是聪明的,因为他们都有一颗与生俱来、容量1 400毫升左右、潜能无限的大脑。有关大脑的研究是21世纪的第一课题。联合国教科文组织聚集一批专家,编写过一本叫做《学会生存》的书,书中有关大脑的潜能是这样表述的:**'如果人脑由于受到更加有利的条件和新型的教育活动和优良环境的影响而获得益处,那么人脑就能把它的创造性才能发挥到不可想象的高度。'**请注意,大脑潜能得以创造性发挥到不可想象的高度的三个前提:① 更加有利的条件;② 新型的教育活动;③ 优良环境的影响。然而,分数一旦被绝对化,与这三个前提便都格格不入,必将阻碍青少年兴趣特长的形成与发展,从而抑制学生大脑潜能的开发。某一阶段的分数,决不能代表学生潜能与资质的全部,更不是决定学生未来前程的标记。分数第一使自发显露才华的兴趣爱好受到抑制,多少学生书越读越不自信,甚至丧失了自尊,抬不起头,直不起腰。更可叹的是,报上登载,耳际有闻,何止一个两个三个……学生因为分数而自毁了生命!老师们,这不是几个学生出了问题,而是我们整个教育出了问题!

"所以,教育必须改革,我代表校长会议郑重宣布,我们龙港中学从明天开始,不再把分数作为评议学生优劣的唯一标准,分数对于学生从某种意义讲属于隐私,所以任何测验、考试成绩不准按名次宣读,不准张榜公布,更不准在同学之间、班级之间比高低、排座次!"

安静的会场愣了片刻,突然爆发出热烈的掌声。

"那么上级机关要求上报呢?"教导主任问。

"请你向他们打个招呼,教改试验期间,我们的成绩报表直接送教育局,这是崔书记的指示。"卜俭熙回答。

"对教师也一样,"卜俭熙继续说,"分数再也不是我们教师评优、评奖、评职称的主要依据。"全场又是一阵热烈的鼓掌。

会场热闹了一阵,忽然肃静了下来,因为坐在较后的一位老先生站起身来大声发问:"这样没有了标准,学生学习努力不努力,教师工作认真不认真不是一个样了吗?"

"很抱歉,这位老先生我还叫不出您的姓名。"卜俭熙说。

"汪先琪。"有人插嘴替他回答。

"汪老师,您问得有道理!学习与工作成效没有了标准,会损害学生的学习上进心,老师的工作热情与责任心也会受到影响。标准还是应当有的,比,也是必然的,问题是应当立怎样的标准,比什么,怎样比?这正是我下面要谈的第二个问题,或者说让我们一起来讨论这第二个问题。

"各位老师,在谈论这第二个问题之前,我先要告诉大家我曾经有过的两次永远也不会忘记的失误,时至今日它一直是我心头的两块阴影(已有述说,此处不赘)。就在这时,我的一位正在东方大学教育系读研的老同学正在撰写一篇文章,名曰《师德涵盖不了教育技艺》,文章初稿得到她的导师和教育局崔书记的赞许,可能即将发表。我当过班主任、年级组长,当时已被提升为校长助理,师德的状况可以说是相当可以的,但是一了解这篇文章的内容,我马上清醒了过来,我的失误在于对学生自尊心的严重忽视,根源于我对教育对象缺乏有意识的研究。我问老同学怎么会想到研究这个问题的,于是她告诉我打动她的两个故事(已有述说,此处不赘)。"老师们听后议论纷纷,很受触动。

"老师们,类似的问题之所以产生截然不同的结果,关键在于教育过程的不同,也就是教育技艺的优劣!我从自身的教训中通过学习与反思,完全赞同我老同学的观点,办好教育仅仅强调师德是远远不够的,师德不过是指教师的道德情操,良好的师德固然重要,但它不是教育过程本身。事实的逻辑是,高超的教育技艺必定架构于良好的师德之上,然而,良好的师德并不必然地衍生出高超的教育技艺。高超的教育技艺是高远的使命感与责任心、对学生深切的关爱与体察,以及教育方式方法不断修炼的产物。高超的教育技艺是良好师德的质的升华。

"学校是培养更加优秀下一代的特殊机构,我们国家的教育方针是'德智体美劳'全面发展。然而对这个方针的认知与实践,几十年来的教育历程不乏差异以致波折。我们今天搞教改试验,意图针对这个问题做一点能够给人以启示的探索。'德智体美劳',其中'德育为首'。所谓'德',树人之根本,其内涵明确而丰富,比如要有爱祖国爱人民的强烈信念,要有坚定的社会主义信仰,要有勤奋好学独立思考的意志与毅力,要有敢于探索创新为国为民做出贡献的气概与雄心,要有谦虚谨慎善于处理人际关系的品格素养,等等;'智',当然是重点,诸如虚心好学,踏实严谨,牢固地掌握知识,不断提高自己的辩证思维能力,善于广泛地汲取,培养独特的兴趣爱好,敢于钻研,敢于质疑,敢于创新,立志在未来事业的领域里有一番作为;至于'体',目的是健全体魄,青少年生性好动,只要时间与设施方面予以保证,当然老师也要指导提高技能,为了防止学生爱好的偏颇,不利于体质全面均衡地提升,有关方面应当研究筛选若干项目并制定适当的标准,作为初高中毕业的标配要求;'美',似乎无需从美学的学术角度展开,音乐美术课赋予必要的认知,面对五彩斑斓的生活,提高他们的审美能力;'劳',泛指体力劳动与脑力劳动。教育要让学生们深切体会世间的一切财富无一不是劳动的产物,从衣食住行的普通需求,到一般人难以想象的高科技成果。因此,教育要让学生懂得热爱劳动,尊重劳动人民,珍惜劳动成果,尽力培养自己的劳动习惯。总而言之,'德智体美劳'作为基础教育的总体目标,是一项由低到高由浅入深由近而远,细致、深刻、艰辛的塑造心灵的工程。所以,作为一名教育者,不仅首先需要具备以上品格要素的厚实底蕴,更加需要循循善诱绣花般的教育技艺!"

"卜校长,我能不能问个问题?"有位老师举手说。

"当然可以!你是生物教研组的陆老师,请讲!"卜俭熙伸出手说。

"卜校长,教学生学做人很重要,但是你所举案例,好像都是班主任或者学生处老师的任务,那么纯科学的非班主任老师怎样在教育过程中体现教育过程的优化呢?"

"陆老师,问得好!你的问题跟我应聘答辩那天专家所提的简直一模一样!"

有人大声调侃似的称赞:"陆老师,有水平!"一阵笑声遍及全场。

卜俭熙说:"我们老师的具体工作各有侧重,但教育方针的总体目标是一致的。所以,跨进我们学校校门的每一个学生,都是我们学校每一位老师乃至员工的教育对象,当然,这就要求讲究方式方法,讲究教育技艺。所谓教育现代化,其本质是教育观念与教育过程的现代化。漂亮的校舍、先进的设施、完善的教材,以及学历达标的师资,并不是教育现代化本身,没有教育观念与教育过程的现代化,这一切原本只是些现代化教育的硬件而已。唯有通过教师直面学生的现代化的教育过程,才是学校教育取得效应的活力,才是教育成就的真正生产力!强调教育技艺的真谛是优化教育过程,提高教育过程的有效性,变学生'要他学'为'他要学',变'教师开发学生的智力潜能'为'学生固有潜能的自我开发',这才是教育技艺所追求所期望的最高境界!这才是所谓教育观念与过程现代化的真正内涵所在!

"讲到这里,我想再补充最近看到的一个材料。某国某校常识课老师给初二学生布置的一个作业:请从你的曾祖父开始写一篇你们家的家史。国内曾有人嗤笑这样的作业太不着边际。当然,一个初二学生不大可能把家史写得周全完整,但是为了交差,学生就得东查西问,就得把查询所得,组合成文。很显然,作业的本意就在这里,注重过程,崇尚能力的培养。鲁迅先生讽刺死读书的人是'两脚书橱'。我们强调教育过程的现代化,倡导教育技艺,实质上是架构了一个为老师施展才能与释放智慧的平台,在这里,百花齐放,各展所长,风格独具。这样,我们教师的教与学生的学,必将呈现一派多姿多彩的景象!"全场老师热烈鼓掌。

"谢谢!"卜校长继续说,"让我们把问题回到前面,办教育标准和要求还是应当有的,成效的评比也是必然的。那么就让我们共同努力,扬弃单纯的分数观念,何况,个人之间、班级之间,乃至起点相差悬殊的学校之间,单纯的分数评比并不科学,我们的试验就是要探索和研究怎样在学生原有基础之上的提高,讲究教育的效率,这就要求我们在教育过程中提高教育技艺的水准。向学生传授知识绝不是一成不变的简单劳动,而是要研究和掌握不同学生的知识实际、情绪状态,以及可接受性原则等。在传授知识的过程中,必须注重学生能力的培养,激发与深化学生的求知欲望,如是,学生们学习的主动性、钻研性,以至创新精神必将渐渐得以萌发与显露,甚至蔚然成风,到那时,我们学生学习成绩的上升,是瓜熟蒂落完全可以预期的事情!"全场议论声和着热烈的掌声。

"前景是可以乐观的,但也许有些老师颇有疑虑,我以为也是完全可以理解的,因为我们面对的现实可谓相当严峻!黄副校长和教导主任对最近两年我校高一新生进分情况做了一个统计,具体数据如下:进分达到市重点中学水平线的占2%~3%,达到区重点中学水平线的占22%~25%,达到市普通中学水平线的占36%~40%,还有那25%左右,在市区是进不了高中的,由于区域的优越性他们都进了我们学校。很显然,用这样的情况去与重点学校比分数,比升学率,老师们的积极性必将受挫。但是真正懂得教育的人不是这样看的,崔书记就说'一所学校办得好不好,只看分数、升学率并不科学,主要看它先进的办学理念落地与否,学生的道德素养与学习成绩同步提高了没有'?科技城领导也不止一次说过'一所学校办得好不好,主要看学校的风气好不好,学生的学习成绩有没有提高,少数所谓问题学生转变了没有'。老师们,我们学校的设施与师资都是重点学校配置,但是生源的特点却是'起点低,差距大,层次多'。面对这样的实际,老师们,这既是挑战,更是机遇!国家号召教育要现代化,我们搞教改试验,倡导教育现代化的本质是教育理念与教育过程的现代化,所以,我们必须更新观念,相信我们自身的实力,着眼学生,研究学生,发挥我们的创新精神,不断提高我们的教育技艺水准,学生的学习成绩一定会逐渐地有提高和长进,甚至是超乎寻常的提高和长进!不过,大家注意了,基于我们的生源实际,这种提高和长进自然是分层地显现的!老师们,面对我们的生源实际,我们必须有清醒的分层意识,走在最前面的虽然是少数,但是我们绝不能因为不会影响升学率而搁置一边,而是依然要为他们创设条件,激励他们继续攀高不停歇。处于中间层的大多数,要破除他们比上不足比下有余甘于中游的怠惰心理,老师们要善于发现富有潜质者,把他们推上一个层次。至于第三层次的同学,多数是农民工子女,首先要理解他们,相信他们的成绩暂时不甚如意,不是因为他们智力的问题,而是以往所处的环境与条件的关系,鼓励他们相信自己,不甘拖后,敢于上进。老师们,从分层意识,到分层教育,以实现分层提高,这里没有一个现成的教育模式,有待我们全体老师去探索、创新、完善。老师们,假如这就是横亘在我们教改试验前面的一座山峰,那就让我们团结合力去攀登!"全场热烈鼓掌。

"你们虽然拍手了,但我猜想大家的心里都觉得这绝对是个不小的难题,因为我也是这么想的。"卜俭熙这么一说,会场里发出了笑声。"我们将大力削减学生的作业,以减轻学生过量的负担,删去花哨超高的难题,以减轻绝大部分学生的精神压力,目的在于使学生从疲惫被动的题海桎梏中解脱出来。学校教育理应顾及年轻学生有限的时间和精力,决不能剥夺他们睡眠与锻炼健身的时间,更不能为了分数的攀比,在学生刚刚开始学着爬山坡时,就逼着他们攀高峰,使得他们不能从自己的学习生活中切实地获得成就感和自信心。自信心是什么?是个体乐于向上敢于攀登的原动力,有了足够的自信心,他们就会自己去爬山坡,攀高峰。我们说过老师们要用优化的教育过程去开发学生大脑的智力潜能,其实,真正最有效的开发者是学生自己,这就需要我们老师细致耐心地把学生的自信心和自信力真正地培育与鼓动起来。而且,学生最初的自信来自他信,尤其是老师的表扬与肯定,这种情况年级越低而越盛。所以,能够使当下学生被动应付作业的现状,转化为主动学习的进取状态,这样的老师才是称职的好老师。我愿我们的每一位老师都能成为这样的好老师!"

全场响起了特别热烈的掌声。

"老师们,下面我谈第三个问题。校长会议认为,教育局崔书记之所以把教改试验的任务托付我校,是认准了我校生源的特点,和对我们师资实力的信任,所以我们理当用心应对,发扬与保留长处,同时必须更新观念,不断提升自身的师德素养与教育技艺,决不辜负领导以及广大家长对我们的期望。现在我代表校长会议向全体老师提出如下几点希望与要求,不一定周全,愿老师们用你们的经验与学识不断予以充实与改进:

"一、我们每一位老师都要力争成为学生从心底里喜爱的好老师。

毫无疑问,我们每位老师都希望成为学生从心底里喜欢的好老师。但是,必要的、合乎逻辑的前提是,老师对他们的关爱是发自内心的、真诚的,对学生的优点和长处是充满热情地大声表彰与宣扬,对他们身上的缺点与不足,批评是循循善诱、满怀善意的。课内课外,老师的一言一行无不是在激励与鼓舞学生们的自信心与上进心。事实上所谓学生的发展与成长,都源自他们自身点点滴滴的优点与长处的不断扩展与壮大。鼓励与引导为主,从来是教育工作的根本性原则。当然,一位好老师首先要善于敏锐地发现学生的优点与长处,要有伯乐的眼力。那么缺点与错误要不要批评呢,当然要,但要注意分清成长过程中不可避免的局限与不足,不能把作风不正与偶犯错误等同处置,也不能把领悟滞后与怠惰慵懒混为一谈,而且,批评必须讲究方式方法,尊重个性,维护尊严,尽量使缺点与错误让学生自己有切实的感知,促使他们自觉地改进。这样的话,老师的表扬是真诚的,批评是善意的,学生自然会从心底里喜欢你。本来嘛,作为一名老师,得不到学生的喜欢是很失败的事。

"二、每位班主任应当努力把班级建成为充满暖意的学生第二个家。

每一位老师都应当认识到人群即学校,作为班主任,更应当洞悉环境育人、舆论育人润物细无声的事实,班级健康的舆论环境潜移默化地催人向上。老师必须一视同仁地对待每一位学生,教这好那好的学生不要骄傲,使这不够那不足的学生认识自己,发现自我,使身有残疾弱势者不被歧视,得到大家的格外理解与关心。倡导有好事大家赞,有困难大家帮,使班级成为团结友好充满暖意的第二个家。各年级组也要定期召集学习与交流,展示建设班级是学生第二个家的举措、进展与成效,借以优化我们塑造学生心灵的舆论氛围与人际环境。

"三、各学科教研组要力争成为知识传授过程现代化的关键阵地。

各学科教研组必须两到三周进行一次学习与交流:① 研究与实践传授知识必须正确无误,并且努力做到深入浅出,使学生易于理解与接受。生动性、趣味性、幽默感属更高的层次。② 研究与发掘本学科的潜在功能,传授知识的过程中同时提升学生的认识水平与思维能力。③ 针对我校生源的实际情况,'因材施教,分层提高'是摆在我们每位老师面前意义重大的挑战！我们热切地期待各位老师运用你们的经验与智慧，创造性地逐渐积累某些具有普遍性的规律，这是一个更具广泛意义的教育技艺问题！

"四、各处室应当循着教育技艺的倡导，创造性地做好各自职责范围内的有关活动与日常工作。教导处要开始筹划组建学科小组，为各学科第一层次的学生营造上升的空间。学生处与体育教研组应当有经常性的联席例会，针对学生们天性好动，商讨如何有计划地把各种大小球类的比赛活动开展起来。20世纪五六十年代，有个初高中毕业生必须达到的'体锻标准'，内容是规定田径类与非田径类的若干项目，分别制定标准与等级，每个初高中毕业生必须通过的最低标准。我希望你们找找资料，尝试制定我们的标准，开始不要太难。这样保证同学们的健身不是每日每周多少时间的问题，而是有标准规定，以引导同学们增强体质锻炼的自觉性。

"五、从今天算起，学校每隔四到五周召开一次教育技艺的学习交流会，领导不点名，不暗示，会前自动报名，不报名也可以，临场有感而发，长篇大论或者三言两语一样欢迎，让每一位老师充分展示你们实践教育技艺的体验与成效。每学期学校至少自编出版两册优秀发言（当然也可以是文章），暂名《教育技艺探索》或者《教育技艺实践》，送教育局有关部门过目、存档。好文章以学校的名义推荐出去（当然也可以自己投稿），到公开的报纸杂志上去发表，去发声。

"六、每学期结束，学校主要领导必须以自我检点为主的述职报告，恭请全校教职工对学校领导工作进行评议，各级领导要虚心听取批评和建议。各处室、教研组、年级组也要进行类似的活动，以督促和提高学校各级领导的工作作风与业务水平。"大家拍手表示赞同与支持。

"让我们共同期待大约四周以后第一次教育技艺学习交流会！"大家再一次热烈鼓掌。

"最后,我给大家讲一则真实的故事,作为我今天报告的收尾。那是去年的事,我去北京参加一个校长会议,其间,听几个校长议论总政有一位叫王遐方的离休老干部,他不甘寂寞,离休后热心于下一代的培养教育工作,成效突出,闻名遐迩。于是数以百计的学校请他做报告,授予他名誉校长、顾问、校外辅导员等荣誉。我问他是哪里人,有位校长说是安徽人,家在北京,我说准备去拜访他,还是那位校长说地址不知道,但有他的电话号码,让我先打电话联系一下。电话接通了,回话说老先生不在家,不过吃晚饭一定会回来的。于是我介绍了自己,说晚上一定前来拜会他老人家。

"老先生十分健谈,辩证法、教育学、心理学知识运用自如,他对每一个青少年学生亲如孙辈,关爱备至。他给我讲了许多教育学生的小故事,其中最让我印象深刻永远忘不了的一个,我代王老先生奉献给大家:有一天,他在老家的少年宫参加活动,忽然有三个女孩子走到他跟前,说她们喜欢溜旱冰,问能不能借给她们五角钱,明天就还。王老先生借给了她们。可是第二天,第三天,直至七八天过去了,三个女孩子的人影也没见。王老先生觉得这是三个接班人的危险信号,必须及时予以教育。他决心在家乡总共148所中小学一所一所挨着寻找。终于在一所初级中学里找到了她们。同学与老师都向他打听是不是她们犯了什么错误。王老先生不露一点蛛丝马迹地说'不是,我知道她们三个喜欢溜旱冰,明天少年宫有旱冰比赛,问问她们去不去',心情紧张的三个女孩赶忙举手说'我去,我去'。第二天,三个女孩果然早早地来到,还他五角钱,还附了一份检讨书。王老先生对她们说:'王伯伯花了很多时间寻找你们,是我舍不得那五角钱吗?'三个女孩几乎同声回答:'不是,是你要我们不要变坏。'王老先生说:'这就对了!我不要你们的检讨书,也不告诉你们的老师与父母,懂了就好!'王老先生欲把手里的钱递给她们:'喏,玩去吧,以后有什么难处尽管找我。'三个女孩一齐摇摇手,转身准备走,忽然又回过身来,向王老先生深深一鞠躬,然后步履轻捷地离开了。我想,王老先生对问题思考那么深,花费了那么多时间与精力寻找,可临到直面三个女孩的时候,王老先生的话语和处置过程竟这么简短!我敢说,王老先生对这件事情的处置过程与方式方法,是所有可能的处置过程与方式方法中最简短的,然而它所隐含的理论、信念、情感、艺术性却是最高、最深、最丰富的。王老先生之所以如此处置,取决于他对儿童少年心理特点与成长规律的认识,取决于他对三个女孩此时此境内心活动的洞悉与把握。在他看来,与其说三个女孩需要严肃的批评与教育,倒不如说事情一旦暴露,她们更加需要的是爱护与维护——对受了伤的自尊心的爱护与维护。王老先生的处置过程与方式方法肯定不在三个女孩的预想之中,对她们的内心不可能不是一次迅猛的冲击,相信王老先生此刻解决的远不止是五角钱的错误,合乎逻辑的推测是,三个女孩的思维走向完全可能顿现转折,大脑智慧的门扉可能由此而洞开。

"我确信,这就是王遐方老先生高超的教育技艺,可以毫不夸张地说,这个案例具有经典性意义,值得我们认真地品味与学习。我的故事讲完了!"卜俭熙说完起立,"谢谢大家,谢谢!"全场随之起立,热烈鼓掌。

支部书记顺势宣布:"散会!"

第七章
博导幸获照料与裘沅摊上了心事

三天没见到导师,问办公室,说是生病了,正在校医院里挂吊针。梁雪梅连奔带跑一口气赶到校医院,在二楼的病房里找到了他。

"老师,身体怎么样?好点了吗?"梁雪梅气喘吁吁地问。

"好多了。"导师回说,"咳嗽了几天,过来准备配点止咳药水。一检查,有热度,CT检查说肺部还有炎症,就住下了。"

"老师,往您家里打过好几次电话,总是没人接,打手机,也总是无法接通!"

"家里又没有其他人,谁来接?我的手机不大用,经常是没了电,就搁在一边。"

"老师,您家里其他人呢?"

"儿子媳妇在美国,媳妇快四十岁时生了个女儿。老伴终于盼着做奶奶了,高兴得孩子似的。儿子要她去帮着带小孩,她顾不得最近几年冠心病经常发作,硬是要去,儿子还说要我也一起去,我才不去,美国我是待够了。这不,两年不到,老伴客死他乡……"

"几年了吧,你就一直这么一个人过?"

"是啊,习惯了。中午食堂里吃,再买点带回家,晚饭早饭就都有了,很方便。"

"老师,学生对你太不关心了,学生我觉得愧疚!"梁雪梅异常动情地说。

"哪能这么说……"

"不管怎么说,您孤身一人,生病住院了,总得告诉我一声,眼下我是您唯一的读博学生呀!"

"那倒是,也许你就是我的关门弟子啰!不过,我看你读书写作专注得很,不忍心打扰,反正这里看病有医生,吊针有护士,一天三顿,护工态度也很好。再者,我也没办法通知你啊!"

"老师,您把钥匙给我,我去给您把手机拿来,总有人会找您,您也总有事要与人联系的。"

导师侧一侧身子,拉开床头柜抽屉,拿出钥匙给了梁雪梅,说:"第五栋2号301。"

梁雪梅知道,这是校内最高档次的家属宿舍。她推开房门,却是一股霉味袭鼻而来,她赶紧打开所有窗户,餐桌顶上的吊扇开关嘀嗒嘀嗒拨了几下还是转动不起来。手机不难找,就在五斗橱上,充电线却不见,她不急于寻找,转身出门去到超市。她买了半只鸡,十几个鸡蛋,十二罐一箱的牛奶。回到301,首先是把鸡洗净,铝质的锅子颜色黑黄,锅盖上是厚厚的油腻,顾不了那么多了,尽量将内里洗刷干净,点着煤气先烧煮起来。看看油盐倒有,可缺了料酒,熬鸡汤这是不能少的,于是关了煤气,转身出门,跑步来回买了瓶料酒与一块生姜,再次点着了煤气。用个小锅子,煮上三个鸡蛋。转身赶紧去找充电线,不难,拉开五斗橱抽屉就是,接通电源,让手机充电。

趁着这段时间的间歇,正想坐下休息片刻,她自己的手机响了,打开,是儿子:"兴兴,有什么事?""妈,你今天回家吗?""不回了,导师生病住院,我得照顾照顾他。""妈,我已经在家,你回来吧,我有事!""再隔一天就是星期六了,不行吗?""不行!妈,我心里堵着呢,已经两个晚上没睡好了,你回来吧!"听声音好像要哭出来似的。"怎么啦,儿子,我回来我回来,不过要稍微晚一点,你自己弄晚饭先吃,下点面条也行。"

梁雪梅的心绪有点烦躁起来,拿起一根筷子戳那鸡腿,还是硬邦邦的,于是三分钟五分钟就揭开锅盖戳一戳,终于穿透了,立即关了火,自言自语"今天就让他喝点汤,明天再加工"。正好看见有个网兜,滚烫的鸡汤放平稳,锅盖上放三个鸡蛋。仿佛正在进行着某种抢时间的游戏,她快速关上所有房间的窗户,手机连线往口袋里一塞,右手提着鸡汤,左手拎着牛奶,开锁关门牛奶硬是不曾落地。出门后,跑步怕鸡汤溢出,竟走比赛似的来到了医院。走进病房,把东西床边一放,叫了一声"老师",转身找到了护工,告诉她自己是老先生的学生,他老人家孤身一人,烦请她多加关心,顺手塞给她50元钱。护工回说"谢谢,我知道了,你放心吧"。于是两人一起来到老先生床边,梁雪梅指点着对护工说:"早晨一个鸡蛋,睡前一罐牛奶,这鸡汤饭前热一热,谢谢你!"老先生激动得想要坐起身子,梁雪梅赶紧按住他的肩膀,说:"老师,您必须增加营养,这样出院以后您会比以前更加健康,这会儿您得听我学生的!老师,家里有点事,我得马上回去,明天再来看您。"转身与护工握手,再次道谢。

回到家,天已漆黑,什么声音也没有,厨房里灶火未有迹象动过。胡兴兴房门开着,像上回一样,连衣带鞋地斜躺在床上。梁雪梅按亮电灯,胡兴兴不起身,也不说话。

"儿子,怎么啦,发生了什么事?"母亲声音极其温柔,缘由已经猜到了八九分。

"前天晚上打电话说要与我分手……"胡兴兴坐起身子,哭丧着脸说。

"是谁打电话要与你分手?"母亲除了惋惜与同情,对儿子这般语无伦次的神态,心里不知怎么有点窝火,便故意这么问。

"裘沉呀！我问'为什么'，她说'不适合'，我说'见面好好谈谈'，她说'不必了'。妈，这可怎么办呢？"说着，擦起眼泪来。

"兴兴，你大学也快毕业了，还要读研，要有点男子汉的气概！怪你妈，好几年前我就意识到了，这是妈的错，从小对你呵护太过了，造就你今天如此懦弱的性格！"

"妈，你就别再刺激我了！妈，你能不能找找俭熙阿姨，请她劝劝裘沉！"

"俭熙阿姨是登报应聘的校长，才上岗，她的教改试验蓝图刚刚展开，听说初有起色，我怎么能去干扰她？妈知道俭熙阿姨是喜欢你的，可当妈的能有什么办法？"

"妈，为了我，你就去找找她，哪怕只是了解了解究竟是为了什么原因。"

"年轻人恋爱相处既已说了'不适合'，那么怎么说都是理由，而且越是劝说越是逆反，九牛二虎也别想拉得回来。"

"妈，我离不开她，怎么办呀……"

"怎么办？你首先要冷静下来，恋爱结婚很少没有曲曲折折的，这是你一次宝贵的生活经历，儿子，振作起来，好好读书，漂亮又贤惠的女孩还会有的，妈会继续为你操心的！"说着，梁雪梅转身去厨房弄晚饭了。

"我心里只有她，妈，我离不开她呀……"胡兴兴对着妈的背影，哭也似的说。

梁雪梅下了两碗面条，冰箱里拿出一瓶牛肉辣酱："儿子，吃晚饭，你喜欢的牛肉炸酱面！"

"不想吃……"

梁雪梅重又走进儿子房间，说："儿子，吃不想吃，睡又睡不好，身体会垮的！真到那时，妈除了为你难过，更要为你生气，那么一次挫折就经受不起,还谈什么出息?女孩们也都会笑话你的!"梁雪梅说完转身走出房门,同时说,"快来吃面!"胡兴兴终于拖着沉重的脚步坐到了餐桌边,可才吃了两口,就放下了筷子说:"我吃不下……我想去找她!""去找她,裘沅?你知道她在哪里?"梁雪梅说。

他们母子自然不知道,其实就在这段时间里,裘沅正在厨房为她父亲准备晚饭。不过情况不同往常的是,海归博士今天也在。原来,自从宾馆那一夜之后,海归博士简直肆无忌惮地缠黏着她,还几次提出要与裘沅一起回家,也好为她父亲准备晚餐帮厨,裘沅一直没有同意。今天他再次提出,并且还带了一句"顺便还应该见见你爸裘老师呀"!裘沅忽地一想,反正我已经是他的人了,总得让大帅哥见爸妈呀。而且,时机适宜,爸除了那本书,其他什么都不知道,不大会弄出什么尴尬事来。如果妈在,情况就很难说。

在路上,裘沅告诫海归博士,她爸最讨厌工作时间被打扰,更不喜欢任何人进他的书房,所以进门之后你不要发出任何声音,我只在门上轻轻敲两声说"爸,我回来了",他就放心地一直到叫他吃饭才会开门出来,到那时我再介绍你们认识。就这样,海归博士既不敢大声说话,也不敢大步走动,只得一直紧贴在裘沅身后,倒也兴味十足地看着她利索地操作,不住地夸奖,有时还边称赞边拍打她屁股,从背后拥抱她,抚摸她的乳房。"哎呀,真讨厌!你去房间看看报纸,休息一会儿!"

海归博士无心看报,轻轻推开窗户往下看去,靠近大楼是两排还不怎么茂盛的灌木,其外侧是相当宽阔的草坪。关上窗户,他在厨房门口对裘沅说:"你们北向的走廊宽敞明亮,迎面是鳞次栉比的漂亮大楼,我去观赏观赏。"裘沅赶快从口袋里摸出钥匙,说回来不用敲门,并且跟着轻声拧锁关门。海归博士在走廊里踱着方步,从这头走到那头,从电梯口走到楼梯口,像是在寻找着什么似的。

海归博士拧锁进门,裘沅对他说"去洗洗手,准备开饭"。一切就绪,裘沅敲书房门喊"爸,吃晚饭了"。裘谷平走出书房,目不斜视直进卫生间,洗完手出来,忽见一位仪表堂堂的年轻人,着实一愣:"这位是……"

"爸,他就是我们学校的海归老师陈念球!"

"哦,欢迎,欢迎!"

"今天他在附近一所学校讲课,完了说来帮我一起为您准备晚餐。"

"不不!"海归博士抢过话头说,"裘老师,您成就卓著,海内外闻名,我辈仰慕已久,能有机缘见您一面是我真正的心愿!"

"爸,我们吃饭,边吃边聊。"

"小伙子,我翻阅过你的著作,很不错!"裘谷平扒了两口饭,望着海归博士说。

"谢谢裘老师鼓励!"

海归博士听了裘谷平的赞许,很显得意,情绪显得自在。

"裘老师,听说您能回国,经历了不少周折?"

"那可说来话长啰!"

"为了挽留您,校方专门为您配置了团队,添加了最先进的设备,成倍地增加了经费,还为您大幅加薪,是真的吗?"

"是啊。"

"那您为什么还回来?"

听到这里,裘谷平刚刚夹起的一块油焖茄子掉回了菜盆,两眼瞪着海归博士,语调生硬地反问:"那我为什么不回来?"

屋子里空气骤然紧张起来,裘谷平再也不说一句话,埋头扒完一碗饭就进书房去了。

两个人也草草吃完饭,裘沅边收拾边对海归博士说:"你回去吧,我今天不回校了,你的问话让爸很不高兴,睡前我得让他消消气。"

海归博士走了半个多小时,裘沅想来想去不敢住家里,她害怕她爸刨根究底地盘问,于是收拾好以后,提起小包敲了敲书房门说:"爸,我回校去了。"没有回应,门却突然开了,她爸一只手仍然握着门把,语调严峻地说:"你领回来的是个什么人?"裘沅拉长声调说:"爸,是学校老师,偶然在附近碰到的。"她爸的语调更加严峻:"我告诉你,离他远点,这个人不像中国人!"说完他重重地关上了书房门。

走出家门,裘沅步履沉重,这下,她算是真正地摊上心事了。

差不多也在这时,马路上还有一个女人也心事重重,但却步履匆匆,她就是梁雪梅。她好说歹说,终于答应一定找俭熙阿姨了解了解情况,才算把儿子劝回学校去了。现在她急着回校看看导师的病情是否好点,热度降下来了吗,晚饭吃得怎么样。

梁雪梅回到学校,直奔校医院,病房已经熄灯。她找到护工,知道导师体温基本正常了,晚饭胃口也不错,还喝了半碗鸡汤。梁雪梅这才放心地回到自己的宿舍。

第二天一早起床,食堂用完早餐,梁雪梅就去导师的家,实行她昨天就设想好的计划。首先是再次打开所有的窗户以及阳台的玻璃门,让充斥着霉味的空气彻底地换一换。然后将床上的被单被套浸泡在浴缸里,但是却找不到洗衣液肥皂粉之类,她清楚缺了这些绝对不行。她做事极有条理,先把阳台上仅有的一根竹竿擦拭干净,然后把被褥床垫晾晒好,再把要清洗的被单被套浸湿在浴缸里,这才转身出门去超市买来了洗衣液、肥皂,以及沐浴露等等。回来煤气灶上烧热水,同时清扫地上的垃圾。垃圾清扫完成,一壶水也烧开了,把开水掺和在浴缸里,将被单被套揉搓一阵,放进了洗衣机,洗衣机开动了。两只手马上捏着一块干布一块湿布,开始清理家具,不知有多少时间没擦拭过了,电视机屏幕上、衣橱的镜子上,都明显地蒙有一层灰尘。布料沙发上的灰尘怎么办,没吸尘器,干布擦拭反而会扬起灰尘,于是她先用拧得很干的湿布拭去浮尘,一次不够两次,然后让它自然晾干。接着擦窗玻璃,动作着力利索,二十多块方框玻璃,不多一会儿就擦拭得透彻明亮。这时洗衣机也鸣叫完成。她搬出两把椅子两只方凳到阳台,把被褥床垫移下来,洗净的被单被套挂上竹竿,用夹子固定。最后是拖洗地板。时间已近中午,她早已浑身大汗,于是再烧一壶水,准备擦洗一下身子,趁这个空隙,给儿子打个电话:"兴兴,上午上课了吗?"胡兴兴回答:"没有。""怎么不上课呀?""没气力。""快吃午饭了,尽量多吃一点!""吃不下。""早饭吃过吗?""同学替我拿来的,才吃了半碗粥……""兴兴,这样你身体会垮的,听话,中午好好多吃一点,课一定要去上,这样你的思想会放松些,俭熙阿姨那里我会去的!""知道了,妈!"

这时,水烧开了,她提着热水进卫生间擦洗了汗水,换上自己包里备着的内衣,将汗水浸湿的衣服塞进包里,岔开五指梳理了一下蓬乱的头发,提起包,便离开了导师的家,直往校医院走去。导师在吃午饭,正喝着鸡汤,一见梁雪梅立即放下汤勺,说这样味美的鸡汤,好几年没尝到了,千谢万谢。梁雪梅说:"老师,应该的,别说这些了,身体情况怎么样?""医生说,再连着两天体温正常,下星期三就可以出院了,可是……""老师您放心,我会安排的。老师您吃饭,我也去吃饭了。"

下午有个学术报告她不愿放弃,梁雪梅饭后立即去校外的家政服务站,一眼相中一位安徽籍、读过两年初中的中年女子,约请她当导师的居家保姆,并且告诉她老先生专注于业务,一直一个人过,生活上要求并不高,但他生病刚出院,希望尽量服务得周到些,让他觉得好生活又来到了他身边。那位服务人员笑着问:"你是他的……""我是他唯一的学生,我姓梁。""我看你年纪也不小了,一定是个专家学生,我称你梁老师吧。梁老师,你放心,我会尽力做到最好的服务,随时可以到位。我姓程,你就叫我程阿姨好了。""那好,程阿姨,老先生大约下星期三出院,今天下午听完课我就给你电话,我们一起去他家,帮着整理整理。"下午三点半报告一结束,梁雪梅就给程阿姨打了电话,说在校门口等她。

梁雪梅领着程阿姨走进导师的家,空气没有了霉味,程阿姨未嗅出异味,但她一看就知道,说:"有人刚刚打扫过。""是啊,我整整忙了一个上午,一身大汗。"程阿姨说:"那你怎么不早点来叫我?""上午我还不曾想到这事哩。""梁老师,你真是个好学生!""程阿姨,我们一起先把老先生的床铺铺好,然后我们再去见一见老先生,让他放心,他正在为出院后一个人躺在床上生活怎么办愁着呢。"

两个人来到医院,梁雪梅对导师说:"老师,这位程阿姨是专门为你请来的居家保姆,你看,一副干练的样子,出院休养你就放心吧!"老先生极其感动,说:"梁雪梅,你总能把样样事情想在前头,太感谢你了!程阿姨,也谢谢你!"程阿姨说:"老先生,你的这个学生真是好,今天上午她一个人把你的床铺洗刷晾晒得清清爽爽,家里打扫得干干净净,忙得一身大汗!""梁雪梅,这几日真是太辛苦你了!你不知道,崔书记让我尽早能通过你的博士学位,我还真怕耽误了你读书写论文的时间!""时间我会抓紧的。老师,我把钥匙给程阿姨,明天小间里的床单被套也要清洗晾晒,让她把自己的床铺也安顿好。"说完她把钥匙给了程阿姨:"星期三什么时候出院我给你电话。"程阿姨接过钥匙说:"老先生,你就放心,以后你的事情全由我来做,不碍梁老师写文章。"

星期三上午,梁雪梅通知程阿姨,老先生下午两点左右出院,同时告诉她提前到他家,找几件替换的衣服,说自己一直忽略了。程阿姨告诉她,已经把他衣橱里的衣服都晾晒过,替换衣服已经准备好了。梁雪梅心里一阵惊喜又感动:"老先生真是有幸了,你这个程阿姨做事真是细心,谢谢你!"

出院当天,梁雪梅办好了有关出院手续,向医院借来了轮椅,程阿姨也赶到了,并且递上了一包衣服,老先生示意拉上床帘,不多一会儿,老先生拉开床帘站在那儿,两人赶紧将他扶上轮椅。程阿姨眼明手快,将床帘还原,把老先生换下的衣服以及其他家什收拾停当。梁雪梅拉开抽屉拿起手机,笑着说:"我们回家了!"医生、护士、护工都来送行,老先生连连道谢。

老先生回到家很是兴奋,逐个房间察看,称赞"从来不曾这样清洁整齐过",程阿姨说"都是你的好学生梁老师的功劳"。"不对!"梁雪梅在餐厅兼厨房里大声说,"这灶具洗刷得多清爽,冰箱里、碗橱内外全都干干净净,还有这水壶、锅子擦得跟新的差不多了,这些全是程阿姨做的。老师,病了一场,您要开始新的生活了!"老先生有点激动地说:"谢谢,谢谢两位!"

第八章
把学生从单纯追逐分数的桎梏中解脱出来

安顿好导师的生活,梁雪梅心里儿子的问题一下子变得急迫起来。当晚就给卜俭熙挂电话,得到的回答是"我这会儿有事,等会儿我打过来"。过了一会儿,两个人通话了。雪梅说:"俭熙,你很忙吧?"俭熙说:"忙!开局一定得开好,不敢有偏差或者疏忽。刚才就是在与学生处主任和体育教研组长商量工作。雪梅,找我有事吗?""没事!"梁雪梅觉得绝对不能在这种时候打扰她,"就是想来看看你和你的学校。"卜俭熙说:"这样吧,下周五就请你来旁听我们全体教师的第一次教育技艺学习交流会。我的第一个报告实际上为教师们架构了实践与展示教育技艺的平台,号召以新的观念,发挥创新精神,各展所长,百花齐放:知识传授是开发学生智力潜能的一门深邃的学问,品格教育是塑造学生心灵的一门绣花般的艺术。雪梅,这些都是循着你的思路呀!""绝对不能这么说,俭熙,你的脑子灵得很呐!好,下星期五我一定过来!"

卜俭熙心里当然很清楚,下星期五的这第一次学习交流会情况,既反映教师们对卜俭熙报告的理解与认可程度,又体现着教师们响应与实践的具体成效,是整个教改部署承上启下的一个关键性节点。了解到不少教师正在悄悄地做着准备,卜俭熙相信它不会是一盆冷水,但能不能是一把旺火呢,心中不免有些忐忑。

事实上，第一个报告之后，卜俭熙有条不紊地策划了一系列分块分条的小型会议，为的是使老师们的思维得以相互碰撞与激励，进而完善各自的思考与设想，意图在于为第一次的学习交流做铺垫。

首先是跟主管学生政治思想工作的方副校长与学生处主任商定，由他们召开全体班主任会议，讨论如何落实校长会议提出的关于把班级创设成为充满暖意的学生第二个家的要求。希望他俩多多强调学生的成长需要适宜的环境，而环境的真谛是人与人之间的关系。

接着，卜俭熙又跟黄副校长及教导主任商定，由他们召开全体教研组长、备课组长会议，要求每一位学科组长学习把两周一次的教研组活动、每周一次的备课组活动努力上升为研讨与探索教学技艺的高度，深入地研究教材的核心、要点，发掘教材固有的潜在功能，进而使传授知识的过程同时提高学生的思想认识水平与逻辑思维能力渐趋常态。大幅度减轻学生的作业负担，是重点也是难点，切望老师们发挥创新精神，从本校的生源实际着眼，努力实践难度与数量不同的分层次作业布置模式，让每位学生学有所获，学有所乐。

以上两个会议，卜俭熙都没去参加，而是难得地坐在办公室里喝茶看报。她的想法是，假如她出席，老师们的发言势必附和着她的报告转，并不有利于讨论的自由度，而且必将有碍于会议主持者的责任感与主动精神的发挥。校长的责任心并不表现在处处事必躬亲，而是统筹全局，实行各尽其职，各展其才，以使他们在各自的岗位上得以磨炼、成长、自信。学校健全的管理机制不仅意味着培养出一批又一批合格的毕业生，同时也意味着孕育与造就出学校各个层面自身的管理人才，以致优秀的校长。所以，教师以培养超越自身的学生为荣耀，校长也应以培养出超越自己的校长人才为崇高的境界。为此，她甚至觉得有必要为过往教育家概括的三个特质再加一个"第四"，那就是在当今称得上教育家的校长，应当是一位忠诚于教育事业，热情、真诚、公正地培养与扶持超越自身的接班人,而绝不是相反!

　　第三个小型会议是与主管总务后勤的石副校长及总务主任商定,由他们召集全体总务后勤人员会议,她将出席,不过大约只做十分钟讲话,提几点希望与要求。会议安排在人人都有靠背座椅的小会议室,而不是在油腻腻的食堂里,以示郑重。会议当日,卜俭熙对他们说:"职工同志们,大家好!我作为校长,绝对不会忘记你们这一块各方面繁忙又辛勤的劳动!你们是学校正常运转不可或缺的组成部分,是学校成员中平等的同事和朋友,仅仅是分工的不同而已。如果有学生或者老师对你们有什么轻视或者不当的言行,请直接向我投诉,我一定作为典型进行教育!不论做什么工作,人格一样必须得到尊重!不过今天,我要特别告诉大家的是,在教育局的部署下,我们学校被定为教育改革的试点。上星期教师们专门召开了会议,现在大家都在积极地做着思考和筹划,准备以新的观念开展教育教学工作。我们总务后勤怎么办呢?我想大家一定会赞同的,我们的总务后勤也必须跟上形势,我们的管理也要现代化。在此我想强调几点:首先是饮食卫生,食堂的进货、保管、烧煮以及器具的消毒等必须职责明确,组长主任乃至主管校长,一级管一级,监管必须到位;第二,安全保卫必须时刻保持警惕,防火防灾的设施要经常检查,保持随时能启动的状态,万一出事,所有逃生路线必须保持畅通;第三,财务账目必须清晰,经常性支出由主任签字,大笔项目费用应送校长会议讨论;第四,环境卫生、绿化修整、季节性花卉替换等,也要有新的面貌,总务后勤方面的工作繁杂琐碎,国家、地区的规章制度要了解与执行,学校也要制订见诸文字的规划、规章。同志们,我们必须懂得,一旦出了什么大问题,根源都是从细微处职责不到位开始的!第五,在座的每一位同志,都是学校教职员工队伍的成员,我们的姓名都叫龙港中学,学校是教育学生的地方,所以在学生面前,我们的言行仪态都应当具备相应的示范效应。所有这一切,我是第一责任人,我会经常走走看看,查查问问。凡涉及全校师生的健康、安全、环境的整洁美化,作为校长没有理由含糊马虎!职工同志们,有关这方面的具体事宜,由石校长和主任主持进行。我这就离席了,谢谢大家!"职工同志们热烈鼓掌。

卜俭熙很清醒,这次教改试验的主要指向是学生,这既是卜俭熙怀有的抱负,更是上级委予的重任,所以她必须向全体学生做一个报告,以取得他们的理解与配合,尤其是卜俭熙关于分数问题的阐释,班主任以及各科老师想必多有透露,在学生中肯定会引起轰动性反应,拍手欢呼会很响,然而理解的程度势必不尽相同。所以做这个报告,是她整个部署中的一个重点。于是从第二周开始,放学以后连续召开了三个学生座谈会,对象是初二、高一、高二学生,每班两个人,学号一律是9号与29号,借此了解学生对分数问题的想法与希望等情况,以使在校会课上的报告具有针对性。

报告运用学校的闭路电视进行,但卜俭熙要求现场设在会议厅,至少抽调三个班级,有利于她观察与掌握学生的情绪动态,也便于学生可能发问以及互动。

"同学们好!在现场的同学们,以及在教室里收看电视的同学们,大家好!"卜俭熙开始了向全校学生的报告。"我是你们的新校长,名字叫卜俭熙,想必你们都已知道,但是你们每一个人的名字我却叫不出,不过我知道你们各自都有自己的名字,张某某或者李某某……"会场上发出了笑声,"你们自然会发笑,心里想,卜校长你这话不是多余的吗,我们每个人当然都有自己的名字,不错,但是我现在要问你们,你们还都有着另外的名字,你们知道吗?……噢,那位同学说小时候有过乳名,不算!我告诉大家,当我被任命为本校校长的那一刻起,我就意识到我有了另外一个名字,那就叫'龙港中学'!"领会较快的同学拍起手来,瞬间掌声一片。有同学喊:"我们也叫'龙港中学'!"

"对!'龙港中学'是我们一千二百多学生,和一百三十多教职员工共同的名字!所以,假如这个名字在别人耳朵里听起来是响当当的,那么我们每个人都会脸上有光,对不对?"各个会场都大声回应:"对!"卜俭熙继续说:"是啊,我从来到龙港中学第一天开始,就有信心和你们一起,决不给这个我们集体的名字玷污、抹黑,而应当用我们的行动为这个名字添砖加瓦、增光添彩,大家说应该不应该?"所有会场都大声回应"应该"!"谢谢同学们的回应!由此,让我们引申开去,这样另外的名字我们每个人还不止一个。比如,你是某某班的学生,那么走出教室门,你的名字就叫'某某班';假如你去到市区,你的名字就叫'龙港科技城';假如你去外省市,你的名字就叫'A市人';将来你们都有可能出国留学或者旅游,那时你的名字就叫'中国人'!"卜俭熙把"中国人"三个字说得特别响亮,所有会场热烈鼓掌。"同学们都热烈鼓掌了,为什么?因为如今我们中国人脸上有光啊!不过,我感觉你们的掌声还意味着一旦学成之后,你们也都会全身心地为我们祖国的社会主义事业添砖加瓦、增光添彩!"同学们有的拍手,有的喊"一定的"!

"很好!我相信你们,我们全体教职员工相信你们,我们终将会有为你们感到骄傲的那一天!不过,为了那一天,我们必须把当前的学校办好。国家决策教育要改革,教育要实现现代化,市教育局把我校定为教改的试验学校。上星期我代表校长会议向全体教师做了动员,第一个要点谈的就是分数问题,想来同学们已经有所知晓,我也听到了不少反映,今天我就跟同学们首先讲讲分数问题,以及相关的其他问题。

"所谓分数,原本有着它端庄又笑眯眯的面容,是教育可以借以调动学习积极情绪的工具和手段,但是,随着大家升学要求越趋迫切,竞争激烈,多少年来,分数便渐渐唯我独尊地板起了面孔,成了各级各类学校进门的唯一门槛。分数究竟是什么?其实分数不过是学生学习过程中某一阶段性成效的一种符号,它并不代表学生潜能与资质的全部,更不是决定你们未来前程的标记。这几十年来,单纯的分数观念其实是很不正常的,真正受伤的是你们这些青少年学生,你们有永远做不完答不全的作业,天性喜好的娱乐体育活动被阻拦,自发显露才华的兴趣爱好受到抑制,多少学生书越读越不自信,甚至丧失了自尊,抬不起头,直不起腰,更可叹的是,报上登载,耳有所闻,何止一个两个学生因为分数而自毁了生命!说到这里,我要给同学们一句忠告:世界上最傻最傻的事情是自毁生命!生命属于你只有一次,未来在你自己手里,千万千万不要做自毁生命的傻事!

"但是,因为分数成了衡量学生优劣的唯一标准,自然也成了一个老师课教得好不好的唯一标准,当然也就成了一所学校办得好不好的唯一标准,于是几乎所有学科尤其是三大学科都以超量、超难、名目繁多的练习压向学生,教与学变成了老师向学生索要分数,师生关系失却和谐,甚至冷漠!然而,青少年学生的时间就那么一个常数,于是乎,小学科、文体活动、兴趣爱好甚至起码的睡眠时间也一再受到挤压,特别值得注意的是青少年学生长期心理压力重重,明显地有碍于你们身心健康地成长。而且,唯分数观念抑制了青少年潜能特长的开发,因而绝对无助于真正人才的出土、茁壮。现在,国家倡导教育要改革,教育要实现现代化,针对的就是这种非现代化的教育。当下,教育各个层面改革是大趋势,我们学校既然被定为教改试点,就要敢于担当,敢于先行先试。在这里,我代表校长会议郑重宣布:从现在开始,各学科必须大幅降低超量超难的作业,而且,从某种意义上讲学生自己的分数属于一种隐私,所以,任何测验、考试的成绩不准按名次宣读,不准张榜公布,更不准在同学之间、班级之间比高低、排名次!我们龙港中学不再以分数为依据评议一个学生的优劣!而且,我们龙港中学也不再参与校际间以分数为依据的比高低,排座次!"安静的会场爆炸似的发出热烈的掌声。

"同学们的掌声很响亮,说明大家对学校的这个决定非常拥护,不过我相信同学们未必了解其中的全部含义,所以我想做如下几点说明:

"一,我前面说到,分数不过是学生学习阶段性成效的一种符号,但是这个符号还是应当重视的,绝不要以为学校减轻作业负担,分数又属于隐私,藏在自己的口袋里谁也不知道,于是便放松了学习,这就不对啰。同学们应当懂得,将来我们进入新的学习岗位或者直接走上社会,真正亮相的不是分数而是你的为人品格与知识技能。我们摒弃单纯的分数比拼,为的是题海不合理地占去了你们太多的时间,并且造成你们挥不去的精神压力,以致有碍于你们兴趣爱好的形成与自身特长的发展,以及身心素质的健康。但是学习态度,学习努力不努力,各项基础知识掌握得扎实与否,以致钻研创新精神是否有意识地培养等等,这一切还是要比的。没有比,优劣不分,长短难辩,理智未尝成熟的青少年极易滋生惰性。同学们,你们听说过'快乐教育'这个说法吗?我告诉你们,三十年前有个国家发现因为升学竞争激烈,青少年学生读书读得很'苦',于是提倡和实行'快乐教育',大幅削减教材内容,降低作业难度,不准公布分数与排列名次等等,以让孩子们快乐地读书。我们不清楚他们后来的教育管理情况,但是知道大部分孩子不是把时间用来很好地读书,而是把时间'快乐'地奉献给了玩耍、游戏、互联网。十几年之后,国家发现'快乐教育'培养出了一代及时行乐、逃避责任的年轻人,甚至有文章苛刻地责之为'一代废物'。同学们,我们教改的动因,似乎与该国有所类似,所以他们的教训,我们理当引以为戒。同学们,读书,掌握知识,个中确有'苦'在,这是成长成才的必由之路。同学们,如今我们搞教改试验,为你们争得大块时间,你们会不会统统把它奉献给玩耍、游戏、互联网?"

"不会!"同学们大声回答。

"你们愿意不愿意将来被人指责为'及时行乐、逃避责任的一代废物'？"卜俭熙放大声音又问。

"不愿意！"同学们也以更大的声音回应。

"太好了！同学们，我相信你们，我们全校教职工相信你们，循着教改试验的方向，你们一定会奋发地读书学习，创新钻研精神得以发扬，学校必将出现新的气象。我们更加相信，若干年之后，你们中间一定将出现令我们学校感到欣慰与骄傲的人才！"

全场长时间热烈鼓掌。

"二，唯分数观念违背了青少年成才的客观规律。我们反对单纯的分数比拼，更重要的意义在于，为同学们节省出一块时间，鼓励你们培养自己独特的兴趣爱好，多读些相关的书籍，敢于发问，敢于钻研，敢于创新。不必追求马上有什么惊人的成果，但是一个小制作，一次小实验，一篇小论文，或者面对某个未曾破解的谜团从不放弃思考，等等，将来可能就是你们事业成就的起点！世间众多的学者、科学家、发明家，他们不凡的成就大多萌发于中学阶段！所以啊，当今的教育用过量的作业，超高的难题，束缚了你们的手脚，禁锢了你们海阔天空的想象能力与思维能力的拓展，实在是违背了人才成长的客观规律的。同学们，我们每一个人都是聪明的，因为我们都有一颗大脑，它是人类千万年发展的最高级物质，容量1 400毫升左右，有着一亿个神经元，是巨大的智力之源，取之不尽，用之不竭。联合国教科文科研机构出版的书中说，如果人脑受到有利的条件、新型的教育活动和优良环境的影响，那么人脑就能把它的创造性才能发挥到不可想象的高度。有科学家说，如若大脑的潜能得以充分开发，每个人都可能成为天才。然而科学家们估算，大脑潜能的开发，如今只有20％，有的说只有15％。联合国教科文组织的专家们估计，'这种未曾利用的大脑潜能竟高达90％'。尽管这一连串数据是那样缺乏确定性，但千真万确地道出了一个事实：人类大脑的潜能还远没有得到充分开发。所以我们绝对相信，每一个学生都是聪明的。你们大脑潜能的开发,是学校与老师当然的责任,我们的教改试验,目的就是在这方面进行探索。但是,你们每个人必须懂得,大脑潜能的真正有效的开发,是你们的自我开发!同学们,你们生逢其时,正处在倡导复兴中华需要创新精神的时代,所以,为了国家和民族,以及你们自己的未来,眼下你们就应当学习做一个创新型的学生!

"不过,大脑潜能的表现样式因人而异,各具特点,各有长短,不要为这个那个不如别人就丧失信心。日本有个名叫益川敏英的人,2008年获得诺贝尔物理学奖,但他大学期间,英语成绩非常烂,他无论怎么努力,总是提不起精神,看见26个字母就头痛,直到大学毕业一直被偏见为差生。益川敏英并非特例,他极具典型地印证了所谓'人各有所长,亦各有所短'的道理。我们的社会主义事业对人才的需求是多方面、多层次的,浩瀚而多彩。我们的教改试验淡化分数,以有助于培养特长,发展特长,继而以此磨炼、深造,以你们各自的特长为社会主义事业服务。懂得了这个道理,我们每一位同学应当有意识地、尽早地培养各自的兴趣爱好,发掘和强化自己的特长,不要盲目地为了追求分数而延缓甚至放弃你们的兴趣爱好,以至特长的形成与发展。我们正在考虑,从明年开始,学校将每年举行一次所有学科的小论文、小发明、小制作、问题质疑、调查报告、读书心得、现场作文或者诗歌创作比赛,等等。自由投稿,七月底截止。八月学校将邀请非本校的有关专业人士甚至专家进行评审,评定各类奖项,附有评语,保密封存。九月一日开学典礼上,当场拆封宣布得奖名单,同时颁发奖状以及奖品,得奖者的在校表现要写上浓重的一笔。我们希望到那天,获奖的同学不在少数,多多益善!"同学们长时间地热烈鼓掌。

"我相信同学们将会积极参与这项比赛活动,以推进同学们勤奋好学,敢于质疑探索,敢于开拓钻研,以使创新精神及理想抱负得以深广而悠远地发扬。"说到这里,卜俭熙忽然换了一种语调,"不过在此,我必须对各位同学严肃告诫,那就是决不能为了奖状东拼西凑抄袭别人的东西窃为己有,这样首先就丢失了自己的诚信,一时骗得过几个人,却永远也骗不了自己的良知,大家说对不对?"

"对!""卜校长说得对!"同学们回应。

"三,具有了最初的兴趣爱好,便必然地渐渐滋生更为可贵的钻研精神,而钻研精神意味着意志力和创造力的磨炼与发展。同学们,循着这条路子,无论在哪里读书学习,或者走上什么样的工作岗位,你们定将有所作为,抑或大有作为。如今,我们的国家航天器升空,大飞机上天,航母出洋,潜艇入海,数字信息无处不在,中国制造的从玩具、空调到汽车、轮船全世界都能买到,而且绝不仅仅于此,我们的国家还要更加强大,所以,需要更多的专家学者、设计师、工程师、教育家,更加需要各种层次各色各样的大批灵巧的工匠。你们在电视上也一定看到了,大国工匠与杰出的科学家一样踏着红地毯在人民大会堂领奖!我们社会真正地实现了行行出状元!同学们,你们一定要好好读书,提高素养,学有专长,不辜负我们学校、你们的家长乃至全国人民对你们的殷切期望,时刻准备为中华复兴贡献你们的智慧和力量!

"四,必须从单纯追求分数的歧途上夺回足够的时间,供你们打篮球,踢足球,唱歌,跳舞,看电影,玩乐器,去江边的林荫道跑步,到绿色的世界去养眼,等等,这些不仅是源自你们天性的喜好,也是强健体魄不可或缺的课程。没有健康的身体,再好的分数也是零,即使学有成效,才华横溢,满怀抱负,然而为社会服务也将大打折扣,岂不惜哉、哀哉!所以,随着年龄的增长,让你们的身体一天天地更加健壮起来,也是我们教改试验的重要内容。学生处和体育教研组正在筹划,让体育馆、足球场、篮球场、音乐室、舞蹈房统统热闹起来,把多种项目的体育比赛开展起来……同学们,你们支持不支持?"

"支持！""支持！！""支持！！！"同学们的回应一浪比一浪高涨。

"同学们，我羡慕你们，全校教职工羡慕你们，因为你们生逢其时，正赶上全国人民大踏步迈向复兴中华的中国梦！祖国处处都将是你们大显身手的天地，你们是幸运的一代！祝你们健康地成长，愉快地天天向上！"最后一句，卜俭熙拉长了声调，同学们再一次热烈鼓掌。

"散会！"说完，卜俭熙站起身来，向着同学们拍手，会场的同学回以更加响亮的掌声。

这个报告结束，卜俭熙基本完成了教改试验部署的第一个轮回。下星期五的教师第一次教育技艺学习交流会，是实质性起步的标志，但愿这一步跨得稳些，跨得大些。

第九章
第一次教育技艺学习交流会

应诺了卜俭熙相邀旁听他们第一次教育技艺学习交流会,以免迟到,梁雪梅周五上午就出发了,十二点半便到达了龙港科技城。会议三点半开始,她觉得不宜去得过早,如此重要的学习交流,会前的准备工作往往要做到会议开始前的最后一刻。于是她逛街,漫无目的地看看商店,在普通的饮食店里吃了一碗面条,然后在湖边花园的阴凉处坐下观景。三点许接到卜俭熙电话,问在哪里,梁雪梅回说就要到了。到了卜俭熙办公室不一会儿,开会时间到了。进会场时,梁雪梅坚持不声不响地坐在最后。

主席台上坐着两个人,卜俭熙和支部书记。临近开会,支部书记转过脸轻声问卜校长:"坐在最后的那位同志要不要介绍一下?"卜俭熙说:"不必,一个老同学。"

支部书记看了看手表,说:"老师们,我校第一次教育技艺学习交流会开始了,由我主持,最后请卜校长做总结……"支部书记的话还没说完,李珏老师便举手站起身来,支部书记问:"李老师你有什么事?"李老师说:"我想争取第一个发言!"支部书记说:"好啊!本来我想概述一下最近几个星期来学校里发生的令人欣喜的变化,不过这些大家也都有感觉,我待会儿再说。现在就欢迎李珏老师第一个上台发言!"支部书记和卜俭熙带头拍手,大家也随着拍手,不过声音显得稀稀落落,看来不乏有人担心她会把话说到老地方去。支部书记的处置是机敏的,因为第一次校长会议时卜校长告诉他李珏找过她,当晚他就去李珏家访问,从而知道她对卜校长很是敬佩,说句句话说到她心里,所以她的烦恼释怀,心情舒畅。由此支部书记相信她的发言不会跟卜校长报告的精神相悖,或许可能产生意想不到的效应,于是宁愿将自己的开场白挪后。

李珏迅速离开座位,走向主席台,但可不是拐弯走向台阶,而是直接走到卜校长面前,并且向她深深地一鞠躬。卜校长赶紧起立,全场为之愕然。然后李老师走上讲台开始发言:"各位领导,老师们,我今天发言有两点。第一点好像与今天的主题不大一致,但是我压抑不住地要讲一讲。大家都知道,前几个月,为了评职称的事,我确实闹了一阵,事实无法改变,但我心里的烦躁与郁闷却一直摆脱不了。听了卜校长第一次见面会上的讲话,我觉得她是一位善解人意爱护下属的领导,所以在她正式上班的前一天傍晚,我就在她宿舍的附近转悠,见她进了宿舍,我随即也就去敲门,所以我是全校第一个打扰卜校长的人。"卜俭熙插话"不能这么说"。李老师继续发言:"我找卜校长无非是诉说在职称评审上感到不公,很受委屈。卜校长耐心倾听之后对我说,她非常'理解和同情'我的委屈。老师们,这'理解和同情'立刻给我心头注入了一股暖流。随后她对我说:'类似的委屈感其实不少人也有过,她说自己也曾有过,也烦闷过。她告诉我在这种时候要冷静地弄清两种不同的情况:一种是你的长处和优点确实没有被公正地对待,受到了压抑,你的委屈感是客观的;另一种是别人或者什么机构对你问题的处理,是公正与适当的,是你由于对自己成绩的偏爱,判断失却了平衡,委屈只是你心里的一种主观感觉。你的情况属于哪一种,我一时难以判断。李老师,我相信你的真诚,我建议你再冷静地做一次自我剖析。而且,事已至此，你就视它为人生道路上的一次曲折与磨炼吧，要不然到处找人诉说，再加心境不佳难免言词失当，不仅不会有好的效果，影响也不一定好，反而弄得自己心情愈加烦躁、郁闷，你说是吗？'听了卜校长的这一番话，我的心情即刻宽松了许多。于是我连声道谢，同时觉得不应该再耽搁卜校长的时间，起身准备告别，卜校长却说不急，要我再坐两分钟，接着她说：'李老师，我想告诉你，你身上有一种不服输的精神，这是非常可贵的，这是一种必将做出成绩的竞争意识，我相信你！不过，你自己思想要放得开，坦荡，大度，能忍让，敢于吃亏。好老师是学生造就的。我们当老师的让学生喜欢你，使他们的品格学业有进步，就是我们最大的满足！职称问题相差一年两年不必在乎，相信你会把课上得更受学生欢迎，文章也一定能写得更好，到时候职称升级是水到渠成的事！'老师们，我感动得当即眼眶湿润，想不到卜校长竟还这样地鼓励我！卜校长真是一位擅长从沙堆里捡煤粒的人！今天，在这里，我敢大声地告诉大家，我这颗煤粒已经变红，开始发热！"全场报以热烈的掌声，老师们觉得李珏好像换了一个人！

"现在我讲第二点。我一直教高中化学，十几年了，一年一年老套地教，只是要求学生反复地记、记、记，化学课在许多学生那里是一门乏味枯燥的功课。大学读书时有老师说过，化学知识本身有它的神秘性、趣味性，原本有着巨大的吸引力。天体物理探索卫星、恒星、银河系等无限大的宇宙，化学反过来，研究的是无限小的分子原子的世界。所以，按照卜校长的报告精神，任何老师对本学科的知识，理解要深入，表达要浅出，使学生易于接受，进而产生兴趣。教改试验，我决心不靠吃老本，传授知识是一门学问，我一定不断学习、钻研，把课上到每个学生的心里。前些日子，我对任教的高二三个班级摸了一下底，共有六个学生入学时进分线在市重点左右，已经知道有五个学生明确表示高考志愿是化学系。我决不能对这六个以高分进入我校，以及已经明确表达将报考化学系的这些学生置若罔闻,延误了他们成才的机会!我已经拟订计划,并且开始给他们开小灶,每节课后我都用小纸条布置两道提高的练习题。而还有那25%在市区达不到高中进分线的学生,我要尽力鼓励他们的积极性,有重点地个别辅导,保证他们个个过关!谢谢大家!"全场报以更加热烈的掌声。

卜校长拍手很使劲,觉得这第一把火算旺。支部书记心里想,这个"女人"真是不简单!

接着有好几个人举手,有一位汤老师举手连起立:"我紧接着李老师的发言说几句。"于是支部书记点名:"好,就请化学组汤老先生发言!"汤老师头发花白,离退休不过四五年,是学校创建时从市区某重点中学挖来的,在年轻教师众多的新学校里,算得上是老教师,如今也确是化学组名副其实的支柱,业务扎实,处事稳健,而且不乏风趣。

"支部书记称我汤老先生,我是比年轻教师年纪大些,不过我还不觉得自己老了。"汤老先生开始发言,会场里微风似的飘过一阵笑声,"听了李珏老师的发言,我接着说三点:第一点,让我再一次认识李珏老师是一位真诚的人!人际交往,真诚至贵啊!前些日子怎么怎么的,也是她的真诚的一种表露。第二点,鉴于卜校长对我校生源'起点低、差距大、层次多'的准确概括,李珏老师已经开始将这种观点落实到教学实践中了,对班级学生的学习情况开始了摸底分层,并且相应地采取了措施。李老师走在了我们前面,向李老师学习!其实这个问题我也在思考,李老师的发言又给了我灵感,我有一个想法,说出来向大家请教。我认为,针对卜校长概括的我校生源的特点,我觉得我们不应老是抬头望着人家的高分,把自己比矮了!既然我们学校的生源就是这样的多层次,那么我们的教学也应当随之具有分层次的意识,我以为分层意识应当成为我们学校教育的策略思想,高分进来的应当培养他们成为尖子,将来能进一流大学;低分进来的,我们绝不放弃,也要努力让他们提高,不仅使他们正常毕业,也要尽力让他们升入上一级学校。"

"汤老师,说得好!"黄副校长对汤老先生的说法太有共鸣了,他激动地站起转向汤老师说,"循着卜校长的概括,我们想到一起了。你汤老先生的分析与见解,我把它梳理成这样一句话:'分层提高,抓两头带中间,让尖子冒得出,叫差生不落伍。'"

"太好了!我认为我们应当为黄副校长和汤老先生极其有意义的发言,还有李老师事实上已经开始实践的分层提高的措施,拍手叫好!"卜俭熙说着带头鼓掌,全场随着热烈鼓掌。

掌声还未停息,教导主任站起大声说:"不过我想做一点修改,提出来与大家商榷。'抓两头带中间',那个'带'字好像分量轻了一点,重视度不够,而且中间一般是人数最多,不能被误解为我们忽略了大部分,所以我建议改为'中间大步走'或者'中间走大步'……"有位语文老师插话"中间迈大步"!汤老先生接着说:"修改得好!那就是:分层提高,让尖子冒得出,使中间迈大步,叫差生不落伍。"全场鼓掌表示赞同。

"我看这个指导策略是我校教改试验第一次学习交流会的重要收获!"主持会议的支部书记也激动起来了,不过忽然觉得唯恐有不妥,转身问卜校长,"卜校长你说呢?"卜俭熙边拍手边点头。

"我有点意见!"学生处小袁主任站起身来说,"去年为了处理同学之间的纠纷,我访问过几家征地农民工家庭,他们对自己的孩子能够进入我们学校,觉得很是荣耀,并且寄予殷切的希望。所谓在市区进不了高中的那25%学生当中,农民工子女比例是比较高的,但他们中的绝大部分都老老实实,只是学习成绩暂时差了点,客观地讲那也是有原因的,称他们差生有点不公,对他们的家长似乎也是一种伤害。我的意见是把'差生'改为'后进'。"

"说得对!""说得在理!"会场里议论纷纷,掌声阵阵。

"老师们的发言既专业又精彩,"卜校长又拿起话筒说,"由化学组汤老先生起的头，经过几轮补充修改，已经相当完整了，完全可以登上我们第一期《教育技艺探索》的头版头条！不过，我还想在它的前面加四个字：因材施教。这四个字是我们古已有之的教育原则。其实哪怕是再顶尖的重点学校，学生的状况也是分层次的，只是差距比我校小得多罢了，因此，若不是徒有虚名的重点，施教也必定是因材与分层的。所以，我们今天讨论形成的'因材施教，分层提高，让尖子冒得出，使中间迈大步，叫后进不落伍'的指导策略，对教育有着普遍性的意义！我为汤老先生，为李老师，为黄副校长，为小袁主任，为全体老师的热忱与智慧叫好，鼓掌！"说着，卜俭熙向全体教师竖起了大拇指。全场长时间鼓掌。支部书记转身对卜校长异常兴奋地说："这样的热烈气氛从来不曾有过！"

掌声停歇下来后，支部书记说："汤老先生，你领衔进行了这场极有意义的讨论，劳苦功高！现在请你继续发言，说第三点。"

"第三点，卜校长报告要求我们要培养学生的学习兴趣，我也看到过一份资料，说日后成才的学者、发明家，他们的志向大多是在中学时期萌发的。我已经跟教研组长沟通过，计划将在本学期内组建一个化学兴趣小组，希望得到大家的支持！我的发言完了。"

汤老先生还没有走下讲台，会场里已经有好几个人高高地举手，支部书记有意点了一位班主任："下面我们请一位班主任陆浩老师发言！"

"我当班主任将近七年，一直在初中，小同学之间吵嘴打架是常事；身有残疾者就直唤其患处为名，如跷脚、斜白眼；农民工子女一律被称做阿乡，等等。总之，同学之间不懂得相互关心，相互尊重。我处理过记不清的此类冲突事例，一年一年往复也算尽责。听了卜校长的报告，深感自己站得不高，看得不远。卜校长说'群体即学校，班级健康的舆论环境潜移默化地催人向上'。讲得太深刻了！回顾自己成长的经历，以及耳闻目睹的种种实例，一个生活在健康的舆论环境里的人，与一个从舆论氛围糟糕的地方走出来的人,他们的言谈举止、处事方式等各方面就是不一样。我深信卜校长说的'塑造学生的心灵是一门绣花般的艺术',把班级创设成为充满暖意的学生第二个家,目的是营造有利于学生品格成长的舆论环境,我认为这是一种视野特别高远深邃的教育家的思维!

"听了卜校长的报告,我就开始跟班长与少先队中队长酝酿创设第二个家的事,他们都说好。待到全体同学听过卜校长报告之后,我就召开了班委会与队委会联席会议,正式讨论如何将班级创设成为同学们第二个家的问题。我鼓励大家:'我们要不要使初二(1)班成为一个响当当的集体名字?'小干部们都说'要'!于是七嘴八舌地出主意、提建议,有的说每天要把教室打扫得干干净净,有的说要把教室布置得好看,有个同学还说要从家里搬几盆花过来,等等。我说很好,清洁优美的环境让人气爽神怡。不过我问大家,什么样的温暖才是真正的温暖?多数同学很快都能回答出来,暖心的温暖才是真正的温暖。我夸奖同学说得好。接着我请同学们回忆回忆,班级里有什么相互暖心的事例,或者相反,不经意间却伤害了别人的事?于是同学们又七嘴八舌正面的反面的说了不少,我重点记下了四则:一,有一位长得高高的女生,叫姜丽玲,她经常帮助一个矮矮的农民工子女做数学作业;二,每一堂课后,老师在黑板上留下满满的粉笔字,李汉林总是不声不响地去擦掉,有时还清除黑板槽里的积灰;三,班级文艺委员说,有一次上课预备铃刚响过,王笃同学快速从门外奔来,门口不知被什么绊了,一跤摔到讲台边,疼得他一时起不来,全班同学只是哈哈大笑,却没有一个人去搀扶探问;四,一位少先队队委说,走读生张晓莉告诉她,有一天放学时正下大雨,她没带伞,李萍萍撑开伞拉着她一起回去,张晓莉的家比李萍萍远很多,李萍萍硬是先把张晓莉送到家,然后才自己调头回家。是非那样鲜明的事例,抓住它,强化它,就能起到典范的作用。我组织了四个同学,要求他们详尽地讲述事例,启示与鼓动他们尽力分析、说理、夸赞。

"上星期三我们召开了主题班会。那天班级里格外整洁与美观。窗台上有两盆色彩艳丽的小盆花,黑板两侧是半人高的橡皮树与虎皮兰(这两个盆景是袁小丽的父亲用黄鱼车送过来的)。黑板中央是红色的大字'班级就是我们第二个家',上方稍小的一行字是:我们共同的名字叫'初二(1)班'。这一切准备工作都是小干部们带领同学们做的。作为班主任我只说了'班级就是我们第二个家,同学之间的关系就是兄弟姊妹,理应互相关心,和睦友好,要做到学校要求的好事大家赞,谁有困难大家帮'。

"四个同学发言效果超乎预想地好,掌声一阵接一阵。这时班长突然站起来说:'王笃同学摔跤没有一个同学去关心,我首先应该检讨,因为我是班长,但我没能带好头!'紧接着五六个同学纷纷站起发言。有的检讨对农民工子弟不够尊重;有的说自己对脚有残疾的同桌关心不够;有的说自己给几个同学起不雅绰号很不应该,在此向他们表示道歉……虽然三言两语,态度都很真诚。我心中暗喜,这就是班级新的舆论环境。

"忽然体育委员站起身说:'初二(1)班是我们共同的名字,我们只应当为它增光添彩,而不应当玷污抹黑。我想起了一桩事情,那是初一下学期刚刚开学不久,我班两个小同学与(5)班两个小同学为了争抢篮球架你推我搡地吵了起来,我班三四个男同学赶过去就推搡(5)班的两个小同学,那两个小同学吓得逃,他们还追着背后击拳。我一直觉得这件事情我班做得是很不对的。'那三四个男同学一齐站起来说:'我们是不好,我们检讨!'班长刷地站起说:'现在(5)班也在开班会,为了挽回影响,我们派几个代表上门去道歉,并且表示(1)班(5)班永远做好朋友!'同学们用响亮的掌声表示支持。接着由班长、少先队中队长、体育委员等五个代表,去(5)班表示道歉。后来(5)班班主任告诉我,他们很受感动,大家都说'我们的名字都叫龙港中学',拍手声音格外响亮。"

接下来发言的是史地组的一位年近五十的倪老师,她虽然不是班主任,但对学生中的任何不良习气,她敢于大声说话是有点名气的。她说:"老师们,今天我上来发言是经过一番思想斗争的。听了卜校长的报告,我才知道自己当了半辈子教师,其实算不得是一个真正的教育者,我深深感到愧疚,所以我是上来检讨的。"全场愕然,更加肃静,"卜校长曾经犯过两个错误,但是很快就觉醒,并且引以为鉴。今天我要说的是,我好几年以前犯过类似的错误,直到听了卜校长的报告才觉醒。

"事情是这样的,我原先工作的是一所寄宿制学校,根据上级的要求我校招收了一个叫做'船民班'的住读班,这些孩子由于长期没有固定住处,高高大大的才读初一,而且作风有点野,能够管得住他们的只有他们系统派下来的专职班主任。有一天,我正站在窗口喝茶,看得很清楚,三四个初中小同学正在打篮球,忽然三个船民班同学走过去抢着他们的篮球就打,身高相差三分之一的小同学哪里抢得着,高个还故意用身体阻挡他们。三四个小同学被挤到了外围,其中一个忽然伸直手臂,意思似乎是把球还给他们,一个船民班同学捧着球走近他,说'还给你',把球猛地朝他头上一扔,球弹走了,小同学哭了,另外两个小同学只好拉着他一起离开了。我的一股怒气直冲脑门,放下茶杯下楼直冲篮球场,指着那三个船民班同学大声叱骂:'喂,你们高高大大的个头,欺负这几个小同学!像话吗?'他们照常打球,其中一个说:'谁欺负?欺负谁啦?'我说:'那几个小同学被你们气走了!'他们中又一个说:'脚在他们身上,他们自己走的。'有一个边投篮边说:'关你什么事?'我说:'我是学校的老师,不守校规我就是要管!'有一个学生把手里的球传出后,面对我说:'你是老师?我们不认得!'我提高了嗓音说:'你们怎么会这么没有教养？'在场地中间的一个学生边拍球边说：'老太婆，啰里啰唆什么呀？'我实在觉得再也不值得跟他们说什么了，那时我才四十三岁，被骂成老太婆，气得我肺都要炸了，转身就走。回到办公室，坐也不是，立也不是，真想抓起茶杯摔它个粉碎，出一口恶气。没料到，这一切让语文组的小许老师看到了，她立即去报告了他们的专职班主任。过了一会儿，他们的专职班主任带着那三个学生来到我的办公室，面对我个个低着头。班主任催促'说呀'！其中一个稍微抬起头说：'对不起，老师，我们错了，我们向你道歉！'而我呢，却趁机泄愤了：'噢，现在知道错了，谁稀罕你们的道歉！你们想想，你们刚才的态度多么恶劣，说话多么低俗，简直像一群小流氓！'岂料，其中一个说了一声'我们是小流氓'，转身就走，其余两个也跟着转身就走，专职班主任与他们差不多高，身体还不如他们壮实，哪里拦得住？此后，我再也不愿提及这件事，但心里这股闷气却几年一直未能释怀。直到听了卜校长的报告，我豁然认识到以往的自己不过是个教师匠，与卜校长报告中的优秀班主任黄老师，还有那位离休老干部王老先生相比，根本算不得是一个教育者。现在我想，那三个船民班学生在他们专职班主任做工作后，能够到办公室向我低头道歉，虽然是被动的，但至少说明他们对自己的错误开始有了点认识。自然，就他们原有的基础而言，这不过是一枝嫩芽，其实，什么好事总得有个起点啊，嫩芽只要培植，是可以成苗成树的，然而我却不懂得顺势维护它，抚育它，却硬生生把它给掐断了！现在想来只有愧疚与自责。我的发言只不过是自我检讨，仅以此表示我对卜校长报告的绝对认同：品德教育是塑造学生心灵的一门绣花般的艺术！我说完了，谢谢卜校长，谢谢大家！"全场报以热烈的掌声。

接下来发言的是数学组李老师。"卜校长的报告说到教师要千方百计地调动学生的学习积极性，要学生从'要他学'变为'他要学'。我认真思考了好久，结论是作为一个教师这是应当追求的境界，然而这是个很大的难题。我教高二数学,回想高一一年里,跟风般地每节课后总是布置大量练习题,外加五六道翘尾巴的超纲题。其实基础题已经做得学生够疲惫的了,超纲题做不做无所谓,许多学生碰也不碰,少数做了也是错误率很高,学生的积极性从何而来?从前一星期开始,我大量削减那些重复性的基础题,以此为他们腾出时间,再布置两道超纲题,鼓励学生要敢于碰硬,并且激将他们说能够做对这两道题的,我估计不超过五个同学!下一堂上课时,我首先报告大家好消息,说上一堂课我布置的两道超纲题,居然十个同学做对了。接着我拿出一本漂亮的硬面记事本,翻开硬皮面,第一页上大大地写着一行字:'只要肯攀登,你会更聪明。'翻开第二页,我说我把两道所谓超纲题抄在了上面,下面是十个同学的姓名。同学们拍起手来。我希望这样的同学将渐渐地多起来。从这么一件小事,让我深切地认识到,传授知识的同时开发同学们的智力潜能是一门深邃的学问。我的结论是,我们老师也要努力学习,想方设法使学生的大脑开动起来,那么你就是一位教育技艺的高手,而你的学生必将成为更加聪明的受教育者!"全场鼓掌表示赞同。

"下面我们请史地组历史潘老师发言,"支部书记说,"他已经连续举手许多次了,不过潘老师,时间请掌握在十分钟以内。"

"好的,我只讲一个问题。"潘老师说,"我教了三年历史,小学科,很少学生感兴趣,上课听课都提不起精神,自己一直觉得很委屈。卜校长带来了新理念,所有的课程除了表面知识,都有它深层的潜在功能。她指出有一种普遍的倾向是轻视小学科,比如历史。其实历史课是讲中国故事、培养爱国情怀最好的教材。上星期一堂历史课上讲到八国联军抢去了我们数不清的财宝。有个同学举手发言说'当时中国人太落后,那些财宝都是中国人自己车推肩挑帮他们搬走的,没有一个人反抗'!从语气里感觉得出,这位同学心里很有一股责怪之气。另有同学说:'满清政府被打败了,这种时候几个人反抗有什么用?'这时我马上想到卜校长说的各学科都有它的潜在功能,还特别提到历史课是增强学生爱国情怀的最好教材。于是我说:'是啊,史书是有记载的,在洋枪威逼之下搬运的确实是中国人,然而同学们,在当时这些衣不蔽体食不果腹的老百姓是无可责难的,少数人的对抗也不会有好结果。或许你们会说大家一起反抗呀。同学们,当时的中国衰弱落后,一盘散沙,谁来组织?谁来领导?只有在中国共产党成立后,逐渐把中国人民组织起来,建立了新中国,外国侵略者统统被赶出中国,不可一世的美帝国主义也被我们打败了,谁还敢来欺负我们!所以啊,同学们永远不要忘记:没有共产党就没有新中国!'教室里立刻响起了掌声!"会场里也立刻响起了一片掌声。

也在这时,支部书记一看手表,已经超过下班时间了,转身对卜校长说,还有不少人举手,我看今天的会议只能到此为止了,下面就请您总结讲几句吧。"同意!"卜俭熙说。

"老师们,还有不少老师要求发言,但时间……"

没等支部书记说完,物理组一位年轻的杨老师站起身大声说:"我们物理组没人发过言,我要求发言,时间最多五分钟!"

"五分钟,请!"支部书记同意了,"今天的教育技艺学习交流会,就听你的五分钟收官发言!"

"我教初二物理,"杨老师开始发言,"卜校长报告说,教育现代化的本质是教育过程的现代化,千真万确。按我自己喜爱物理并且当了物理老师的体会,凡能够把学生的学习积极性调动起来的教育过程应当是属于现代化的。两星期前,我向三个班级布置了一道不设时限的作业题:请你运用某一物理学原理,制作一样用具、玩具,或者其他任何物件,材料不限。同学们反响热烈。不过我要求先要上交设计方案。想不到,同学们积极性特高,到今天为止,我已经收到设计方案近20份,真是想象不到的生动与有趣!"有一些老师鼓掌,杨老师向他们摇摇手,继续说,"例子我就不说了,我要说的是,这个想法的专利不是我的,我是从翁老师那里学来的。一年多以前,我征得他的同意,有机会就去听他的课。翁老师的课没得说,我现在认识到,这才叫教育现代化。所以在这里我建议,下一次教育技艺学习交流会,一定要请翁老师发言!"杨老师说完转向翁老师拍手,全场热烈鼓掌。

没等掌声停止,黄副校长站起转身向着全场大声说:"我支持杨老师的建议,大家一直听说翁老师上课上得好,是我们当领导的太迟钝,早就应当请他介绍介绍,让大家学习学习。如今我校成了教改试点,翁老师,下回学习交流一定站出来说说!"

"对!"老师们边拍手边说。

翁老师侧着脸,举起手臂挥了挥,是同意呢还是表示谦虚,看不透。

就在这时,卜俭熙发现梁雪梅突然起身,从口袋里摸出手机,向出口处走去,显然是到门外去听电话。在这之前,她一直在专心地边听边记。

"老师们,实在是时间所限,许多老师没有轮到机会,期待你的下一次发言更加精彩。现在我们请卜校长做总结,大家欢迎!"

"我只讲两句话。第一句,我们龙港中学教改试验第一次教育技艺学习交流会开得非常精彩,本人很受感动,很受教育,对教改试验更加充满信心!第二句,龙港中学是个藏龙卧虎的地方,老师们的潜能与智慧无可限量!"接着她站起身,放大音量继续说,"谢谢大家,祝老师们周末愉快!"

在大家纷纷走出会场时,卜俭熙向黄副校长招招手,黄副校长向她走来。

"欢迎翁老师发言是大家的希望,就这么定下来,你去做做他的工作吧!"卜俭熙说。

"好的,不过这个人一向很低调,从不喜欢抛头露面。"黄副校长说。

"黄校长,那就看你的了！黄校长,事实上,教师队伍中一直存在着教学过程已经相当现代化的老师,忽略他们是领导的问题,如今我们就是要把他们发掘出来,树为榜样,借以鼓舞老师们教改试验的信心！"

"知道了,卜校长,我星期一就找他做做工作。"

第十章
胡兴兴抑郁症发作与裘沅期盼出国读研

　　离开会场，卜俭熙立即快步走向门房，询问她的老同学是不是离开学校了，门卫回答"是的，好像有什么急事，奔跑着出去的"。卜俭熙开大会从来不随身带手机，她转身回到办公室，打开抽屉，拨通了梁雪梅的电话。"俭熙，会议结束了……"梁雪梅先说话。"雪梅，你突然急匆匆走了，发生了什么事？""儿子进医院了。""得了什么病？""不知道，是他的同学送的医院，也是他们打的电话。""什么医院？""华和医院。""你现在在哪里？""出租车上。""知道，我马上过去！"

　　卜俭熙跨进病房，看见胡兴兴紧闭着双眼。梁雪梅对她轻声说："医生给他打了镇静剂，这一觉至少睡到明天早上。这两位是他的同寝室同学，好在有他们照顾！"梁雪梅指着卜俭熙说："这是我的大学同学卜俭熙。"卜俭熙跨过一步与他俩握手，表示感谢。接着，梁雪梅拿出一百元钱给两个同学，说："去吃顿晚饭，你们快回去吧，辛苦你们了，太感谢你们了！"钱他们哪里肯收，并说："阿姨，有事随时给我们打电话，没课我们也会来看他的。"

　　两个同学走后，卜俭熙问："兴兴得的什么病？"

　　"医生说抑郁症。"

　　"怎么会得抑郁症？"卜俭熙很是吃惊。

"失恋了……"

"什么？一定是裘沅惹的祸！"

"俭熙，也不能这么说，只能怪我家兴兴的性格太懦弱！"梁雪梅深沉地说，"大约三个多星期以前，兴兴偶然在一家百货公司门口发现他父亲与一个年轻女子买了大包小包，有说有笑地装进了汽车，开走了。兴兴难过得一时没了主张，他没了主张，回家该不该告诉我，于是当即打电话给裘沅，约她见面商量。第二天见面裘沅说大人们的事我们管不了的，结果只在街边花园的长椅上坐了十几分钟就分别了。其实，他们已经近两个月不曾见面了，怪不得兴兴好长时间了一直心事重重，闷闷不乐。上星期一他告诉我裘沅电话告知'分手'，他几乎一下子垮塌了下来。他求我找你劝劝裘沅。我知道，现在的年轻人这类事情不是做妈的可以劝得了的，再者你新校长刚刚上任我怎么能给你横添干扰呢。可是看着儿子吃不下、睡不着，人也消瘦了，真有点心痛，于是安慰他我会与你联系。上星期通电话，知道你正在为第一次学习交流会紧张准备，我怎能忍心提出让你分心的麻烦呢。你们的会议太精彩了……"

"这些以后再谈，先说说你儿子的病情！"

"他的几个同室同学真好！他不去上课，他们回来把内容告诉他，还将笔记借给他；他不去食堂吃饭，他们给买来，可他没吃几口就说吃不下；夜里他翻来覆去睡不着，几个同学开灯起床一起劝慰他。但是没用，第二天还是没去上课。同学买来饭菜，他不仅不吃，突然地抱头大哭，还竟然说'活着没意思，跳下楼去一了百了'。同学们紧张了，下午硬是陪着他去到学校医院。学校医生听了介绍，判断是抑郁症发作，于是马上用车送来了医院。医生的判断是一样的，当时兴兴的情绪又很是烦躁，医生当即用了镇静药物，还挂营养吊针，先让他好好地睡一觉。据说接着的疗程是，由心理医生逐渐舒缓他的情绪，进而拓开他的多向思维活动,回归他大脑中枢原有的兴奋中心,比如用读书的方法。不过,这是一个漫长的过程,也是一个不易企及的结果。医生说抑郁症目前没有特效药,最好的治疗就是解除他发病的起因。"

卜俭熙自然听得出梁雪梅最后一句话里蕴含的希望。她问梁雪梅:"你晚饭还没吃吧?我去给你买一份快餐来。"

卜俭熙一走出病房,在医院的走廊里先给女儿打电话:"裘沅,你在哪里?"回说在学校里。卜俭熙紧接着说:"妈有事,你赶紧回去为爸弄晚饭!"说完便把电话挂了。

卜俭熙买来了快餐,梁雪梅连声道谢,说:"你也快回去吧,裘先生还等着呢。""是的,我这就回去。"但不一会儿卜俭熙又回来了,右手提一把折叠躺椅,左腋夹着一条毯子,放下说:"你陪夜,也要休息好,多保重!"梁雪梅感动得满眼湿润,心里想:多好的亲家啊!

卜俭熙回到家,裘沅正在厨房烧煮晚饭,女儿问:"咦,你不是说有事,怎么这么早就回来了?"

"妈找你有事。"卜俭熙说。

"找我有事?什么事啊?"

"胡兴兴生病住院了!"

"他住院了?是什么病呀?"裘沅停下手中的活,有点吃惊地问。

"跟你有关!"卜俭熙接过裘沅手中的菜勺,翻炒着锅里的胡萝卜洋葱丝,同时说。

"妈,你这是怎么说呢,他生病跟我有什么关系?"

"裘沅,妈听你这么一句话,心里一股凉气直冲脑门!"卜俭熙停下手里的操作,板着脸继续说,"裘沅,你已经是个大学三年级的学生了,难道还一点也不懂得自己的存在可能给别人带来的感觉吗?当你从厕所旁边走过会闻到一股臭气,这是厕所的存在;一瓶香水从你鼻子下面晃过,你会闻到一股香味,这是香水的存在,你在众目睽睽之下的种种表现,难道一点也没有想到过自己是怎样的一种存在吗?你与胡兴兴相处那么久,胡兴兴是那样深深地喜欢着你,而你突然一两个月回避与他见面,他睡不着,吃不好,整天闷闷不乐,几天前你又是一个电话通知'分手',你叫这个纯真敦厚已经完全倾心于你的年轻人怎么承受得了?他得了抑郁症,觉得活着没意思,差一点跳楼为你殉情!你就那么冷漠,他得了抑郁症跟你一点关系也没有吗?"

裘沅面无表情地沉默了好一会儿。

"妈……我对不起他,但是我不由自主……没办法,感情这东西我驾驭不了……"

"是不是跟那个海归博士好上了?"

"……"裘沅低头不语。

"身高帅气看了舒服,花言巧语听了顺耳,你就晕了!丫头,妈提醒过你,大帅哥,博士,海外混迹多年,漂亮姑娘哪里没有,这种人的底细凭你的眼力与经验能识透吗?"

"妈,你别总往坏处想!"

"好,不说了,不过妈提醒过你,胡兴兴能够让你一辈子和和美美,妈现在还是这句话!"

"我信……"

"那明天好好去探望他。"

"这……不行……"

"为什么?"

"要恢复如以往,已经没有可能,去探望,我怕反而会加重他的病情。"

"丫头,算你想得周到!"卜俭熙的语调饱含怒气,"去,叫你爸吃晚饭了!"

裘沅去敲了书房门,喊"爸,吃晚饭了"。裘谷平开门见女儿,说:

"女儿,你不是说今天不回来的吗?"卜俭熙边搬碗碟边说:"是我打电话叫她回来的。"裘谷平问:"会有什么要紧事啊?"卜俭熙说:"你问她自己。"原本并不认为有什么要紧事的裘谷平严肃起来了,他问:"裘沅,是什么事啊?"裘沅说:"妈说胡兴兴住院了,得了抑郁症。"裘谷平说:"这孩子我见他总是笑眯眯的,怎么会得抑郁症?"裘沅说:"妈说是因为我……"卜俭熙提高了声调说:"妈说妈说,不就是这么回事吗!你女儿跟那个海归博士好上了,不理胡兴兴了!"裘谷平火气一下上来了:"啊?这个人神通广大,没骨气,我看不入眼,你被他卖了自己还蒙在鼓里呢!我警告过你离他远点,你当耳边风,还竟然好上了!裘沅,这个人做我的女婿,爸不能接受!"

裘沅一声不吭,尤其在爸面前,她从来不敢辩解或者反驳。卜俭熙也懒得再啰唆。三个人都闷声吃饭,裘谷平总是吃得最快,放下饭碗进书房去了。裘沅浅浅的一小碗吃了也不再添加,撸起袖子准备洗涮,卜俭熙说放着由她收拾。裘沅觉得无话要说了,爸妈再要说起什么来,也不知道自己怎么应对,于是说:"那我回学校去了。"卜俭熙冷冷地说:"去吧!"

回到学校,裘沅悄悄地去到了海归博士的宿舍。海归博士一眼就看出来,她遇上不愉快的事了。"你先坐,我给你冲杯咖啡。"

"我们俩的事,爸妈坚决反对!"没等咖啡端上,裘沅急切地说。

"坚决反对?二老说我什么不好?"博士送上咖啡,裘沅低头面朝地板,目不斜视。

"怎么啦,你说呀!"

"情况是这样的,我以前有过男朋友,是我妈大学同窗闺密的儿子,交往了一年多,后来出现了你,他被我冷落了,上星期又电话告知'分手',他抑郁症发作寻死觅活的,今天下午住院了,妈还要我去探望,去了我能对他说什么好?现在,我连回家都有点害怕!"

"这样的话……"海归博士迟疑了好一会儿才说,"裘沅,我怎么忍心让你那样地为难!"

"老师,你这话是什么意思?"

"裘沅,我想你是会理解的,我天性并不乐意做一个不受欢迎的人。"

"就是说,你对我们之间的关系,不是那么珍惜……"

海归博士紧接着说:"裘沅,这一点,你绝对用不着有任何的怀疑!"

"老师,那么就一点办法也没有了吗?"

好一阵子无话,两个人都一口接一口地猛喝着咖啡。

"办法总会有的,"海归博士终于说,"这一种不行,还会有另一种……"

"你倒说说看!"

"比如,我和你私奔去美国,不过这对你爸妈太过伤害,我想你也不会同意。"

"是的,这我做不到!"裘沅语调很坚决。

"那么这样你看行不行?本学期结束以前,我给你弄一张 R 大学全额奖学金的读研入学通知书,去美国读研。"

"读研?我本科还没毕业,人家怎么会接受?"

"这你不用担心,凭我在美国那么多年的人脉关系,这点办法还是有的。不过为了不让你读得太累,我会设法让你先进修一年。"

"你说的这一切真的有可能吗?"

"当然有可能!我怎么会对你说做不到的话呢?"

沉思默想了一阵之后,裘沅说:"凭借堂堂正正读研入学通知书,我就好说话了!"

"假如他们还是阻拦呢?"

"那我就用自己的前途说服他们,跟他们磨,我想关系也不至于闹僵。"

"而且每逢假期,你还可以回国探望双亲,他们的情绪也会转换的。

等到你读研毕业,我们回国各找一份工作,买车买房,孝敬两位老人家,他们会喜笑颜开地欢迎我们的!"

"老师,你真会想象!"

"怎么是想象?这是完全可以预期的现实嘛!"

裘沅发呆似的凝望了他一会儿。

"怎么样,下决心吧!你下决心,我就立马开始行动!"

"我总要先跟家里商量一下吧……"

"现在不行!"海归博士的语调很明确,"跟家里自然是要商量的,但必须等我弄到读研入学通知书以后。你想,你从前的男友为你生病住院,两家都很不开心,你爸妈都指责你,还连带怪罪于我,在这种情况下,你开口说去美国读书,岂不立即就崩了?当你手里有了通知书,即使未能马上同意,你继续可以为了自己的前途和他们磨,我相信,他们终究会放行的!"

"那么从前男友那里,要不要去探望?"

"你问我,我的意见是不能去,因为你不可能给他任何承诺,你的安慰也只能起相反的作用,对他的问题,你只有冷处理,待到彻底冷透了,年轻人的思路自然会拐弯的。"

裘沅觉得来时的一身重负,瞬息之间仿佛全都释然,她对着海归博士终于露出了笑容。海归博士一把把她拉进怀里,拥抱、亲吻,而裘沅当初那种羞涩畏惧早已是过往烟云。

在回寝室的路上,裘沅再一次陷入了一种既充满希望又无可把控的焦急心情。对于胡兴兴的病情,虽有难以摆脱的焦虑,但无奈只好做一只把头埋进沙土里的鸵鸟。至于自己的家,能不回就不回,只是已成惯例地定期为父亲烧煮晚饭。父亲已经表明过态度,好在他有做不完的课题,不会费时多啰唆,而母亲又很少见面。日子过得混混沌沌,不起波澜,似乎也不乏兴奋与期待。

第十一章
两大危机的提法并非杞人忧天

　　第二天上午，卜俭熙去菜场特意买了条黑鱼，精心料理了一小锅乳白色的浓汤，一分为二，一半留下给谷平，一半装进一只大口搪瓷杯，在医院供应午餐前赶到了病房。半坐在摇起的病床上的胡兴兴先看见卜俭熙，喊了一声："俭熙阿姨好！"卜俭熙说："兴兴，昨晚休息得好吗？"梁雪梅说："好，一直睡到今天上午八点多。我给他洗漱，他说脑袋有点沉，还想睡。"卜俭熙说："好啊，兴兴，身体不舒服，有两件事情比吃药还要好，一是睡得着，二是吃得下。阿姨为你熬了碗黑鱼汤，就是要你多吃半碗饭！"这时走廊里服务员正喊"开饭啦"！梁雪梅拿着餐具出门盛饭领菜。卜俭熙打开搪瓷杯盖，给他一把汤匙，叫他尝尝。胡兴兴才喝半勺，就说："嗯，好吃，好吃！"梁雪梅递过去浅浅的一碗饭，他居然爽快地吃得米粒不剩，吃完还说："阿姨熬的鱼汤好吃，俭熙阿姨，谢谢你！"卜俭熙说："不用客气，兴兴，明天阿姨再给你送汤来！"梁雪梅说："不用不用，你明天下午就要去龙港，哪里有时间，我也会弄的。"卜俭熙说："我一个星期只能回来两天，这两天我是一定要来看看兴兴的。""妈，我想睡了。""好好。"梁雪梅赶紧把床摇平，卜俭熙又帮他把被子掖掖好，不多一会儿，胡兴兴就睡着了。卜俭熙对雪梅说："那你吃饭吧，我已经吃过了。"梁雪梅说："我不饿，待会儿微波炉转转就行了，我们到外面说说话吧。"

两个人在走廊里的一张长椅上坐了下来,卜俭熙说:"兴兴的病,就是我家裘沅作的孽,真是对不起!"

"俭熙,千万不能这么说,年轻人谈恋爱,曲曲折折是正常的……"

"我可以同意你的这个说法,但是选择与比较应当理性并且慎重呀!我告诉你,我家裘沅与兴兴关系的变化是怎么开始的。上学期初,外国语大学新来了一位什么海归博士,二十八九岁,帅气十足,据说是所有女生目光的焦点。不知怎么瞧上了我家裘沅,他主动搭讪,还送她自己的著作,裘沅就晕了。我告诉她,人家大帅哥,国内的高材生,在外又闯荡多年,你了解他的底细吗?妈可认准了胡兴兴,他能让你一辈子和和美美。她有点不耐烦地回说'妈,我懂'!转身回学校去了。其实他们在继续发展关系,有一次回家为她爸准备晚餐,竟然把这个海归博士带回家,相处就一顿饭时间,谷平就警告女儿'离他远点'!后来知道裘沅跟这个海归博士好上了,谷平更是严肃地告诉女儿'这个人做我的女婿,爸不能接受'!"

"感谢你们两位的真情!现在年轻人的思想我辈可以施加的影响有限!"梁雪梅颇为感慨地说。

"不过,主要是我家的裘沅缺乏意志力,经不起诱惑,她自己竟说感情这东西自己驾驭不了……"

"俭熙,你们也不必对裘沅多加责难,年轻人的恋情有变在所难免,只能听其自然了。我现在的注意力主要是护理好兴兴。听说从星期一开始,心理医生将实施他们的心理治疗方案。相信他能渐渐稳定下来,恢复正常的。"

"但愿,但愿!"卜俭熙下意识地双手合十为之祈福。

梁雪梅两只手捧着卜俭熙的双手,说:"俭熙,请你不必摊上什么心事,一切会好的。现在让我们换个话题吧!俭熙,你们的教育技艺学习交流会太精彩了!"

"谢谢,你总是给我鼓励!"卜俭熙微笑着说,"那天你走的时候,其实已经超出下班时间了,但是还有不少老师举手要求发言,支部书记对我说,是不是宣布第一次交流会到此为止,希望大家积极思考与实践,期待下一次开得更精彩。我同意了。哪知一位年轻的物理老师站起说,今天我们物理组还没发过言,他只要求讲五分钟。支部书记同意了。物理老师的发言也很有新意,他教初中物理,他给学生布置了一道很有创意的作业:请运用物理学的某一原理,制作一样工具、玩具,或者任何其他小物件,小实验。学生们反响热烈,一个多星期,已经收到近20个设计方案了。昨天的学习交流绝大部分内容,你已经都知道了,现在请你给点评点评!"

"先别说什么点评,我感到非常非常的吃惊!你上任还不满两个月,群众就这么被你发动起来了,我得好好地重新认识你!"

"雪梅,你就别夸张了!"

"俭熙,我说的是实话,请你先说说看!"

"博士先生出题了,我就说说看。几十年了,各级各类学校入学仅以分数为唯一标准的负面效应愈发凸显。问题的严重性在于,不利于青少年学生身心健康地成长,甚至性格的发展也为之扭曲,尤其是原本潜在的才华遭受抑制。有识之士的呼吁与质疑几度起伏,就是不曾见到一次有规模的深入的讨论、研讨。于是,前沿的理念出不来,替代的机制形不成。曾几何时,教育界得到的回应是:分数作为入学的唯一标准固然有它的不足,但是在现阶段,比较起来,以分数为标准仍然不失为是最为合理的选择。于是乎,分数的比拼愈趋红火。雪梅,我俩曾经不止一次地议论过关于两大危机的问题,我在上任第一个报告中较为详细地阐述过两大危机:一是培养人才的机制与实践严重脱节;二是教师队伍的核心素质也在不进则退!雪梅,你说我们是杞人忧天言过其实呢,还是点到要处正中七寸?"说到这里,卜俭熙停歇片刻,梁雪梅仿佛陷入了再度思考。卜俭熙有些迟疑地问:"雪梅,是不是我提得太高,看法过于偏激苛刻?"

"不!"梁雪梅语气坚决,"有关两个危机问题,媒体也有过零星的报道,有关教育行政部门以及有关领导也不止一次地发文发声,然而零星的报道甚至文件,远不能切实落地,形不成气候。我完全赞同你对两个危机的判断,这也跟崔书记和我导师的看法相当吻合。"

"这你说对了。上任之前崔书记找我谈话,而且,你早就给了我诸多启示。崔书记对这次试验非常重视,希望这次改革试验各项举措成体系,可复制,但绝不是沿着追逐分数的老路,重要的是要有所突破,理念要有深度与创意,举措要有撬动全局的力度!"

"俭熙,既然你认定我们的教育现状问题出在分数的绝对化上,那你自然应当以此为突破口喽!"

"你说得是呀!如果不能在这个问题上有所突破,教育实现现代化叫得再响,也不过是句口号。上任第一周,向全体教师做第一个报告之前,我与校长会议成员连续三天讨论我的讲稿,讨论的焦点一直在有关分数的问题上,他们顾虑我校的分数已经几年落在县中的后头,再不抓分数怎么追得上去?这种担忧是普遍的,要改变是存在风险的。我的分析是大家追逐分数,主要的办法是大量增加作业量,各种形式的补习,还千方百计地收罗超纲难题,无视针对性,无视学生智力与才能的现实与长进规律,实际是耗费学生的精力与时间,对学生真正智力与才能的开发和发展反而是一种抑制。我主张必须淡化分数,倡导教育过程的科学性与最佳化,开发学生大脑的智力潜能,激励学生的学习主动性,只要我们做得好,学习成绩的提高是顺理成章的事。假如我们沿着追逐分数的老路,不辞劳苦,抓紧再抓紧,即使分数上去了,对于我们这几个学校领导似乎是一场胜利,但对于教育改革而言并无真正的意义。

最后,校长会议终于取得了共识。所以我的报告第一个问题就是淡化有关分数的问题,意图是把学生和老师从单纯追逐分数的桎梏中解脱出来。我代表校长会议分别向全体老师和学生郑重宣布:即日开始,我们龙港中学不再把分数作为评议一个学生优劣的唯一标准,分数对于学生从某种意义上讲属于隐私,所以任何测验、考试的成绩不准按名次宣读,不准张榜公布,更不准在同学之间、班级之间比高低、排名次!而且,我们也不以分数参加任何校际间的比高低、排座次。教育局授意我们搞教改试验,这一点得到了崔书记的认可。教师也一样,分数同样不再是我们教师评优、评奖、评职称的主要依据。老师们反响强烈,掌声一片。学生们听到既要减轻作业负担又不以分数衡量学习优劣的唯一标准,更是掌声加笑声。接着我重点阐述的是教育现代化的本质是教育过程的现代化。传授知识绝不是照本宣科,也不是布置一大堆习题打打'√'画画'×',最后终结在分数上。传授的知识首先是老师要理解得深透,同时要研究学生的知识实际状况,遵循可接受性原则,使他们学有所获,学有所乐,以培养他们的兴趣爱好与探索精神,这是一门深邃的学问,而品格教育绝不是订几条规定要他们遵守,也不是抓住学生的不足与错误训斥与说教,塑造学生的心灵更是一门绣花般的艺术。这些不说了,你比我讲得还透。"

"俭熙,那天我边听边想,你怎么会想到四五周一次的教育技艺学习交流会这个形式的?老师们的发言多么热烈,争先恐后,内容又那么实在和生动!"

"雪梅,不瞒你说,这种学习交流形式,我倒确实是考虑了很长时间才跳出来的。"得到梁雪梅的认同与赞赏,卜俭熙心里很有一种踏实和愉悦的感觉,"我们的教育必须改革,当然首先要有先进的理念,但是面对几十年的唯分数顽疾,没有能够撬动大局的举措,先进的理念照样是落不了地的。即使费尽心思组织几堂公开课,培养几个典型,不过是大漠孤塔,形不成气候,也就是说,不能把第一线的最广大的教师真正发动起来,那么,任何名目的教育改革不过是热闹一阵,没有不失败的!"

"俭熙,你说得是呀!教育要现代化并非最新出现的提法,可就是'化'不起来,原因就在于先进的理念未曾被广大教师真正地掌握,实践方面又缺乏能够切实撬动教师们思维定式的举措!"

"雪梅,你说得太好了!我反复推敲,决定分三个步骤把教师的积极性与智慧调动起来:一,把他们从单纯追逐分数的桎梏中解脱出来,这一招破不了,其他貌似很有力度的举措,鸟枪终究变不成大炮;二,倡导教育过程的现代化,其实这一点并不神秘,一些优秀教师的实践已经是事实,而大部分教师也是一点即通。四五周一次的学习交流,我的意图是为教师们创设一个展示才华与智慧的平台,在这里,所有教师一视同仁,发言的主动性、内容的创造性完全让给教师,领导不组织,不点名,不暗示,凡有认识,有体会,有设想,长短不论,一律鼓掌欢迎。上次的交流你听了,比我预想的要好,实质上初步形成了促发思考、智慧碰撞、形成不敢也不想懈怠的局面。从某种意义上讲,这是一种更深层次的'比',优劣长短互现,但又并不伤害尊严。我认为这也是教学民主化的一种体现,所谓先进、优秀、典型,应当是在教育进程的各个环节中自发地显露出来,而不是领导的主观决断,或者硬性拔高出来的。通过学习交流这种形式,教师们相互都了解彼此的努力,自然地拒绝怠惰。我设想的前景是形成你追我赶不甘落后的局面常态化,从而形成气候;三,然而,教育过程的优化,并不完全等同于人才培养的科学化,所以我们的试验必须适时进入教育过程的深化阶段,也即优化教育过程绝不仅仅局限于让学生掌握知识,学得愉快,而是要开发他们的大脑潜能,要培养学生个性化的兴趣爱好和质疑探索的钻研精神。而这一点,又必须针对我校的学生实际,教师必须要有分层意识,要善于发现学生各不相同的潜质特长,顺势拓展他们的视野,引发他们各具特色的兴趣爱好与理想抱负。多少名人的不凡的成就,都是萌发在中学阶段。按计划,我们要让各学科的兴趣小组,如数学小组、物理小组、化学小组、生物小组、文学小组、美术小组,抑或其他的特殊专题小组,等等,腾出超量作业的时间,在富有经验的老师带领下,兴旺活跃起来。我以为一个好老师应当是伯乐,门下理应有几个自己的得意门生,不受时空限制地给予点拨、引导。"

"俭熙,我越来越觉得,你正在从事的教改试验,所涉很广很深,是一种真正意义上的教育回归……"

就在这时,梁雪梅的手机响了,她打开凑到耳边:"什么?说得清楚点,哦,原来为的这事,离,离!事实上我们早已经离了……抓紧时间办理?行。但是,在这之前你必须去医院看望看望你的儿子,他生病住院了……今天晚上六点左右?可以,不过切记,决不能在他面前说起我们离的事,要不然你会给他病上加病的!你要离,我们的儿子有多难受……"说完,梁雪梅恨恨地把电话摁断了。

卜俭熙一直坐着,一切听得清清楚楚,虽然他们离婚与她没有直接关系,但是听到兴兴生病之事,心里的那种不自在、愧疚、无奈与气恼,乱得她脸面发烫。

五点许,待兴兴用完晚饭,梁雪梅便故意回避了,一则在这种场合不愿意跟他说什么,再则也没有什么要跟他说的。

胡兴兴看见父亲进来,叫了他一声。他爸手里提着一大包蛋白粉水果之类,放下后,床边的椅子也没坐,问:"兴兴,得了什么病?"

"没什么大病,累了,医生说再休息几天就可以出院了。"胡兴兴说。

"那我就放心了!"他爸说着,抬腕看了看手表继续说,"知道你生病,硬是挤出时间来看你,爸很忙,夜班的飞机要去香港。"接着他从皮包里拿出一张信用卡塞给兴兴,"儿子,好好养病,不够再给我电话!"说完转身欲走。

"等一下！"胡兴兴赶紧挺起上半身叫住他，他爸回转身，儿子示意要他靠近些，轻声然而深情地说，"爸，以后对妈好点！"

"知道。"

第二天临近傍晚，卜俭熙忙完了家里的事，提着那大口搪瓷杯匆匆下楼，对司机说先去一下华和医院，去探望一个病人。走进病房，只见兴兴一个人躺着。

"妈妈呢？"卜俭熙问。

"午饭后就出去了，说有点事。"

"兴兴，今天阿姨给你熬了碗牛肉汤……"

这时，走廊里传来开饭的声音，卜俭熙说："正好，汤还是热的，阿姨伺候你吃晚饭……"

"不用不用，我知道您还要赶往龙港，这里的护工会帮我的，阿姨，您请回吧，谢谢，俭熙阿姨，谢谢您！"

"兴兴，不用客气，祝你早日康复！"

回到龙港，一壶水刚刚烧开，有人敲门。进来的是数学组的赵老师，一位敦厚魁梧的东北汉子，是去年刚从人才市场引进的。卜俭熙移动紧靠餐桌的椅子说："赵老师，你请坐，我去给你泡杯茶。"

"不用麻烦，卜校长，我不愿多打扰您。"赵老师赶紧起立说。

"赵老师，不着急，我也正想找你呢。"说着，卜俭熙送过来一杯茶。

"卜校长，您找我有事？"

"是的。"卜俭熙也端了一杯茶，坐到餐桌边。"赵老师，你找我一定有事，你先说！"

"卜校长，您的报告理念先进，改革步子挺大，学习交流会上老师们的发言又是那么精彩，我担心自己适应不了……"

"怎么会呢？你不是当地很有名气的数学教学强手，每年高考你的班级总是全县名列前茅，并且总有几个引人注目的数学高分进名校吗?"

"卜校长,不瞒你说,我就是靠了多年来搜集的800道习题,所谓高分就是让学生们死扣这些习题得来的,我就这么点本事。卜校长,二十多年我一直在偏远的小县城,又不善于跟老师们交往,在这里我怕是要被淘汰的……"

"那么你是想回老家去?"

"有这个意思,所以我特来找您……"

"赵老师,恕我暂不回应你的这个想法。"卜俭熙端起茶杯,同时示意也请喝茶,"赵老师,我想问你,那800道习题是随意聚拢的吗?"

"那倒不是,我是从海量的习题中筛选了好几年,其间又以不同阶段分为二十多个组块,分别针对相应的公式、定理、定律,以及易犯错误的提示等等。"

卜俭熙一下子兴奋了起来,放下手中的茶杯说:"赵老师,连续多年你的学生高考取得好成绩,说明你的筛选与组块的分法是科学的、有效的,没有让学生诚惶诚恐地把时间耗费在繁杂的习题上,它体现了你教学过程的优化,你是个研究型老师的典型啊!我们反对题海战术,主张大力减轻学生的作业负担,你这是针对题海战术的先进武器啊!"

"卜校长,您说得好……"赵老师被夸得有点不好意思似的。

"赵老师,你的这800道习题公开过吗?或者在哪里介绍过吗?"

"没有。又没有人要我这样做过。"

"你愿意公开吗?"

"这有什么不愿意的!"

"那好,赵老师,我建议你下次在学习交流会上发个言,行吗?"

"卜校长,您觉得可以吗?"

"可以!"

"那……行!"

"这就说定了!"

"卜校长,您不是说有事找我吗?是什么事?"

"我找你就是想了解一下你培养高分学生有什么秘诀没有,现在我知道你是一个很会动脑子的人,是值得提倡的研究型的教师!"

"卜校长您说得好……"

"不过,赵老师你原来的学校虽然是一所边远地区的县中,但是全县的优秀初中毕业生大都集中在你们学校了吧,所以成绩的差距并不怎么大,是不是这样?"

"是这样的。"

"赵老师,我能不能这样推想,你的那800道习题的筛选,以及许多组块的分割,主要针对的是课本的内容?"

"是这样的。"

"赵老师,你已经知道我们学校的生源情况,我的意思是你的那套习题有必要针对我校学生的实际做些调整,同一个年级分层地搞不止一个组块,行吗?"

"如果能够安心下来,这个问题我想我是应当努力要做的。"

"安心下来?"卜俭熙想这话什么意思,于是问,"你老家还有几个人?"

"丈母娘与妻子两个人,女儿在北京上大学。"

"妻子做什么工作的?"

"小学语文老师。"

"想来龙港吗?"

"想啊,是她叫我先行探路来的。"

"赵老师,那好办,龙港要大发展,这里是人口导入区,小学有好几所,还在造新的,叫她来应聘,到时我给你信息。"

"卜校长,这太感谢您了!"

赵老师准备告别时,卜俭熙特意关照说:"我宣布过学习交流会发言,领导不点名,不暗示,一律平等,让老师们的才华自发地冒出来。所以,请你不要提及这是我的建议,希望你去主管教学的黄副校长那里报个名,要求在第二次学习交流会上发言。不过,赵老师,你有理由充满自信,绝不要以为来自偏远小县城而畏畏缩缩,教育技艺高明的老师不一定大城市里才有!"

"知道了,谢谢卜校长!"

第二天中午,接到梁雪梅的电话,说办完了。"什么办完了?"卜俭熙问。"离了。"梁雪梅的声音很坦然。"咳,好好的一个家庭就这么散了!"卜俭熙一声叹息。"想穿了,晚散不如早散。"卜俭熙知道梁雪梅并非另有所指,但她听了着实一怔,那种难以表露的叹息只能在自己肚子里转了。"随便怎么忙,你们下一次的学习交流会,我一定再来旁听!"梁雪梅说。"欢迎,届时我让车来接你!""别别,我是悄悄地来旁听的,千万别!"梁雪梅语意坚决。

第十二章
开启问题学生的心灵之锁

临近放晚学的时候,学生处小袁主任奔到办公室报告卜校长:"初一(4)班的一个女生被打破了头,鲜血直流,校医说口子不小,需要缝针。我让您的小车由校医和班主任送医院去了,你没急事吧?"

"没事没事。怎么打的呀?"

"还不清楚,坐在她后排的一个男生打的。"

"为了什么?"

"不知道。听班主任说,这学生在班上打过好几个人,不过今天他显得很害怕的样子,问他一句话也不说,好像不敢回家去,现在在我的办公室。"

"小袁主任,你把这男生请到我这里来!"同时拿出好几张百元钞票,"你马上赶到医院去,待治疗好,你和班主任随车把那女生送回家,代表学校也代表我,向他们全家表示歉意和慰问。告诉他们学校会了解处理的,到时也会跟他们联系商量的。这钱你带上,万一不够。"

小袁主任把那男生送到卜校长室门口,转身便去医院了。

"进来,进来!"这个学生矮矮瘦瘦的,战战兢兢地迟疑在门口,卜俭熙走过去抚摸着他的头,把他请了进来。"我这里有两只沙发,我们一人坐一只,你坐这一只,我坐那一只。"卜校长跨两步坐下了,"你也坐呀。"那学生慢慢地也坐下了。

"叫什么名字？"卜俭熙语气十分和缓地问。

"王晓力。"

"大小的小，立正的立？"

"不是，拂晓的晓，力气的力。"

"王晓力，我看你个头小小的，力气也不大吧，怎么把人家头打破了？"

王晓力低头不说话。

"用什么打的呀？"

"铅笔盒子。"

"铁皮的那种？"

王晓力原本低着的头，再往下点了点。

"王晓力，我看着你，你也看着我，我俩在交谈嘛，把头抬起来！"

王晓力抬起头，看见卜校长一点也不是很凶的样子，紧张害怕的心情一下子宽松了许多。

"你为什么要打她？"

"大家在做数学练习，我问她第三题怎么做？她头也不回，说'自己做'，还骂我'真笨'，我就用铅笔盒子敲她的头……"

"是不是谁骂你'真笨'，你就要打谁？"

"是的。"

"听说你在班级里打过好几个同学，都是因为骂你'真笨'？"

"是的。"

"老师骂你呢？"

"老师没有骂过。"

"爸妈骂你呢？"

"就是爸骂得最多，天天骂，还打，说我没出息，将来只能卖卖葱姜！"

第十二章　开启问题学生的心灵之锁

"爸为什么骂你'真笨'？"

"功课不好，我不喜欢读书！"

"那你喜欢什么？"

"喜欢做泥人、老公公、老婆婆、少先队员、解放军战士……"

"你怎么会喜欢上做泥人的？"

"在幼儿园里，用橡皮泥做鱼、兔子什么的，老师总表扬我做得最好。读小学时没了橡皮泥，我就在自家的竹园里用烂泥做，做过许多，爸看见了，统统被他丢进小河里，我哭了好长时间。现在又做了许多，我得把它们藏起来。"

"王晓力，明天你能不能悄悄带两个给我看看！"

"好的。"

"别忘了！"

"不会！"王晓力的神情更显得松弛起来。"王晓力，你把女同学脑袋打破了，今天回去说不说？"

"不敢不说，老师家访总会知道的……"

"说了肯定要挨打？"

王晓力不说话，只是点点头。

"这样，"卜俭熙的语调带些神秘样，"今天回去你暂时不说，明天我们一起想想办法，既要把事情告诉你爸妈，又要使你不会挨打。"

"能有这样的办法？"王晓力睁大眼睛望着卜校长说。

"想想看，现在你回去吧！"

王晓力走到门口，突然转过身，很是别扭地向卜校长行了个礼，看来这孩子从来不曾恭恭敬敬地向任何一个人行过礼。

王晓力走后，卜俭熙马上给小袁主任挂电话，询问在医院的治疗情况，小袁回说很顺利，缝了三针，配了点防感染的药，现在正在车里送她回家。卜俭熙告诉小袁，完了之后你们各自回家，请班主任暂时别去王晓力家谈这事,明天我们商量后再说。

第二天,卜俭熙估计王晓力到校会较早,所以便提前出了家门。岂料,王晓力书包背在肩上,手里捧着个纸包,已经早早地等在校长室门口了。卜俭熙赶紧开门请进,并且转身便把门关上。王晓力显得有些兴奋地打开纸包,有两件泥塑:一个是坐着的胖娃娃,一个是站立在一块方形木板上的解放军战士。卜校长一看,虽然显得稚嫩些,但是出自这样一个初一小同学之手,着实值得称赞:"很好,做得很好!王晓力,这会儿商量时间太紧,中午呢我还有个会,下午第一节下课你赶紧到我这儿来一下,记住!"

"记住了!"说完王晓力转身欲走,卜俭熙叫住他,"等一下!王晓力,你进教室看见被你打破头的女同学,你将怎样表示?"

"向她认错。"

"好,想得对!但一定要认真,不能敷衍了事!你想想,人家去医院缝了三针,王晓力,你用铁皮盒子使的劲实在也不小,还好伤疤在头上,将来头发长好了也许看不出,要是在脸上,人家小姑娘会恨死你的!"

"是的,我一定认真向她认错,卜校长!"

"你将怎么做,你先说说看。"

"先向她行个礼……"

这时外面有人敲门,卜俭熙去开门,见是小袁主任,便闪出门框拉上门对他说:"王晓力在我办公室里,待会儿进教室他会向那女同学道歉,你装作什么也不知道逛到他们教室去,鼓励引导一下,顺势把气氛往上提一把!班主任在的话请她一起去,抓紧!"

卜俭熙进来又把门关上,说:"行个礼,应该,你现在做给我看看!"

王晓力似乎有点不好意思,动作就如昨天似的不到位。卜俭熙对他说:"人先要站直了,正面对着她,行礼不是点头,要九十度弯腰,这才表示你的诚意。"

"知道了,卜校长!"

大部分同学已经到校,小袁和班主任也已在教室。王晓力走进教室,书包也没放下,直接走到头上绑着纱布的女同学面前,站直了身子,弯腰行礼,然后说:"对不起,我错了,请你原谅,以后我再也不会打你了!"那女生既吃惊又感动,好像看到了从未见过的另一个王晓力,她也站起身说:"我也再不会骂你了!学习上有什么不懂问我,我也一定不会不睬你了!"

小袁和班主任带头鼓掌,同学们也都跟着拍起手来。小袁对就近的几个同学轻声说"你们也表个态",于是几个同学大声说:"王晓力,我们以后也不再骂你了!"王晓力回应:"我以后再也不打人了!"另外有几个同学说:"学习上有不懂我们一定帮助你。"小袁示意班主任讲几句话。

"同学们,"班主任说,"学校号召把班级建设成为我们第二个家,今天两位同学的表现让我很受感动,很受鼓舞!同学们,让我们全班同学团结友爱,勤奋学习,互相帮助,因为我们共同的名字叫——"

"初一(4)班!"同学们齐声回应,掌声热烈,几乎盖过了广播操的铃声。

广播操结束,卜俭熙挂电话把美术林老师请到办公室,要他评议评议写字台上的两个泥塑。林老师拿起大略看后说:"蛮不错的,胖娃娃笑眯眯的,很有神态。解放军战士身材挺拔,还注意了衣服褶皱的处理,不过上半身长了点,比例有些失调。"

"林老师,料你想不到这是谁做的!"

"谁做的?"

"初一(4)班的王晓力。"

"王晓力?这孩子功课不好,听说还常打人,不过在我的美术课上倒还专心。"

"昨天的事你听说了?"卜俭熙问。

"听说了。"

"林老师,上午你没课吧？我想请你帮个忙?"

"卜校长,您请说!"

"请你去一趟新华书店,买一本跟雕塑有关的书或者画册,你看着办吧,总之雕塑图片要多一些的。"

"我这就去!"卜俭熙转身包里拿钱,林老师却已经出了门。半个多小时,林老师买来了一本《中国当代雕塑精选》。

"太好了!"卜俭熙接过翻了翻说,"林老师,午饭后请你再过来,小袁主任、初一(4)班班主任,我们几个人开个小会。"

"好的。"

午饭后,人到齐了。卜俭熙说:"昨天的事情影响肯定不好,只要一个晚上,整个科技城就传遍了。不过大家无需埋怨,也不必过于责难王晓力。"说到这里,卜俭熙本来有个问题想问班主任:你知道王晓力为什么打人吗？继而一想,假如班主任回答得出自然很好,假如答不上来岂不让她尴尬？于是卜俭熙继续说:"从我跟王晓力谈话中,我渐渐知道了,他打的人都是因为骂他'真笨',昨天那女生也是因为骂他'真笨',他才用铅笔盒子砸她头的。再一了解,原来根子在他家里,因为功课不好,他爸几乎天天要骂他'真笨',还要打他。但是在他爸面前他自然没有反抗的能力,但内心必然积郁着愤恨与无奈。同学谁骂他'真笨',他便打谁,这是一种反弹式的盲目报复心理的表现。我问他'今天的事回家说不说',他说'不敢说,又不敢不说'。我于是建议他回去暂时不说,明天我们一起商量,想想办法让你爸不打你,还要让他知道他的儿子一点也不笨。他抬头望着我,满脸的问号。"接着卜俭熙拿出两个泥塑,放上写字台上,说这是王晓力的作品,林老师说做得挺不错,说出自一个初一学生之手,着实不简单。说到这里,我建议我们今晚去王晓力家访问,实际上去他们家里开个小会,我想至少有三个意思:一,支持王晓力继续他的兴趣爱好;二,鼓励王晓力一定要认真读书;三,调节一下王晓力的家庭生活环境。各位同意吗?""同意!"大家一致回应。

最后,卜俭熙拿出《中国当代雕塑精选》,说:"这是上午请林老师新买来的,算是我们激励王晓力的一份礼物。我已经在扉页上写上了'支持你的兴趣特长,认真读书可以让你的雕塑越做越好',现在请各位签上大名。"卜俭熙把画册推向大家。"卜校长您先签!"他们几个说。"不,你们是第一线的,我是管理者,理应在最后。我看班主任第一个签吧。"于是挨着小袁主任,林老师,卜俭熙这才签上自己的名字。

商量结束,卜俭熙让班主任留一下,告诉她:"今晚的这个小会由你主持。"班主任吃惊地说:"您校长在……""不,你是班主任,你跟他家熟悉,这样较为自然。事情的经过由你叙述,就这样,开个头嘛!"

下午第一节课下课铃声响过不一会儿,王晓力就奔跑着来到卜校长办公室。卜俭熙对他说:"放学回去,只告诉爸妈今晚学校老师要来家访,别的什么也不用说。"

傍晚,卜校长的小车逐一把三位老师接上车。王晓力的家在科技城边沿,据说已经被规划了,明年将动迁。眼下是三间平房,西头一间开了个大窗户,卖卖烟酒油盐杂货。王晓力爸妈看见这么多老师来家访,忙着搬凳子倒开水,心里却想一定是晓力在学校犯下什么大错了。

"是不是我们家晓力又打人了?"王晓力的妈问。

班主任没有直接回答,而是说:"王晓力爸妈,还有王晓力,你们都过来坐,我们一起说说。"待大家坐定之后,班主任开始讲话,"让我先介绍一下,这位是我们学校新来的卜俭熙校长!"晓力爸立刻站起身与卜校长弯腰握手,并说:"早已听说龙港中学来了一位很能干的新校长。卜校长,这么晚了,劳你们几位来到寒舍,一定是我家晓力又犯了什么错了?"卜俭熙紧接着说:"晓力爸,你坐你坐,不急!"

"这位是学生处主任袁老师,这位是学校的美术林老师。"班主任继续介绍后说,"今天由卜校长带领我们几个前来家访,确实是有有关王晓力的事情向你们报告,不过你们一点也不用紧张!事情的经过是这样的,坐在王晓力前面的一位女生骂他'真笨',他顺手拿起铅笔盒子就砸她的头,把头皮砸破了,鲜血流淌,袁主任立刻叫了校长的车,和校医将女生送医院,缝了三针,配了点药,情况很顺利。今天早晨发生了什么,我猜王晓力爸妈你们两位料想不到。王晓力一进教室,直接走到头上绑着纱布的女生面前,站直了身子,恭恭敬敬地鞠躬行礼,然后说:'对不起,我错了,请你原谅,以后我再也不打你了!'那女生被感动了,站起身来说:'以后我也再不骂你了!'全班同学热烈鼓掌,有几个同学大声喊:'我们大家也再不骂你了!'王晓力回答说:'我保证以后再也不打人了!'我和袁主任当时在现场,很受感动,也很高兴,觉得王晓力好像变成了另外一个人!"

　　"我想问个问题,"卜俭熙说,"王晓力爸妈,你们家里有人骂过他'真笨'吗?"

　　"有,他爸,天天骂,有时一天骂几次……"王晓力他妈说。

　　"哦,王晓力爸,这可是大忌啊!"卜俭熙的语气依然充满友善,"其实每个孩子都是聪明的,他们都有脑子呀,只要你善于引导指点,小孩就会渐渐变得真正聪明起来。相反,有位心理学家说过,你要使一个孩子变笨很容易,只要你每天对他说两次'你真笨',日子一长,他自己就会承认'我是笨'……"

　　"卜校长,您说得是呀!"王晓力爸听得心里憋不住了,忏悔似的说。

　　"王晓力爸,据我对小孩心理的分析,你骂他'真笨',他心里也是有气有怨的,但他不敢反抗,只能闷在心里。可是在学校里,谁骂他'真笨'他就打谁,无论个头高矮,是男是女,这是借机发泄盲目报复的一种表现。"

　　"卜校长,您说得是啊!是我不好!"他突然把脸转向王晓力,"儿子,是爸不对……"

"爸!是我不好!是我不认真读书……"王晓力哇的一声哭出了声来。

"王晓力爸妈,其实你们的儿子一点也不笨,而且很聪明,班主任,这方面的问题我们请林老师来说吧。"

"好的,我们就请美术林老师来说说!"班主任说。

林老师从身边的提包里取出那两个泥塑,然后说:"这是你们的孩子王晓力的作品,做得很好,你们看,这个胖娃娃多有神态,笑眯眯讨人喜欢。那解放军战士身材挺拔,帽子以及五角星也做得很细致,王晓力还只初一,要我打分的话,100分还不止。听说王晓力上幼儿园时,用橡皮泥做鱼啊兔啊,老师一直表扬他做得最好,这说明王晓力在这方面很有天分,很有前途。按照卜校长的指示精神,我校将组织美术兴趣小组,王晓力,欢迎你参加,届时我会带领你去参观美术工厂的雕塑车间,与那里的老师傅经常联系,可以学到很多东西。不过王晓力,你应当知道,雕塑是一门艺术,也是一门学问,需要丰富的知识,比如你做的这个解放军战士,头大了点,标准身高是头的几倍?手臂大腿各有几块肌肉,怎么长的,你怎么把它表现出来?衣服的褶皱怎么做得更逼真?你做的泥塑常常要开裂是不是?这里面都有学问,所以要把雕塑做得更好,首先要学好文化知识。王晓力,我们的国家不仅要强大,还要建设得更加美丽,公园里,街心绿带,居民小区都要点缀些雕塑,王晓力,你将来可以报考美术学院的雕塑专业,努力成为一个雕塑专家!"

"林老师说了许多关于雕塑的专业知识,相信王晓力同学都听进去了。现在我们请学生处主任袁老师,代表我们四个人向王晓力同学赠送一件礼物!"班主任说。

小袁主任从拎包里取出《当代中国雕塑精选》,翻开封面一字一句地大声朗读:"王晓力同学,我们支持你的兴趣特长,认真读书可以让你的雕塑越做越好！下面的签名是我们四个人,班主任,我,林老师,还有卜俭熙校长。"

王晓力奔了几步,接过画册,连连鞠躬行礼:"谢谢老师,谢谢卜校长!"

王晓力爸站起身来,显得非常激动地说:"卜校长,各位老师,你们不辞辛劳,为我们全家上了永远忘不了的、必将改变我们家庭面貌的最最深刻的一堂课！谢谢各位老师,谢谢卜俭熙校长!"

在回程的车里,班主任显得格外兴奋,她说:"卜校长,谢谢您为我们班级建设学生第二个家的工作推进了一大步！"卜俭熙说:"这是我们精诚合作的一个范例,而且它充分说明我们教育学生,尤其是品德教育是没有时空方面的限制的。"

第三天上午,小袁主任与班主任一起来到卜校长办公室,兴奋地报告说,昨天晚上王晓力一家带着医药费,还有葡萄香蕉苹果等,到那女同学家表示道歉与慰问,两家友好客气得像久违的亲戚似的。

这下,让卜俭熙心中还没放下的两个家庭之间可能发生矛盾的问题也解决了,颇有些打趣地说:"这就是说,我们的教育搞得好,也能即时向社会贡献正能量!"

"事情的完满处理,关键是卜校长您对王晓力的谈话！"小袁主任怀着十分敬佩的心境问,"卜校长,您是怎么跟他谈的呀？"

"问题学生的转化,首先必须让他们了解和信赖你的真诚与善意。"卜俭熙极为深沉地继续说,"世间没有打不开的锁,只要你能找到对应的钥匙。我相信学校里没有顽固不化的学生,他们的血一样也是热的,他们知道好坏,教师决不要急于用规矩或者理论去说教甚至惩罚,要体察他们的难处,站在他们的位置上同他们一起分析问题的来龙去脉,这样你才可能渐渐开启他们的心灵之锁！"

第十三章
巧于心计的保姆

崔书记提着一袋水果,特来探望梁雪梅的博导,一进门便说:"前几天才知道您老身体欠佳,早该来看看您了!"博导说:"崔书记您那么忙,真是过意不去啊!"崔书记说:"来看看您老是应当的,不过事实上我是来打扰您的,是来向您请教的!"

"崔书记您太客气了,老朽了,还能有点用处,承蒙器重!"

"不,知识与经验是不会老的,何况您一直耕耘不辍。告诉您,从明年开始,所有高师中师都将开设'古今中外教育家评述'课程,这都源自您的建议!"

"荣幸之至!不过没有我的建议,随着教育改革的深入这也是早晚的事。"

这时程阿姨送过来两杯热气腾腾的浓茶,转身便去了厨房。"这位是……"崔书记唯恐失礼,轻轻问一声。

"保姆。"博导继续说,"崔书记,我真得感谢你介绍的好学生梁雪梅!我小病一场,她让我的生活大为改观!要是你前些日子来,准是见到我家里乱糟糟脏兮兮的。"

"怎么会呢?"

博导述说了情况后说:"三年了,我一直一个人过,午餐食堂里吃,再买点带回,晚饭早饭就都有了,倒也习惯了,只是家里的其他就顾不上了,衣服拿到服务站去洗,还常常懒得替换。生病住院,梁雪梅知道了情况,不仅为我买牛奶、煮鸡蛋、熬鸡汤什么的,还花了两天时间,在我家里清洗被单,晾晒被褥衣物、擦玻璃、拖地板,弄得干干净净。临要出院,又为我请来了保姆程阿姨。程阿姨善良勤快,一切弄得妥妥帖帖,如今我在享清福哩!"

"您老先生早该有个帮手了,年龄不饶人,七十过了吧?"

"刚过。不过自我感觉还不差当年呢!"

"可贺可贺!"不知怎么崔书记停了一会儿才又说,"老先生,今天我有件事情要跟您商量。"

"什么事?崔书记,您说!"

"本人深感教改形势的紧迫,我想让梁雪梅老师尽早上任,您这儿有可能让她提前毕业吗?"

"您准备怎么任用她?"

"我一直以为像我们这样管辖着全市中小学教育的行政机构,主要精力一直忙碌在行政事务方面是绝对不行的,教育局必须同时是一个真正懂得教育、善于研究教育并且有实力引领教育的权威机构。"

"崔书记,我十分赞同您的见解!"

"我已经向上级打了报告,主张引进一位真正懂得教育的副局级干部主管教育科研处,他们不受任何行政事务的干扰,眼睛向下,深入第一线,研究教育的本质,考察与评析学校教育的真实情况,向局领导提供咨询、建议,及至改革方案等等,我还主张他们在一定范围内,如在教育领域的内部,以至报纸杂志上多多地发声。"

"崔书记,您的意思是希望梁雪梅尽早回局里主管教育科研处?"

"正是!"

"行!梁雪梅已经具备一个博士毕业生的各项条件。我将尽快与她商议送审论文的选题!"

"谢谢,谢谢!"

崔书记走后,博导就给梁雪梅挂电话,接通后说:"梁雪梅,崔书记来看我刚刚走,一个重要内容是与我商量有关你的问题,你在哪里,能不能现在就过来一下!""不行,我正在听讲座,明天上午吧?""好吧。"

第二天上午,梁雪梅如约而至。程阿姨开门:"是梁老师!"

"程阿姨,你好!习惯吗?"还没跨进门,梁雪梅轻声问。

"有什么不习惯的,干我们这一行,就烧烧洗洗那么点的事儿。"

"老先生好吗?"

"好!文化高的人就是好,和气,平等。"梁雪梅的原意是问老先生的身体情况,程阿姨却从这个角度回答,说完她往里喊:"老先生,梁老师来了!"

"梁老师,请进!"

老先生坐在靠近阳台落地窗的沙发里,梁雪梅自己搬了张椅子,斜对着老师坐下,说:"老师,崔书记和您谈起我的什么事啊?"

"他希望我让你提前毕业,尽早回局里上任,主管教育科研处,我非常敬佩崔书记对教育改革的谋划与执着!"

"老师,我还有好多书不曾读呢。"

"一个人的能力素养上升到一定层面,就无需在乎几本书了。梁雪梅,崔书记特地向我提出尽早让你上任的要求,看来是他教育改革部署的急需,所以我同意了。我建议你抓紧时间选定课题,完成一篇毕业供审的论文。"

"那好。"梁雪梅说,"老师,您对我的论文选题有什么提示吗?"

"当然是选择当前教育改革最需要的,同时也是你认识与体验最深切的问题啰。"

"知道了!"梁雪梅的语调显得很有底气,"待我选定了课题,文章有了大略的框架,再来请您指点。"

"好的。"

"那我走了。"

程阿姨听见梁老师说要走了,赶紧过去说:"吃饭时间了,老先生,就请梁老师在这里吃饭吧!"

"对对对!梁雪梅,留下吃饭,尝尝程阿姨的手艺!"

程阿姨又拖又拉把梁雪梅留下了。程阿姨搬上餐桌三菜一汤:红烧鲫鱼、肉丝炒茭白、碧绿的菠菜,一大碗汤里是番茄毛豆与土豆片。

"梁老师,我得好好谢谢你啊!"刚坐下吃饭,老先生就说,"生了场小病,是你帮我安排得妥妥帖帖享清福哩。你看,热汤热菜,有荤有素,到底比吃食堂舒服,家的感觉又回来了!程阿姨手艺也不错……吃鱼!"

听着,梁雪梅不禁斜睨了程阿姨一眼。当初急急忙忙还不曾仔细端详过她,现在凝神一瞧,身材挺中看,一把马尾巴头发晃来晃去很有一种活泼样,就是皮肤黑了点,年纪肯定不比自己大。

"程阿姨,你哪里人?"梁雪梅问。

"安徽。"

"家里还有些什么人?"

"老爹老娘,一个儿子刚考取高中,说毕业了还要读大学,所以我得出来为他积攒点钱呀!"

梁雪梅还未来得及问"丈夫呢",老先生却忽然长叹一声:"拳拳慈母心啊……"大约是想起了自己的老伴。梁雪梅转过脸仔细地瞧了瞧他,确乎比第一次见到他时苍老了不少,花白的头发更加白多黑少了。不知怎么,梁雪梅的心头蓦地掠过一阵酸楚,竟觉得不知说什么好。

刚吃完饭,梁雪梅的手机响了,打开一看:"是崔书记,您好!……下午……行,我这就过来!"

关上电话,梁雪梅对导师说:"崔书记让我回一趟局里,我这就去,您午休吧。"转过身又对程阿姨说,"谢谢你对老先生周到的照顾,谢谢你有滋有味的饭菜!"

"老先生的好学生,还客气,以后常来!"程阿姨说。

"对对!梁老师,以后常来!"她的导师紧随着也说。

梁雪梅赶到教育局,正好是下午他们正式上班时间,崔书记像上次接待临要上任的卜俭熙一样,把梁老师请进他自己的办公室,先请她坐进小沙发,泡上一杯茶,然后拿着自己的专用茶杯坐到另一只小沙发里。

"梁老师,想必你的导师已经和你说了?"

"是的。"

"梁老师,教育改革形势逼人啊,我们必须抓紧行动,理念方针要针对要害,举措策略要切实落地。分数的'顽疾'叫了几十年,我们管理教育的行政机构不领衔改革,能怪谁?上个月局领导学习会上一致做出了决定:为了推动教育改革,教育局必须加强对教育的切实领导,把教育科研处升格为副局级处室,并且也一致通过了请你尽早回来主持教育科研处工作。我们已经向市里打了请示报告,据说很快就会批复下来。"

"崔书记,我行吗?"梁雪梅听说副局级,一下提那么高,心里有点发慌似的。

"怎么不行?教育改革,教育实现现代化,就需要像你这样有阅历与资历,并且勤于思考,富有创新精神的人!"崔书记挪开杯盖喝茶,有意留出些时间让她安下神来,然后盖上杯盖继续说,"担子确实不轻,你的前面是条断头路,新的路子要你闯出来!眼下你先要把毕业论文写好,望如愿过关,这边的办公、人事安排等局办公室与人事处会为你做好准备的。"

离开教育局,走在去公交车站的路上,梁雪梅步履缓慢,脑子里一直翻腾着关于论文的思考。教育必须改革的根本动因是,学校教育把分数高低作为评议学生优劣的唯一标准,而上游的各级各类学校招收新生又都以分数划定界限,这就是说整个教育体系都把分数的观念绝对化了,其严重的弊端是必然冲击与弱化了对学生的品德教育,抑制了学生兴趣爱好、潜能特长的显露与发展,更为深层的后果是势必降低一代又一代年轻人的成才概率,尤其是国家急需的高端人才!梁雪梅完全赞同卜俭熙首先要把学生从单纯追求分数的桎梏中解脱出来的主张,但是,解脱出来学生没有了争先方向,竞争意识会不会削弱?如果没有了竞争争先意识,作为个人极易随性怠惰,作为集体以至民族也会丧失活力,这是个大问题!正是这个难点,分数的顽疾才得以延续了几十年。如今国家倡导教育要现代化,其隐语是绝对化了的分数观念是非现代化的。卜俭熙上任淡化分数,倡导教育过程的现代化,首先是树德立人,注重为人的品格教育,学科教学既重视知识的掌握,更重视对学生诸种能力的提高,培养兴趣,发展特长,激励对未知的探索精神等,为日后进一步深造、成才做着铺垫。这是基础教育的至高境界。龙港中学当前的教改势头很好,然而,学期结束如何向家长汇报,还是分数加简单笼统的几句评语?这个问题不知卜俭熙怎么考虑,我得与她好好讨论一下。假如报告单老一套,难免让人觉得教改试验生机勃勃地兜了个圈子,最后落脚点还是分数,这个问题不知卜俭熙是怎么思考的,所以,他们第二次学习交流会我一定继续去旁听,接下来一定要与她更加深入地议论一番,然后再确定我论文的中心论题,以至构思文章的框架。

车靠站了,梁雪梅跨上了回家的无轨电车。车一开她忽地想起到家里也是一个人,还不如直接回学校宿舍。儿子已经出院回校,感谢医院的心理医生真神通,四五天治疗就让兴兴回归了冷静,不过她总还担忧儿子的心里难免留有抹不去的伤痕。原本母亲要他回家陪他休息几天,儿子坚持回学校,说上课有作业要做,室友们谈谈说说也热闹。电车过了一站,她下了车,随后穿过马路,坐上了回校的电车。

回到宿舍,已是晚饭时间,她去买了饭菜,不吃,先给儿子挂电话。"兴兴,你好吗?""好,妈,我遗传你的基因,医生耐心开导,我想想终于也明白了,爱情是不能强求的,强扭的也不会是甜瓜!""兴兴,妈真为你高兴。同学们对你好吗?""好!他们劝慰我,为我补课,抄笔记,还说有趣的段子逗我。妈,那个胖胖同学你见过的,他说:'在一个小渡口,船上坐着五六个人,老艄公熟练地向着对岸摇去。突然船上出现一股浓重的臭味,显然有人放了屁,但是谁也不承认。老艄公继续从容地摇橹,突然转过脸大声说,喂,放屁的,你还没有买过票呢?紧接着有个人大声回应,我买过票的!船上除了放屁的全都哈哈大笑。'我们寝室里也都哈哈大笑,我记不起来多长时间没大笑了,妈,今天我是开怀大笑了……"听到这里,梁雪梅话音哽咽,眼泪簌簌地滚落下来。"妈,怎么啦,你哭了?""儿子,妈现在的眼泪可是为你高兴……"

梁雪梅晚饭扒了没几口,清清嘴巴又给卜俭熙拨电话:"俭熙,告诉你大好事,兴兴出院后情况很好,正常上课、作业,还说好久不笑了,今天同学说笑话,他说他也开怀大笑,我听得眼泪簌簌地滚落。""谢天谢地,雪梅,我的胸口一下子也轻松了许多,兴兴真是个好孩子!"

接着,梁雪梅向卜俭熙简要地叙说了崔书记希望她提前毕业,尽早去局里上班,导师同意了,眼下她的主要任务是尽快完成送审的论文。"俭熙,想来想去,我论文的主题应当是关于教育改革的,观点与素材方面希望得到你的支持。"卜俭熙说:"那还用说,我在这里的报告、讲话多处运用了你的观点和材料,我们不会有版权纷争,哪怕有别人插嘴,我会告诉他们这是我们长期一起学习议论的共识!"梁雪梅说:"你说得是!俭熙,你们第二次学习交流会什么时候进行,我一定继续来旁听!"

卜俭熙说:"欢迎！现定在下个星期五,到时我会再通知你的。""谢谢！"梁雪梅差点忘了,忽然想起继续说,"俭熙,你的应聘试卷、答辩,我都看过了,上任以后你向全体教师、全体学生做的报告能否也借来一阅?""当然！我明天就设法让人送过来,但愿对你真有参考价值！"

收到卜俭熙发来的材料,梁雪梅迫不及待地一口气读完两个报告,又翻阅了一下旁听他们第一次教育技艺学习交流会的记录,鉴于她俩经常的议论,梁雪梅觉得自己论文的论题诞生了:教育必须改革,必须走向现代化,副标题是:从龙港中学教改试验说起。不过她想,假如两年甚至一年之后撰写此文,副标题有可能将用"龙港中学教改试验纪实"。但是因为教育的成效需要时间周期,所以尽管她对卜俭熙的理念以及富于创新精神的举措充满信心,也只能写由此"说起"了。

然而,梁雪梅仍然不能正式动笔撰写,她觉得还要学习与思考,尤其是要待听了卜俭熙学校第二次交流会,并且进一步与她讨论了有关学期收尾问题之后,论文才可能正式落笔。眼下能做的只能是看看有关的文件,梳理梳理资料,记下即时的灵感,抑或草拟提纲之类。

有一天去食堂午餐,正看见导师手里提着饭盒,从食堂的台阶上一步一停地往下走,梁雪梅赶紧跑过去挽着他的手臂走下阶梯。

"老师,程阿姨呢?"梁雪梅问。

"回家了,她丈夫被摩托车撞了,大腿骨折,动了手术,还没出院。"

"她怎么不给我打个电话呢?"

"是我不让她打的,我告诉她梁老师正在写毕业论文,很忙的,不要打扰她!"

"那你怎么行?"

"怎么不行? 我现在身体好好的,像从前一样,吃一顿带两顿……"

"不行！你要看书,写文章,每周还要讲课,你不能太累了,从明天开始,我买菜过来为你烧饭！"

"梁老师,这怎么可以?"

"怎么不可以?我是你的学生,你需要有人照顾!"

从梁雪梅的神态和语气,老先生看来这份好意难以推却,但内心又深感不安,只是说:"那你不是太累了……"

"我比你年轻呀!"

第二天,梁雪梅大约九点半买了菜来到导师家,立即捡、洗、切、淘米烧煮起来,她的导师心里实在过意不去,一直在她身后转来转去:"需要我帮什么忙吗?""没有什么事,老师,你去看书休息吧!"一个半小时左右,梁雪梅把一切都搞定了,她关照老师说:"肉糜炖蛋在锅子里,您吃时拿出来正好,晚饭您自己热一下,如有剩菜放进冰箱,用过的碗筷浸泡在水斗里,明天我会来洗的。"说完梁雪梅转身向门口走去,导师很是吃惊:"哎,你烧好了怎么不在这里吃呀?""不啦,今天我们五六个同学约好在小餐厅聚会。"其实这是没有的事,她总觉得就两个人坐下一起吃饭有点尴尬。

第三天,梁雪梅早早地来到了导师家,导师问:"今天怎么这么早?"

"今天中午前我要赶到龙港中学,旁听他们第二次教育技艺学习交流会,第一次我已听过,这是卜俭熙校长教改试验极富创意的关键性环节,您将会在我的论文里看到。"

"卜校长在应聘之前我就认识她了,当时她是个刚刚上任的副校长,责任心很强,并且勤于思考。"导师说。

"老师,您不知道,她是我大学四年的同窗闺密。"

"啊,怎么从来没听你说起过?"

"老师,我们三个人之间的这种巧合的关系,是在您主持遴选校长活动之后才知道的,我之所以不说,是怕人家产生误解。"

"不可能!"老先生语气明确,"卜校长应聘的笔试与答辩,她对于当今教育的见解,教育理念的独到,以及逻辑思维的严谨,不同凡响,七个评委的意见始终一致看好,教育局委以她教改试验的重任,评委们都相信她一定将有所作为!"

"是的,我也这样认为,所以我毕业论文的论题,就是关于他们学校的教改试验。老师,您认为可以吗?"

"我赞同,看来你的论文不仅有理论,还有实践为依据。"

"我努力这样做,所以他们第二次交流会我是绝对不能错过的。"

在去龙港中学的车上,梁雪梅忽然接到程阿姨的电话:"是梁老师吗?""我是,你是程阿姨?""梁老师,我老公车祸大腿骨折,住院开刀,两个老人是弄不了他的,我已经回到老家几天了,老先生说你写文章,很忙,不许我打电话打扰你,老先生重又回复食堂里吃一顿带两顿的生活了,我实在忍不住今天给你打电话,打扰了!""没关系,程阿姨,你真是一个善良又热心的人!巧了,你走了第二天,我去食堂午餐,正好看到老师提着饭盒从食堂的阶梯走下来,我赶紧过去搀扶,才知道你走了,我当即对他说,从明天开始,程阿姨的事我来接替,老师坚决说'不行不行',反正第二天我买了菜上门去为他烧煮。""梁老师,那你自己家里怎么办?""我单身一人……""啊?……""儿子大学快毕业了,还要读研究生,丈夫合资公司赚大钱了,找个年轻姑娘飞了。"程阿姨脱口而出:"那不是大好的事吗?""程阿姨,你这话什么意思?""对不起,梁老师,没,没什么意思……"

也许是程阿姨感到自己的话似乎冒犯了梁老师,又不大敢把她的本意明说,所以赶紧把电话挂了。程阿姨自然不会想到,这句话却让梁雪梅足足半夜没有睡好。

第十四章

第二次教育技艺学习交流会

到达龙港科技城比上次晚了一个多小时,梁雪梅还是在那店里吃了碗面,便笃悠悠地向龙港中学走去。卜俭熙在办公室看看表,倒有点急了,正要拨电话,梁雪梅却在门口出现了。"你倒真准时啊!"卜俭熙说。"那当然啰。"她没有进门,问,"会议还在老地方?""是的。""那我先过去了。"梁雪梅觉得不宜与卜俭熙肩并肩入场,悄悄从后边门进入,椅子已经备好,她坐下便从提包里取出了笔记本。

"老师们,第二次教育技艺学习交流会现在开会了!"会议主持人还是支部书记,"上次时间太紧,卜校长没能好好总结,今天我们先请卜校长讲话,大家欢迎!"老师们鼓掌。

"老师们,我非常愿意说几句话,但不是总结,上次的交流会开得很好,老师们对一些教育新观念强烈共鸣,思路开阔,充满创意,情感真挚,可以说发言个个精彩!我们的教改才刚刚开始,总结还不到时候。据了解今天希望发言的老师不少,而且翁老师的发言今天是重头戏,还是把多点时间让给老师们吧。不过,我也许会忍不住插插话参与讨论的。"说完卜俭熙向书记示意继续主持。

"老师们,现在开始交流发言,不过报过名的在先,我按着报名的次序点名。第一位我们请初一(4)班班主任应老师发言,大家欢迎!"

"各位老师,我的发言还代表学生处小袁主任。我们班级有个学生叫王晓力,读书不用功,还经常打人,因为他个头小小的,同学们一般不与他多计较,但在我的心头却是难缠的一个问题学生。两个星期前,他用铅笔盒子把一个女生头打破了,鲜血直流……(接着应老师较为详尽地叙说了事情的整个过程,老师们听得很是专注)。从此以后,王晓力变成了另外一个人,上课专心,作业认真,进步很快,而且一有空就去美术室,成了林老师的'研究生'。通过这件事情,我受到了深深的震撼,认识到教育首先必须了解学生,研究学生,并且要注意方式方法,我体会这就叫教育过程的现代化,以后我一定继续努力实践!以前,我对王晓力的教育没有放松过,多次找他个别谈话,家庭访问也不止三五次,说起来也一直在教育过程之中,然而功效就是到不了他的内心,原因就在于教育过程简单肤浅,属于非现代化的。通过王晓力事件及其前前后后,我深深认识到,作为一名教师、灵魂的工程师,面对问题学生,或者说学生的问题,首先要站到学生一边体察研究,分析问题的来龙去脉、症结所在,讲究教育的方式方法,学生自然会领悟你的真诚与善意,这样的话,你的几句话往往能彻底地解开他的心结。王晓力的转化,极其生动地诠释了卜校长说的'教育现代化的本质是教育过程的现代化,塑造学生的心灵是一门绣花般的艺术'的深刻含义!我在此表示,一定虚心学习,更新观念,不断提高自己教育技艺的水准。谢谢卜校长,谢谢大家!"全场报以热烈的鼓掌。

"下面第二位,我们欢迎语文组高二备课组长龚老师发言!"

龚老师是个身材魁梧的男老师,他上台先是将话筒升一级,然后声音洪亮地说:"老师们大家好,我代表我们高二备课组五位老师发言。那是去年的事,也就是高一的时候,我们得到信息说名声很响的某老师有一堂公开课:《林教头风雪山神庙》。课有冲突的老师还特意去教导处调了课。那天下午我们急急忙忙赶到了某区重点中学。听课的人很多。主讲者是个胖墩墩的中年男老师,课一开始他说'今天我们学习《林教头风雪山神庙》',转身他在黑板上沿醒目地书写了'无巧不成书'五个大字,回过身来问这句话同学们听到过吗?同学们回答听到过。好,现在我们就来看看施耐庵先生用了多少个巧,使得《林教头风雪山神庙》成为引人入胜精彩绝伦的传世佳作。接着,他开始了读读讲讲的教学方式,并且以'巧'字为线索即时板书:

"第一巧,林冲恶了高太尉被发配沧州,偶遇他救助过的李小二;

"第二巧,李小二的茶酒店闪进两个人,他认得正是高太尉手下的陆虞候和一个走卒;

"第三巧,李小二老婆听得'好歹结果了他',得悉了这伙人陷害林冲的阴谋;

"第四巧,大雪压塌草料场草厅,林冲因寒冷外出喝酒逃过一劫;

"第五巧,草厅倒塌,林冲只得去古庙暂宿,草料场火烧免于一死;

"第六巧,冤家路窄,林冲正在古庙,陆虞候等三人,纵火草料场后,也来庙门口得意地絮叨,泄漏了天机!林冲庙门一开,挺着花枪,一个一个结果了他们。至此,林冲只得提着花枪,投东而去,逼上梁山。

"课的结尾他对同学们说,施耐庵先生就是运用了这六个'巧',使故事生动,引人入胜。我们以后作文也要努力学学运用这个'巧'字。

"主讲老师东北河北一带人士,普通话不甚标准,但听起来却圆润顺耳,再加上他颇有讲故事的功力,整堂课好像是听了一场评话,所以当他宣布下课,满场的掌声,尤其是学生们的掌声很是热烈。后来听课老师的评议,也多有赞誉。

"在回来的路上,我们五个人的共同感觉是,如此评话式的解读课文我们没此才能,但是总觉得面对学生教学课文与听一场评话式的讲读还是应当有区别的吧?但是没有想得很深,事实上后来我们教学《林教头风雪山神庙》,也多循着这位老师的路子,扣住一个'巧'字。直到听了卜校长对教育过程现代化的诠释,并且说各门课程还都有着它的潜在功能,教育过程现代化就是要善于挖掘字面背后的深意与潜在功能,培养学生透视字面洞悉本质的能力。于是我们五个人对当时的这堂课重新议论了一番,恍然有了些新的看法。所谓'巧'只是一种偶然,但凡'偶然'一定有着它客观的必然性。比如,林冲出于善良在京城救助过李小二,而李小二一直感恩在心,所以此次沧州相见才是'巧',要不然两个人即使相向而行,不过是擦肩而过的陌路之人;又比如,草料场草厅破旧,又整日大雪压顶,本来就摇摇欲坠,再加上林冲冷得不行必将外出去喝酒买酒,回来时草屋已倒塌,林冲逃过一劫,偶然寓于必然之中;再比如,草屋倒塌,林冲只得去古庙暂宿,岂知正是此时陆虞候们加害林冲纵火草料场,林冲又免于一死,'巧',同样也有必然的原因,等等。而这些客观的必然性作者早有描述,这是为'巧'埋下的伏笔与铺垫,也有称之为前后照应。这些正是作者的精心构思与布局之周密。所以光是要求学生作文时也学学用'巧',而授课者不把这种精心的构思与布局向学生做些剖析,实在是一种重大的欠缺。我们的认识是,凡学生作文时懂得运用埋下伏笔与前后照应的手法了,那么他的文章必将显现出结构上的完整性,这是学写作文跨上一大台阶的质的提升,至少再也不会脚踩西瓜皮写到哪里是哪里了。所以,我们认为,带领学生学习课文仅仅让他们觉得喜欢还是不够的,重要的是要让他们体会文章之所以这样开头,与故事如此的结局有着内在的逻辑上的必然性,进而领悟作者的构思与用心。这样说来,所谓'巧',原本是两种必然趋势在未曾预料的情况下的交叉。这种隐含于课文之中的逻辑关系,我们老师理应在课文的教学过程中使学生获得切实的认识与感知。何况,语文学科的文章都是些久经筛选的佳作,内含极其丰富,许多道理对学生学做人也大有裨益。比如民间俗语'善有善报,恶有恶报',在《林教头风雪山神庙》中就有相应的印证,发挥几句那是信手拈来之事,而对于青少年的成长却不无裨益。好了,我已经说了不少,此次就说到这里了。总之,我们备课组决心将以这样的思考进行语文教学,努力向教育过程现代化靠拢、迈进。欢迎卜校长和老师们批评!谢谢大家!"

"我支持你们!"卜校长插话。全场鼓掌。

"下面第三位我们请数学组的赵老师发言,大家欢迎!"

赵老师走上讲台,似乎还有点不太适应面对这么多老师讲话的拘谨,他拿着稿纸读了起来:"卜校长,各位领导,老师们,大家好!我来自北方偏远小县城的一所县中,多年来我教的班级高考数学成绩总是县里名列前茅,所以在那里有点小名声,但是我知道自己没什么大本事,只是靠着自己收集的800道练习题,让学生们死啃出来的。来这里还不满一年,卜校长的教育改革理念是那么先进,老师们的发言思路又是那么活跃开阔,我怕在这里是要被淘汰的。上星期我找了卜校长,有回老家的想法。卜校长问我'你那800道练习题是随意聚拢的吗',我说'那倒不是,我是从大量的题海中经过好几年的筛选才聚成的,而且根据学生不同的学习阶段,分割成二十几个条块'。卜校长又问我筛选的依据是什么,我说是针对课本上的公式、定理、定律,还有学生容易犯的错误等。卜校长说:'我终于知道你多年来培养了不少高考数学高分不是偶然的,赵老师,你那800道练习题愿意公开吗?'我回答:'当然愿意!'老师们,告诉大家,听了卜校长这一席话,我的心里当即就放弃了回老家的念头,充满信心地留下来和大家一起搞好教改试验,我的名字也叫龙港中学!"全场热烈鼓掌。赵老师继续说,"关于800道练习题,专业性太强,这里就不说了,在教研组我将全部摊开,如果对我的同行们有点用处,那是我的荣幸。不过我知道,它还有许多缺点与不足,而且为了适应本校的生源特点,各组块也要分层次,还希望得到老师们的指正与修改。我的发言就到这里,谢谢卜校长,谢谢大家!"全场热烈鼓掌。

"赵老师是一位名副其实的研究型教师！"卜校长插话，"他的教育技艺是练习抓关键，训练成体系，摒弃了那种'捞到篮里便是菜'的题海战术，必将大幅削减学生的作业负担，又不失为抓住了重点，对我们所有其他科目，都有着一种重要的借鉴意义！"

"接下来第四位发言的是语文组的平老师，大家欢迎！"

"老师们，卜校长告诉我们每一个学生都是聪明的，因为他们都有一颗潜能无限的大脑，如今倡导教育现代化，其实就是倡导教育要优化过程，进而直接有利于开发学生大脑的智力潜能。延续了几十年的唯分数观念，抑制了学生大脑智力潜能的开发，从而降低了年轻一代的成才概率，着实是一种教育的非现代化。为了表示我对这个道理的认识，下面我举两个例子加以说明。

"第一个例子发生在我是学生的时候。现在我是一名语文教师，因为喜欢语文，喜欢写写文章，才报考了师大中文系。但是在读初中时，我并不喜欢语文，作文也不怎么感兴趣，作文讲评课上好作文宣读从来没有我的份。直到初三第一学期末了，两周前写的作文《迎接新年》发下来了，我惊异地发现老师在我的作文中画有两条红线，每一条红线末端还画有两个圈圈。最后的评语更让我吃惊又兴奋：'你有写好作文的潜质，我圈出的那两个句子，恰如两串闪亮的珍珠。'大家不要以为那是两个遣词用语、结构修饰十分完美的语句，事实并非如此。说实话，当时我却并不真正理解老师为什么如此热情地表扬我的这两个语句。这第一句是：'这个作文题从小学到现在几乎年年都写，不过以往只是说说大话空话，但是这次我觉得应当认真思考一下，用什么和怎样迎接新的一年的到来。'我问老师，这一句为什么说我写得像一串珍珠？老师说"说明你在用自己的脑子写文章了，这是思想开始走向成熟的表现"。我又问那第二句呢：'窗外在飘着茫茫的雪花，在小学里我们就知道，雪花是一片片非常美丽的水雾结晶，于是我们到操场去看，可是雪花一落地就变成了水,我摊开手掌去接,但是雪花一到手心也便成了水,有同学用练习本去接,也是一样,大家扫兴而归。我忽然若有所悟地联想,生活里想要获取什么美好的东西就是不那么容易'!老师说'这一句最后若有所悟的概括,说明你对生活的观察,开始出现哲理性认知的征兆'。老师的表扬深深地鼓舞了我的作文自信心。自此之后,写作文、学语文格外用功。我特地买了一本硬面记事本,首先把这两个句子和老师的评语抄写在第一页上。此后读书看报凡发现好句子我都会抄写在这个本子上。进了高中,我的作文进步很快,多次在作文讲评课上朗读。高中毕业便报考进了师大中文系。

"当了老师之后,我特别体会面对学生我们的教育应当以表扬与鼓励为主,正如卜校长的报告所说,学生最初的自信来自他信,尤其是这种他信常常来自老师。不过,所谓表扬为主绝不是廉价地说说大话空话,要具体,必须让学生获有切实的感知。所以表扬为主首先是教师要善于发现学生的优点与长处,然而,学生的优点与长处最初的显露,不是以完美的形式,而是点点滴滴的,甚至是夹杂在错误与不足之中呈现的,这就需要我们老师具备伯乐的眼睛。

"我要举的第二个例子是,承继老师的教导,我教育学生的一则小故事。那年我接了一个高一班级,有个学生名字叫张伟,个头矮小,眼珠滴溜溜一副聪慧的模样,可是学习很随性,一篇作文四五百字就交卷了事。有一次他写在公共汽车站等车,人很多,人们都很焦躁。忽然来了一辆空车,人们拥挤着追着车跑,停下时车门正好在他面前,背后的人们几乎是推着他跨上车时,突然有个五六岁的小男孩从他的腋下钻了过去,并且很快在一张双人座椅上躺下。过了一会儿他妈也上车了,拍着那小男孩说:'儿子,你真乖!'紧接着便是文章的最后一句:'这是对孩子的真爱吗?'作文讲评时,我对这个结尾大加表扬,我说:'这个问句的内在意思是很明确的,那不是对孩子的真爱,这个结论叫做透过现象看到了本质，由此我们可以看出张伟同学对社会现象有着较强的观察与判断的能力！假如能够对这种并非真爱的弊端，作进一步的分析与阐述，那么文章就丰满了，就可以上一个层次了！'我边说边观察着他的表情，相信他的内心受到了触动。果不其然，自此以后，他的作文再也不是随性地四五百字交差了事，而是每次我都能感觉到他渐趋认真的作文态度。终于在第二学期中叶，他出手了一篇题为《粮食的定义》的好文章。全文他给粮食下了三个定义。第一个定义是：'幼小的时候，我给粮食下的定义是从粮店里买来，一日三餐顿顿少不了的东西。'第二个定义是：'上了生物课，我给粮食下的定义是：大自然的产物，人类赖以生存的重要物质。'在下第三个定义之前，文章有较大篇幅记叙他暑假回家乡，看见农民们在毒辣的太阳底下插秧，长时间地弯腰，个个汗流浃背。女人们脖子上大多挂有一块毛巾用以擦汗，然而汗水依然时不时滴落在稻田里。在亲友们的激将与鼓励之下，他终于也跨进稻田，学着插秧。岂知不多久，腰酸得不行，汗珠嗖嗖地滴落稻田，亲友们笑着又劝他退了出去。这时他想起了李绅的诗：锄禾日当午，汗滴禾下土，谁知盘中餐，粒粒皆辛苦。'从此以后，我给粮食下的定义是：农民的辛劳与汗水的结晶。'文章写得多好，三个定义逐层深入地揭示了粮食的本质意义。我不仅在班级里大声朗读，而且把它推荐到当时全国发行的《作文通讯》上公开发表。

"老师们，我要举的两个例子说完了，想要说明的道理前面已经说过。谢谢大家！"

平老师还未坐下，黄副校长站起说："书记，我要求插几句话！"书记说："你请，黄校长！"

"平老师的发言很值得我们大家深思！"黄副校长开始说，"平老师说的两个例子清楚明白，然而，他今天的解释却是循着卜校长有关大脑科学的理论，这就把教与学的对应关系说得更深一层，那就是看准了学生的智慧之弦(实质就是我们常说的优点与长处),拨动它,鼓励它,学生的大脑必然地运转起来了。我也已经当了近20年的教师,第一次听到卜校长用大脑科学解释教与学的关系,我以为这是重大的创新,所以我认为假如我们能够认真学习和领悟这个道理,那么在我们每个老师的眼里,就不会有没有出息的学生。"

支部书记也情不自禁地参与了议论:"教育现代化的本质是教育理念与教育过程的现代化,它要求教师首先要善于发现学生的优点与长处,表扬和鼓励才能在实处,这就是教师对学生大脑潜能开发的技能,也可以说这就是一种高超的教育技艺!"支部书记是个政治学专科毕业生,长期热衷于政工工作,对教学业务发表看法总显得有点不踏实,说完他转过脸问卜校长,"我说得对吗?"

"说得太好了!"卜俭熙大声回应,"表扬和鼓励就是催生和助长学生的自信心,终而形成他们对大脑潜能的自我开发,养成勤于思考,敢于发问,富于探索精神,抱有理想,这才是我们基础教育肩负的崇高使命!"

支部书记听了卜校长的肯定,很有些兴奋地继续主持会议:"下面第五位,我们欢迎化学组的宋老师发言!"

"刚才平老师的发言,生动地说明知识的传授过程确实是一门深邃的学问,同样一门课程,同样某项知识,平庸肤浅与优化深邃不同的教学过程,对于学生得益之不同是显而易见的,长此以往,学生多方面的发展与成长之不同更是难以估量的。我是教化学的,上个月的一堂课,使我也增强了这方面的体会与认识。课的内容是从海带中提取单质碘,形式主要是实验操作。程序是首先要把干海带在坩埚中灼烧成灰,然后加氯水氧化,再加入四氯化碳。实验进展到这一步,有一半以上同学的溶液下层看不到紫红的颜色,这说明提取碘单质的实验已经中断,因为氯气在水中可以与氧化碘单质反应,生成碘酸了,碘单质也就提取不到了,原因是这些同学未能严格按照量的规定,氯水添加过线了。以往这种情况也遇到过,一般我会强调化学反应对于各种元素的配比是非常严苛的,添加成分没有按照规定,所以实验失败了,告诫同学们以后一定要注意,说完也就下课了,以后也不会提及。但是,上次老师们在学习交流会上的发言启示了我,觉得今天自己的教学过程没有完成,未能加深化学反应对各种元素量的严格规定性的认识,所以谈不上教学的优化了。于是我说:'今天实验没有完成的同学,有一个回家作业:去网上搜索碘单质的提取方法(不止一种),请你们自己选择确定后写一个再次试验的申请报告,明天直接送我,我签名后自己去实验室联系,成功后将碘单质包在你的报告里交上来,我相信你们不会再次失败,一定能够出色地完成的!'第二天一早,同学们陆陆续续送来了报告,我检查后签了字返还。我想,这或许就是他们将来可能从事科学研究的一种兴趣与能力的培养,我期待着他们的成功。当天下午,同学们或前或后都把提取的碘单质送了过来,还打开纸包让我过目,以此为证,个个显得很是兴奋。于是我猛然有一种感悟,摈弃了唯分数观念,老师传授知识,学生变未知为已知,本来就是一桩令人感奋的事情。以前做得很不够,我一定提高认识,继续努力。我的发言完了,谢谢大家!"

待大家鼓掌之后,支部书记继续主持会议:"下面我们请第六位老师,高一(3)班班主任丁老师发言,大家欢迎!"

"老师们大家好!"丁老师开始发言,"为了建设'第二个家',我跟团支部、班委会、三五人一组的小型座谈,还访问了几个家庭,我发现有一个问题非常值得我们注意,那就是大部分学生缺乏阅读课外书籍的兴趣与习惯。就连作业做不来也不是去读课本,扭头就问别人,甚至抄抄答案就交差。据图书馆管理员说,最近几年出借量一直在下滑,报刊阅览室冷冷清清。开学以来图书馆里没借出过几本书,我班同学更是一本也没借过。我分析有两个原因：一是分数压力太大，作业永远做不完，学生们无暇顾及；二是电脑普及，好玩的游戏抢劫着他们的时间。卜校长的报告里说了，教育的根本目的是培养人才，从这个着眼点看，以上提及的现象，我以为绝对不是小问题！于是我想方设法培养学生读书的兴趣以及习惯。我向同学们建议在班级里建立一个小图书馆，每人贡献两本书，不要太厚的，内容是科普类的、哲学通俗读物、名人小传、创造发明小故事，等等。大家一致赞同，而且当即推举了两位管理员。一个星期以后，小图书馆建成了，几乎每个同学都借了书。然而，这决不等于读书的兴趣与习惯就能形成了。学生读书兴趣与习惯的真正形成，最初阶段需要采用适当的举措，甚至是硬性的规定。我研究了他们的课表，星期四作业可能比较少，请大家早做安排，星期四晚自修我去坐镇与同学们一起读书。第一天，同学们窃窃蹙蹙讲话不停。于是我站起插话，告诉同学们，读书要读到书本里边去，这样你才读有所获，读有所思，长此以往，你会不知不觉地钻进书本里去，开始形成与你大脑潜能特长相呼应的兴趣爱好，进入到一种崭新的境界，这，也许就是你未来前程的真正起点！古训有'静思'，什么灵感、脑洞大开、智慧的火花，都是静思的产物、静思的成果。所以同学们读书必须保持安静，读一本是一本，要学会专注，学会静思！就此，同学们个个保持着安静，直至晚自修结束。第二周读书时不用我说话，从头至尾始终安安静静。临近结束时，我起身对他们说：今天同学们读书安静得使我感动！这让我想起我的老师说过的一句话，'书中自有磁性在，当你被吸引了，说明你是一块能够成才的铁'，现在我把这句话转送给大家！同学们热烈鼓掌。此后，每到星期四晚自修安静地读书再也不是问题，有同学还嫌时间太短。我是教语文的，于是每两周省出一节课让他们读书，读他们自己喜欢的书。我还向他们展示从高中开始自己的几本读书随记，如对书本内容的共鸣，对作者写作手法的钦佩，抄下几句含义深刻或者描写细腻的语段,甚至对某些观点的质疑,表示不同的看法等等,都可以记下来。这样抄抄记记,对于思维习惯的养成与思维能力的提升大有益处的。我建议同学们读书的时候,旁边也能有一个本子,随时可以抄抄记记。不久,同学们都准备了本子,不时也能见到他们抄抄记记。我对同学们说决不要小看这么抄抄记记,这可是你读书经过思考的痕迹,说不定你将来的成就起点就在这里。

"有一次读书时,有位同学轻轻走到讲台边对我说,小图书馆应当扩大,因为有些想要读的书没有。快下课的时候,我把他的问题提了出来,居然好些同学也有同感。我高兴地对他们说:'太好了,这说明你们的视野开阔了,小图书馆满足不了你们的需要了,那就到学校图书馆去找,学校图书馆再满足不了你们,可以到市图书馆去查询!我们的小图书馆,只是培养你们读书习惯、激发兴趣的起跑线,前面的路程由你们秉承自己的兴趣爱好去奔跑,去探寻!同学们,兴趣爱好意会着什么?我们已经知道我们每个人的大脑里隐含着无限的潜能,而不同的人大脑潜能的特质是有所差异的,所以你们渐渐形成的兴趣爱好,或文科,或理科,或艺术等等,实质上是外界事物与你们大脑不同的潜能特质的一种内外呼应!沿着这样的路子走下去,你们的兴趣会更加浓烈,刨根究底的钻研精神必将愈趋强烈,创新意识随之而萌发涌动,你们定将有所作为,抑或大有作为!我希望,我相信,五年十年以后,你们当中一定会有响当当的冒尖人才!到那时,曾经当过你们班主任的我,脸上我有光啊!'同学们笑声和着掌声。老师们,我要说的一点说完了,谢谢大家!"老师们随即也都热烈鼓掌。

"感谢丁老师把我们说的'教育过程'的外延大大地扩展了!"卜俭熙紧接着插话,"在丁老师看来,着眼于人才的培养,'教育过程'并不仅仅局限于课堂上的四十五分钟,学校培养人才是全方位的、全天候的,应当贯穿于师生相处的全部过程之中。丁老师从调查研究中发现问题,建立班级小图书馆,坐镇陪读,循循善诱,目的是促成学生读书兴趣与习惯的养成,激励他们从书本中发现自己,以利于他们形成独特的兴趣爱好,意义深远。苏霍姆林斯基说过,'要让每一个儿童有一门特别喜爱的学科,一项着迷的课外活动,几本最喜欢反复阅读的文艺著作或科学著作。如果一个儿童十二三岁还没有出现上述几个方面明显的倾向,那么教师就应当为他们感到焦虑,就应对他们施加强有力的影响'。丁老师,你的想法与做法,与苏霍姆林斯基的主张如此吻合,你的这一切实实在在属于一个教育家的思维!丁老师,向你学习!"全场热烈鼓掌。

"谢谢卜校长的鼓励!"丁老师非常感动地说。

"丁老师,你有没有计划过些时日,班级召开一个读书体验的座谈会?"黄副校长站起身转向丁老师问。

"有这个打算。"丁老师回答。

"太好了,到时候我们配合你,一定把你班学生用心读书的体验向全校宣传、推广!"

支部书记继续主持会议:"下面我们请全校最年轻的数学组江老师发言,大家欢迎!"

江老师走上讲台,真是一副青春少女的模样,混在高三同学的队伍里,不熟悉的人还真认不出来哪位是老师呢。她开始发言:"各位老师好!在发言正题之前,我想先说一段小插曲。高中时,班上有个非常要好的同学,我俩都喜欢当教师,报考大学填写志愿表时,我希望她和我一起报考数学系,她说不,她喜欢中文。毕业后工作不久,第一次见面我问她忙吗?她说:'忙,两个班级的作文本,就是两座大山,来不及,休息天还得带回家里改。'我说:'当初你不听我的话,我两个班作业本打打√画画×,一个中午就解决了。'不过她说:'自己爱好,并不后悔。'老师们肯定听出来了,我的所谓教育过程是多么的肤浅与稚嫩!然而,我真是幸运,工作不满一年,就遇上学校开展教改试验,卜校长的报告开拓了我的视野,而老师们的发言又都是他们多年的经验融合着崭新的教育理念,既切合实际,又充满创意,让我觉得教育过程现代化的气息触手可及,催我长进。最近几周,我也在努力思考和改进。记得有位名人说过'数学是思想的体操',我的理解是数学能够使大脑的思维活跃,并且做有规律的运动。所以我想,我们的数学教学不应当仅仅是依据习题写出答案的过程,因为数学的任何哪门分支,都是研究现实世界的空间形式和数量关系的科学,非常抽象,对思维能力与思维方法的要求极高。为什么同样一道习题,不同的学生所费时间常常悬殊,有的甚至得不出答案?其根源就在于思维能力与思维方法的差异。因此,在教学过程中,教师应当竭其所能地尽量将蕴含在数与数关系之中的逻辑、推导、辨析、综合等思维方法与能力让学生有所感受,教学者持之以恒,学生的思维能力与思维方法终将能够获得或多或少或深或浅的相应提高,哪怕是一点点,那可是思想的体操,对思维能力的提高有着质的意义!

"自从聆听了学校第一次教育技艺学习交流会以后,我批改作业不再是简单的打打√画画×,而是谨慎审阅,既重视答案,也重视过程,努力分析有些学生之所以出错在思维方面的欠缺,也用心发现某些学生思考问题的周密与创意。前几周开始,每堂新课之前,我总要对上次作业的典型性问题进行讲评,从他们已经经历过的思维活动中,肯定长处,矫正谬误,借以提高他们的逻辑思维能力。有时我还在黑板上当堂出题,难度较大,鼓励同学们积极思考,引导他们运用分析、比较、推导、综合等思维方法,促进他们逻辑思维能力的累积。我举个例子说。"她转身在黑板上写了道几何题。

已知:平行四边形 $ABCD$ 中,E 是 AB 的中点,F 在 BC 上,$2CF=3BF$,连接 EF 交 BD 于 G。

求:$BG:GD$ 的值。

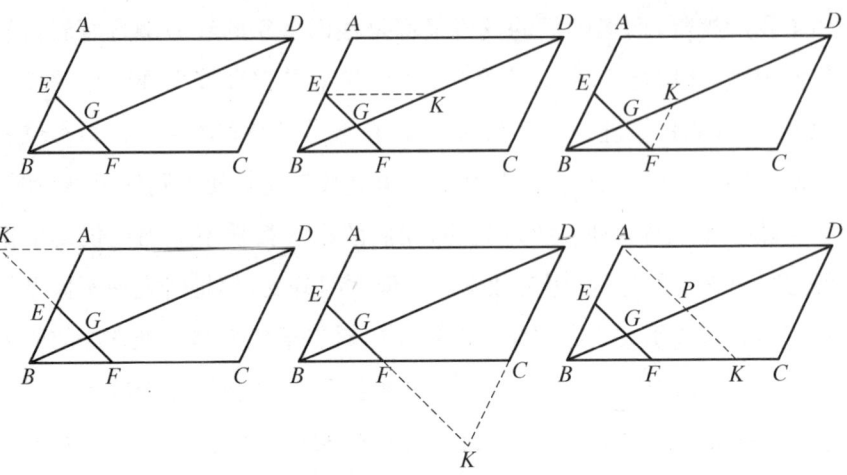

"这道题有一定难度,"汪老师继续说,"教室里肃静,我看表四分半钟过去了,没有一点声音。我启发他们说:'演绎这道习题,同学们是不是觉得已知条件太少?那就设法把蕴含的条件显露出来!'约莫过了三分钟,有同学举手说做出来了,我请他上来写在黑板上。接着有一个学生举手说他有不同的做法,我请他也上来写在黑板上。接着又有两位学生在黑板上写上了各自不同的做法。黑板上已经有四种不同的做法,而且都得出了正确的答案。我问还有不同的做法吗?没有回应。我说还有一种做法,大家想想看!过了一会儿,有个姓沈的女同学说她辅助线加好了,不知对不对,答案还没算出来。这个女同学对学好数学一向缺乏信心,甚至有点惧怕。我鼓励她上来把图画出来。简直意外,竟是她把最难发现的一条辅助线加对了。

"当这道习题的五种解法都上了黑板之后,我问大家这一切说明了什么,其中蕴含着什么道理?学生们不能一下抓住要处,倒也七嘴八舌讨论了一阵,最后我总结:① 当同学们了解了演绎这道习题的条件欠缺时,许多同学依据平行四边形的特点添加辅助线,这个方法是对路的。没有想到这一点的同学理应由此得到启发,思路要开阔。② 黑板上的五种不同解法，殊途同归，告诉我们，面对几何或者数学的其他疑难习题，答案虽然只有一个，解析与求证的方法与途径却常常不是一种，我们要善于站得高一点，展开发散性思维，灵光一闪往往就在这种多维度的思考过程中诞生。③ 这道题的五种演绎方法，最后一种是沈同学发现的，而以往她一直以为自己没有数理脑袋，缺乏自信，今天的表现说明事实并非如此。要知道，世界上不少科学家发明家他们最耀眼的成就常常不在他们最热衷的专项，而恰恰诞生在他自己也未曾预料的领域。所以我要对沈同学说'为你点赞'。我支持同学们应当要有自己特别爱好的科目，但也不必对另一些科目妄自菲薄，从而抑制了自己多方面的创造性潜能。老师们，我说的这些比起许多老师的发言还很稚嫩，不过也算是我对教学过程要实现现代化的一份努力，恭请我的师兄师姐们指教！谢谢大家！"全场给这位年轻教师同样热烈的掌声。

支部书记接下来用特别响亮的声音说："上次交流会上，大家提议请物理组翁老师也来讲讲他的教学经验与体会，现在我们就请翁老师发言，大家欢迎！"

在热烈的掌声中，翁老师双手捧着箩筐似的容器稳步走上讲台，在麦克风前，顺手将箩筐脚边一放，站起便对着话筒说："我教了22年高中物理，想不到在龙港中学被大家请到那么大的会议厅讲台上，让我谈谈我是怎样上课的，黄校长还说要我尽量展开来讲，时间不限，真是受宠若惊，受宠若惊！谢谢大家，谢谢领导！

"物理课是研究物理现象的实证学科，而生活中的物理现象比比皆是，所以带领学生学习物理，就要引导学生学会观察生活中的种种物理现象，进而学习运用物理学原理以予解释，尤其是要善用可能的条件设计实验装置，证实原理，以资激励学生勤于思考与善于动手的能力。

"有一年国庆节，我与家人去江西旅游，在一个山腰的平台上，游客们都远远地观看两个山头之间一个杂技演员正骑着自行车惊险地在钢丝上滚动,自行车下方还飘着一面红旗。两个山头之间相距何止几百米,观赏者既赞叹又担心。杂技演员终于骑到了终点,游客们拍手欢呼。我呢,早已摄下了好几张照片。待到教学相关章节时,我拿出照片让同学们议论,'真惊险''演员的眼睛一定要向前看,朝下看会头晕,甚至倒下……''倒下可不得了!''非一日之功啊',同学们七嘴八舌很热闹。我问:'那红旗有什么用处?'同学们回答'以示喜庆''增加色彩嘛'!"

"翁老师不往下说了,转身拿出一支铅笔,笔尖朝下竖在右手食指上,左手一放,笔倒下了。翁老师说:"让我们设法使它倒不下。"说着他拿出一把小折刀,打开成九十度,然后把刀尖扎进笔尖稍上方,使笔与刀连成一体,刀把垂挂在笔尖之下,这时再把笔尖顶在食指上,铅笔就竖得起来,摇晃它也不会倒了。''看起来是个小魔术,其中运用了物理学的什么原理?'我这样问,多数同学能够回答出来:这样整体的重心下移至笔尖之下,成为稳定的平衡,所以铅笔就能站立不倒了。'那么骑自行车过钢丝那下面的红旗主要起什么作用呢?'我又问,同学们恍然大悟,几乎是齐声回答:既有喜庆气氛,更是遮挡使重心下移的某种重物,这样自行车仿佛稳定地悬挂在了钢丝上,所以就不会倒了。'你们说对了!'我对同学们说,'所以呀,重心越低物体的平衡越稳定。要在地球上造一栋楼,建一座塔,或者堆放物资等使之不会倒塌,就都要懂得重心必须下移的物理学原理。'下课时,我给同学们布置一份自由作业,希望有兴趣的同学运用该原理制作一样小玩具,或者任何形式的小物件。

"隔周物理课时,收到六七件作品。比如,有一位同学模仿制作了骑自行车过钢丝。他用泡沫塑料制成骑车人与自行车,轮子下方使之凹陷架在钢丝上不致滑脱,两根细铅丝下面吊着个小布袋,还贴着小红旗,袋里是两个一元的硬币。我让他表演。他把一根足有四米的铅丝的一端缠住在窗户的把手上，一端握在手里，跨上讲台踏板，把自行车架上，逐渐举手抬高，自行车徐徐滑向窗户。同学们热烈拍手。又比如，有位同学用较为厚实的硬纸板，剪了一只鸟，嘴尖向下，尾巴对上，扑闪的翅膀向下弯折至嘴尖以下，他用手指顶着纸鸟嘴尖，稳当倒立，摇也不倒。他说两个翅膀末端藏有硬币，使重心下移至鸟嘴以下。还有一个同学用鸭蛋壳做了个不倒翁，有头有脸，推之摇呀摇，就是不倒，因为底部黏结着一个铁块，整个重心在底部。其他几种就不讲了。我中学学物理时喜欢做实验，有书上的，还有自己设计的。大学进了师大物理系，毕业当了物理老师，更加喜欢做实验，因为实验能够真实生动地验证物理学原理，不仅使学生易于理解与接受，而且具有开阔思路的功效。我还常常设计实验考同学们，引导他们运用物理学原理解释生活中的种种物理现象，培养他们敢于探索以至解决物理学方面疑难的能力与抱负。"

翁老师弯腰从箩筐里拿出一只大号塑料瓶放在讲台上，说："瓶里装满了水，瓶口是密封的，水里是一只倒扣的眼药水小瓶，瓶的上部有少量空气，就是因为这点空气，使得重力与浮力取得平衡，所以大体能够悬浮在大瓶的中上或中下部位。我问同学们：有什么办法叫这只小瓶下沉或者上浮？

"教室里绝无声响，都在开动脑筋。过了一会儿有位孔姓同学举手站起说'把塑料瓶摇摇，小瓶子就下沉了'，我请他上来试试。他捧着塑料瓶摇了几次，小瓶子只是在水里随波晃动，没上也没下。有个王姓同学突然有所发现地大声喊'我有办法了'，我说'好，你来'！他上台后，双手捧着塑料瓶，渐渐地加力挤压瓶壁，小瓶子居然缓缓地下沉了！全班同学轰动似的拍起手来。"

"现在我们在这里再来验证一下。"翁老师伸出双手也给讲台上的塑料瓶子施压，小瓶子徐徐下沉了。全场热烈鼓掌。

"让我们回到当天的课堂上。我问那位同学怎么会想到这个办法的,他回答说:'当前面的同学用双手捧着塑料瓶的时候,我忽然想起了巴斯卡定律:密闭液体上的压强能够大小不变地向各个方向传递,所以当我向塑料瓶加压时,小瓶的瓶口受到的压强是一样的,由于空气分子间的距离大于水分子间的距离,所以气体容易被压缩,加压后小瓶内空气体积缩小,浮力也就随之缩小,重力大于浮力,小瓶子就下沉了。'同学们热烈鼓掌。我也使劲地拍手表示称赞。这时我忽然想起第一个上来摇一摇的孔姓同学,我对他说:你敢于第一个上来,敢于尝试,虽然摇一摇的办法没有成功,但你用事实证明了这条路子是走不通的,这就使试验向成功的方向靠近了一步。我问他后来你还在继续想这个问题吗,他回答说'是的',我称赞他之后说,爱迪生发明电灯,失败过好几百次,也有说试验了一千零一次才终于获得了成功。这就是说,只要你敢想、敢试,每一次失败就是向成功靠近一步,最后终能成功,所以,今天你也没有失败!孔姓同学声音响亮地回应'谢谢翁老师鼓励'!"

翁老师准备继续发言,史地组的陆老师站起面向主席台大声说:"我要求插一句话!"

"可以,请!"支部书记说。

"谢谢!"陆老师回过身来说,"刚才翁老师关于与孔姓同学的一节对话,在他整个发言中,似乎是并不重要的一笔,但是我却认为它体现了翁老师教育技艺厚重的功力,生动地道出了同学们之所以喜欢翁老师的真谛,因为在任何情况下,学习状况不同的学生,总能获得他的激励与鼓动,而不是沮丧、被冷落以致丧失自信。"

"陆老师说得有道理,深刻!"全场热烈鼓掌。

"谢谢老师们的鼓励!"翁老师说,"不过就按陆老师的说法,大家给我这么热烈的掌声,那么我要把这掌声转送给全校最年轻的数学江老师,她对沈同学的鼓励,说得好听点,我们算是异曲同工,江老师你说是不是?"

"这才叫智慧互动,合作共进,我们龙港中学需要这样的好风尚!"黄副校长大声插话,全场响起更加热烈的掌声。

这是会议预想不到的一个小高潮。之后,支部书记请翁老师继续发言。

"我赞扬王姓同学成功地使小瓶子下沉,原理也解释得透彻。接着我问大家,能不能叫小瓶子上浮,有什么办法吗?全场静默片刻之后,四五个同学举手,我点了一位女生。她说把塑料瓶放在热水里,依据热胀冷缩原理,塑料瓶中水还有小瓶子里的空气都开始膨胀,因为空气的膨胀系数比水大得多,小瓶子里的空气体积增大了,其浮力也就增大了,所以小瓶子就会上浮。我问同学们:'她回答得正确不正确?''正确!''小瓶子能不能上浮?''能!'好,那就让我们来验证一下。这时忽然有位同学站起来说'不过我认为水不能太热,以防止塑料瓶变形甚至破裂'。我称赞这位同学思考周全,因为对细节的疏忽往往酿成整个实验的失败或者中断。

"因为这会儿弄热水不方便,我们就用两个电灯泡从两侧给水缓缓加热,作用是一样的。"

音响管理员给翁老师递过来两只高支光红外灯泡,翁老师将灯泡从两侧靠近塑料瓶,向管理员一点头,灯亮了。会场鸦雀无声,屏息凝视。约莫两分钟,小瓶子开始缓缓上浮,老师们兴奋地发出惊叹,兼以热烈的掌声。

"同学们,用加温可以使小瓶子上浮能给你们什么启发吗?"翁老师问。

"有!"有位同学迅速回答说,"那就是降温可以使小瓶子下沉,只是时间需要长些。"

"对!"我大声肯定这位同学,"你的思维与联想迅速而正确!"

"翁老师,你上课就像在变魔术,所以学生都喜欢听你的课!"有位老师插话。

"许多物理现象本来就是很有趣而引人遐想的。"翁老师说,"物理学是一门实证学科,我重视设计各种实验,让事实说话,使学生较能灵动地理解和掌握知识。同学们兴趣也强烈,我鼓励同学们要善于观察各种物理现象,并且也要敢于动脑筋设计实验,以验证某种物理学原理。

"有一次讲到不同的颜色吸热速度是不一样的物理原理时,我在讲台上做了这样一个实验:两个一样大的气鼓鼓的薄膜气球,其中一个涂得墨黑,中间各放置了一只相同支光的灯泡,灯泡点亮,没几分钟,黑色的泡泡先炸了。道理很简单,黑色比其他颜色吸热快。隔周,有两个同学找我说:'黑色是所有颜色的叠加,所以它吸热比其他所有颜色都快是吗?'我回答'是的'。但是他俩告诉我,他们照此原理设计了实验,结果失败了。我问他们的实验装置怎样的,他们说是大泡泡里挂个黑色的小泡泡,外侧用高支光灯泡加热,结果黑色的小泡泡没炸,大泡泡却先炸了。我夸奖他们设计巧妙。失败的原因是大小泡泡的气体比例太悬殊,大面积照射,气体的膨胀速度很快,大泡泡的气体膨胀又压迫着小泡泡,所以等不到小泡泡里的气体爆点,大泡泡自然就先炸了。'那有别的办法吗?'他俩问。'有,用集束光源直接照射小泡泡。'我说。'那就用手电筒照射,但手电筒没有热量……'我说'用激光束一定行,高热量。'他们兴奋起来:'激光束,学校里有这种仪器吗?''没有。'我没能帮助他们实现那么巧妙的设计,深感遗憾,但当我想到学生们的思考与设想超出我们自身应付能力的时候,其实特别值得以此感到欣慰,因为他们正在超越我们!"一些人拍起手来。

"翁老师,你这才是一个好老师的心态!"卜俭熙大声插话,"一个真正教育家的胸怀!"全场用掌声与之呼应。

"谢谢卜校长和老师们的鼓励!"翁老师内心十分感动。

"翁老师,我想问你一个问题,可以吗?"有位老师站起身,很恭敬地说。

"可以呀,你请说!"

"翁老师,你物理课上得那么好,每届毕业生考取一流大学物理专业的学生多吗?"

"不能说多,三四个总是有的。"

"钦佩! 钦佩!"

"老师们,我可以告诉大家,早在七八年以前,我就被自己的学生考懵过了。那年我班将由高二进入高三。有一天两个学生丁学辉和范军来找我,说他们计划做一个模拟天体运动的实验,我听了心中一怔。我们知道,任何物体做圆周运动时,都要有一个向心力,天体运动,比如地球绕着太阳做圆周运动也是如此,但是这个半径太大,人们无法直接看到它的运行轨迹,而要运用实验的形式,把这种运行轨迹模拟出来,着实是个大难题。我问他们怎么会想起这个课题的?他们回答我说,有一次偶然看见几个小孩在瓷碗中玩着一粒玻璃球。他们摇动着瓷碗,让玻璃球沿着碗壁滚动。这一下给了他们启示:我们能否在类似于碗的器皿中模拟天体运动呢?我们设想把碗的中心轴作为大行星的位置,让玻璃球在器皿中滚动,把玻璃球到中心轴的距离作为天体之间的距离,这样从正方向俯视,玻璃球走出的路径可看作是天体的运动轨迹。我首先赞扬他们丰富的想象力与符合逻辑的设想,但是我告诉他们,要正确模拟出天体运动的轨迹,小球受力情况必须能够同天体受力情况相比拟,而小球在碗壁上滚动时受的向心力显然是重力和弹力的合力,这种合力又随着小球与中心轴距离的变动而不同,这是个相当复杂的问题。他俩点点头,我预祝他们取得成功。一个多月之后,他们完成了一篇五千多字的论文,文中有十幅示意图,十几条高等数学的推导与计算。我大加赞赏,心中自有一股欣慰之情涌动。我急切把文章推荐到当年Ａ市青少年科技论文比赛,结果获得一等奖。隔年又荣获全国青少年科技论文二等奖。"全场报以热烈的掌声。

"翁老师,这两个学生现在做什么工作?"有人大声发问。

"一个据说搞航天研究,一个在中国工程院搞研究工作。"

"翁老师的教学成果值得称道,我认为他的教育理念更加值得我们细细品味和学习!"黄副校长站起身非常郑重地插话,"爱因斯坦在回答什么是教育时说,'教育就是当一个人把在学校所学全部忘光之后剩下的东西'。这剩下的东西是什么呢?我的理解是能力——思考的能力,钻研的能力,把知识转化为物质的创新的能力。卜校长的报告中也阐述过这个问题,说能力是切实有望成才的一种潜质!翁老师,今天我们才发现,你是基础教育站在高处、技艺超群的好老师,送出校门的不仅仅是合格的毕业生,而且是有望成才的好苗子!"

"黄校长,过奖了,过奖了!卜校长,老师们,我的发言就到这里,谢谢大家!"

支部书记看了看表,对卜俭熙说:"时间关系,会议只能到此为止了,卜校长最后你说几句吧!"

"谢谢老师们,两次教育技艺学习交流会,我听得很专注,很受教育,很受鼓舞!心里话,为你们的智慧闪光感到振奋、钦佩!老师们,那么多精彩的发言,我一下子还难以概括说清楚,我想我们下周的校长会议、行政会议(校长会议加各处室主任)首先要好好学习学习老师们的创新精神,然后再安排时间谈谈我们的看法,今天就到这里吧。谢谢老师们的精彩发言,祝大家周末愉快!"

会后,在卜俭熙办公室里梁雪梅对她说:"今天会议内容丰富,充满创意,说明老师们对'教育现代化的本质是教育观念与教育过程的现代化'有了更进一层的理解和认识。我一边听一边构思着我的论文,并且敲定了题目：教育必须改革,教育必将走向现代化——从龙港中学教改试验说起。要说的话很多,不过我得赶紧回去!"

"有什么急事?"卜俭熙问。

"为导师准备晚饭。"

"不是有保姆吗?"卜俭熙又问。

"回去了,老公被摩托车撞了,大腿骨折,住院开刀。"

"哦,那我们马上走,照顾导师,应该应该!"卜俭熙看着她一笑说,"何况,师生情深嘛!"

"什么意思?"

"没什么意思啊,雪梅,你怎么有点过敏……"

梁雪梅没有说话,低着头,忽然显得严肃起来。

第十五章
晚霞斜影宛若曦

　　两个人在车里没多说话,卜俭熙还不知不觉打了个盹。汽车来到东方大学大门口,梁雪梅不让再往里开,就此下车。两人握手告别时,梁雪梅说:"论文写到最后部分,将有一个重要问题与你讨论。"卜俭熙说:"好的。"

　　推开导师家的门,一无声息,导师正在书房里伏案写作。"老师,饿了吧?""不饿。你回来了!"于是梁雪梅转身去准备晚饭,可她发现为导师准备的中饭好像没吃。"老师,你写文章忘了吃中午饭?""吃过了,吃了一点点。""是我烧得味道不好?""不是,没胃口,不想吃……"

　　梁雪梅走过去看了看他的脸色,有点泛红,再摸了摸他的额头:"好像有热度。"梁雪梅知道体温表在哪里,马上拿来让导师含在嘴里,过一会儿一看6分热度。怎么办呢,学校医院已经下班。"家里有退烧药吗?"梁雪梅问。"有。"导师回答。于是梁雪梅倒开水,早上她烧的,现在已经不怎么热,只得勉强让导师先吃了药。转身梁雪梅特意为导师熬了点粥,可导师只吃了半碗,就说吃不下了。"那就去沙发里好好休息休息,要多喝开水。"安顿好导师在沙发里坐定,立即先去烧半壶开水。在送过去开水时,梁雪梅说:"老师,今天就不要再写了,早点睡觉!""不行,下星期一两节课的讲稿还有一部分没完成呢。""不行!"梁雪梅语调坚决,"你已经在发烧,再要升高又要伤着肺了!写讲稿明天再说!"导师点头默认。

梁雪梅草草吃完晚饭,收拾好厨房,灌满两瓶开水,转身安排导师睡觉。导师躺下后对梁雪梅说:"你也累了,早点回去休息吧!"梁雪梅说:"今天我不回去了,半夜还要给您量一次体温,服药……""那你睡……""我睡小间程阿姨床铺。""那怎么行?""有什么不行的,程阿姨健健康康清清爽爽的,没事,我睡得着。"

但是,梁雪梅躺着却一直睡不着,倒不是因为程阿姨的床,而是那天她电话里的最后那句话,愈加缭绕她理还乱的思绪。她的导师,治学严谨,指引她成为硕士及至博士,是她的恩师。他品德高尚,性格随和。虽然虚岁已过七十,倒也不显老态,只是因为身材颇高,后背微微佝偻。他生活简朴,似乎只以吃饱穿暖为满足。唯一的癖好是看书、研究,甚至熬夜写作。当她知道他几年来食堂吃一顿带两顿的单身生活时,顿觉心头一阵酸楚。梁雪梅想,这样的学者、专家理应有人照顾伺候才是。而她对导师,从来充满崇敬感恩之心,未尝有过爱慕之情,即使当自己离异之后。程阿姨的一句话,确也撩拨了她的心弦。回想少年青年,读大学,当教师,仿佛就是昨天之事,如今读研读博,已经五十好几,不久将去教育局任职,少不了忙忙碌碌,七老八十还不是一转眼的工夫。儿子结婚生子,有家有业,将来孤老太一个……想着想着迷迷糊糊睡过去了。

一觉醒来,忙看手表,一点半。赶紧穿衣起床,去看看老师怎样了。一开灯,老师也睁开眼,梁雪梅问"睡得好吗",回答说"好"。一量体温,"没有升高,下来了一点",梁雪梅说着,扶他坐起,再喂他吃了一粒药,然后让他睡下,掖好被子,自己再去睡觉。

第二天早晨起床,梁雪梅第一件事情就是给导师量体温,好,正常了。于是烧了热水,安排好导师洗漱,就去食堂买了早点。退了烧,导师胃口尚可,一个包子一根油条外加一碗豆浆,吃得还爽气。

早餐吃完料理好，梁雪梅转身去买菜。在路上接到程阿姨电话："梁老师,这会儿你在哪里?"梁雪梅说:"去超市买菜。昨晚老师发烧,我担心他夜里体温升高,没回去,睡在你的床上……"程阿姨说:"你睡我的床上……"梁雪梅说:"对不起,没跟你打招呼……"程阿姨说:"不是! 我是说,哦,昨天老先生有寒热……我是说,多好的老师和学生,如今各自缺一半,你们两个,就一起过吧!"梁雪梅说:"程阿姨,你上次电话里没说完的话,是不是就是这个意思?"程阿姨突然心脏蹦蹦跳,说:"对不起,你生气了吗?"梁雪梅说:"那倒不是,可害得我半夜没睡好!"乖巧的程阿姨说:"那就是说,我说的还在理上……"梁雪梅没有声音,好像有点羞于说话似的,程阿姨继续说,"你们大城市的人比较开通,不过如今乡下人也不比以前了,去年我们镇上还举行过一个孤寡老人相亲会,大红横幅上写着'老来有个伴,夕阳不下山!'"想不到梁雪梅竟然吐词有些含糊地说:"你哪知道老先生是怎么想的?"聪明的程阿姨终于感觉到梁雪梅的心里也曾想到过这个问题,于是说:"这个,有机会,我会……"梁雪梅听到这里把电话挂了。

梁雪梅买菜回来,正听见导师在书房里接电话:"哎哎,不可以,不可以……"导师知道梁雪梅回来了,故意放低了声音,接着较长时间在听。梁雪梅轻手轻脚地坐到离书房门近些的餐桌上捡菠菜。"他是我的学生……"接着又是对方讲得多。"我怕会有闲话的……"对方又是说了不少,一个大教授忽然变成了听话的小学生。"人家年轻,你知道她是怎么想的……你知道! 啊……我自己去问? ……喂,喂喂! 怎么挂了……"

过了好一会儿,老先生走出书房来到餐桌旁。"梁雪梅,真是辛苦你了!"说着他也欲插手捡菠菜。"老师你不要动,就那么一点了,省得脏了你的手,你坐下歇歇,我给你泡杯茶!"梁雪梅转身从他的写字台上拿来了茶杯,边续开水边很随意地说:"刚才是谁的电话?"

"噢,说起电话,我倒忘了告诉你,"导师说,"教育局人事处洪处长打来电话,说受崔书记委托,今天下午有事来与我联系。"

"就是刚才那电话?"梁雪梅顺势问。

"那不是,刚才电话是程阿姨打来的。"

"程阿姨打电话给你,有什么事啊?"

"这个程阿姨真会说话,滔滔不绝……"

"滔滔不绝,这个程阿姨是很会说话……"梁雪梅话语含含糊糊的。

"其实,也没说什么……"

"滔滔不绝,怎么什么也没有说?"梁雪梅心里有数,第一次面对她的导师故作惊讶。

"她说了,她说她知道,让我问你……"

"知道什么啦,那你问呀!"梁雪梅简直暗笑,在这之前,她在导师面前向来唯言是从,纯属一个好好学生,而眼下她简直是在逗耍他,自己心里那种若有若无的微妙感觉,少女般地期待导师说出来。

仿佛这是通例,那些潜心于科学研究、创新发明的专家学者们,什么学术交流、原理阐释,讲起话来那是洋洋洒洒、行云流水,然而谈起恋爱来,却常常启齿艰难,语塞木讷。不过梁雪梅的导师却避其所短,别具一格。他从口袋里摸出一张比香烟盒稍大的纸片递给梁雪梅,说:"这是我刚刚写的。"纸片上是一首诗,《晚霞斜影宛若曦》:

> 耄耋孤鳏求伴侣,
> 冷暖相知犹可依。
> 夕阳下山尚有时,
> 晚霞斜影宛若曦。

"很有韵味!怎么会想起写诗的?"

"送给你的!"

"送给我的?!"梁雪梅又轻声诵读一边,颇显初恋时的那种羞怯,以致声调也变了说,"那么说,你被程阿姨……"

"这是怎么也意想不到的福从天降啊!"导师以深情又爽朗的声调回应。

梁雪梅竟然突地两颊泛红,不知所措。终于,她伸过去右手,导师也伸出右手迎过去,两手相握。梁雪梅再加上一只左手,导师也跟着再把左手覆盖上去,四只手紧紧抱团。

"老师,'晚霞斜影宛若曦',我深信,我们将有一个和睦温馨的后半生!"梁雪梅说时没有笑容,然而表情极其深沉。

"当然!当然!"导师应答铿锵,紧接着却只是呆呆地凝望着她,片刻的静默之后终于说,"梁雪梅,以后我叫你就把梁字去了,就叫你'雪梅',家里人嘛,你也再不要叫我'老师'了!"

"那我怎么称呼你呀?"梁雪梅问。

"老爷子、老头,'哎'唤一声也行……"

梁雪梅咯咯笑出声来,导师也返老还童似的傻笑了一阵。

午饭之后,梁雪梅回宿舍写论文去了,说在那里注意力比较能够集中。傍晚回来时老先生告诉她,教育局洪处长来过了,说是局里为了加强对教育的重视与领导,决定八方聘请专家学者和富有实践经验与创新精神的老校长、老教师,组建教育局自己的智库。他代表崔书记特来征询他的意见,希望他能接受聘任。"你同意了吗?"梁雪梅问。"承蒙器重,能够再为教育出点力,我当然同意啰!雪梅,你说呢?"老先生问。"我支持你,老头!"老先生哈哈地笑着说:"嗨,我就知道你我会想到一块儿的!"

梁雪梅正在灶头边操弄晚饭,老先生轻轻走过去说:"要我帮着做点什么吗?""不用不用,就这点事儿,你回书房做你自己的事情吧!"

梁雪梅说完心里想,老先生真还用着心思制造点和睦温馨的气氛哩。

晚饭之后,梁雪梅收拾收拾准备回宿舍,老先生说:"不就住下了吗?"

"不!"梁雪梅很认真地说,"我们俩成一家,总要向自己的子女告知,征得他们的赞同。还有,总得选个适当的时日,至少应当在我论文完成并且被你们通过之后。我们自然无需渲染张扬,但总得约请几个上级、你我的亲朋好友聚一桌,也算是一种仪式吧!"

"说得也是,说得也是!"老先生说着,连连点头。

回到自己的宿舍,刚刚打开电脑,电话铃响了。"喂……是程阿姨?""是我,梁老师,怎么样,老先生找过你了吗?""找过!说你很会说话,滔滔不绝……""我们乡下人只会啰哩啰唆说大实话……""我们谢谢你!大媒人!""哈哈,成了!我是两个大知识分子的大媒人,哈哈哈!那么什么时候办喜事?""老头老太了,不讲究了。至少待我把文章写好,然后定个时日,约请几个亲朋好友聚一桌,就算是过堂了。""你把文章写好还要多少时间?""一两个星期吧。""好,好!我老公拄着两根拐杖,已经能够屋里屋外走动了,再有个把礼拜,我可以过来了,为你们张罗、贺喜!""太好了,程阿姨!""梁老师,我早就想过,你有心照顾老先生,可是将来去了教育局工作,早早晚晚你哪里顾得上。小房间仍然让给我,你们干你们的大事业,我保证把你们两个大知识分子伺候得好好的!""太好了!程阿姨,我们聚一桌,也少不了你这个大媒人啊,我们等着你!"

梁雪梅的论文进入最后阶段,她拨通了卜俭熙的电话,说希望尽快见面,有问题请教。她们商定,周日下午老地方咖啡馆碰头。

"俭熙,你记得上次分别时,我说过论文写到结尾部分有个问题要与你讨论?"刚进咖啡馆梁雪梅先开口说。

"记得记得,不过你没说是什么问题。"

"学年结束,你们总得召开个家长会,并且颁发学生的成绩报告单吧,我想如果仍然只是几个分数以及几句简短的评语,家长们是很难体会到你们这次教改试验的目标和意义的,我想这方面也得有点改革的气息,我的文章也正等着你们的这个结尾呢!"

"雪梅,我们总能想到一起,"卜俭熙为她们两个人的思路总是那么投缘感到高兴,继续说,"告诉你,我们校长会议为这个问题已经讨论过两次,我正在梳理。"

"那好啊,我就等着你们的结论呢。"

卜俭熙告诉她,引发他们讨论这个问题还有个故事呢。事情发生在去年学年结束时的家长会上。科技城的家长什么教授副教授研究员副研究员高级工程师还有各级领导等精英层面的人物特多,对孩子的读书也很关心,七点不到,各个教室都已经坐满了家长。照例这种会由班主任主持。高二某班班主任面对家长先表扬了班上有两个同学各门功课总平均分在90分以上,85分以上四个,80分以上五个,然而班级大部分同学的成绩却差强人意,甚至还有不能及格的。下学期就进入高三了,这是攸关前途的关键之年啊,希望得到家长们的大力配合!有个家长问:"老师,我们作为家长怎么配合呀?"

"比如,督促督促你们的孩子千万不能放松,尤其不能让他们关在小房间里玩电脑!"班主任说。

"玩电脑!他们哪里敢?一则,家长们都要管;再则,他们根本没有时间,天天作业做到十一二点钟还做不完!"另一个家长升高了调门说。

"这是没有办法的,要考大学就得多做作业,拼分数。"班主任一脸严肃,"我跟同学们说,他们当下的时间一寸光阴何止一寸金,一分半分之差,千人百人之下,我们不能不给孩子们施加点压力呀!"

"压力,压力!现在的学生压得够苦了,我的女儿在家里说不上几句话,一放下饭碗就做作业,最近一两年,从没见她有过笑脸,你们还要用分数给她们加压力!"

"你这位家长这么说可不大合适吧?这是我们的职责呀!"

"你们的职责就是从学生身上压出分数来?可你们知不知道学生们被分数压得喘不过气来,反而丧失了信心!"又一个家长说。

"怎么能这样说呢?"班主任觉得很委屈。

"怎么不能这样说?"一位很显干练的女家长说,"就说今天家长会,一开始你表扬了五六个高分的学生,还说大部分学生的成绩差强人意,不说学生,就连我们大部分家长能不压力重重,甚至丧失信心吗?"

"老师,别怪我说话不客气,"有个身上穿着工作服的中年偏上的男子话语不太顺畅地说,"这样的老师算不算有道德?你们一只手用分数压学生,一只手往我们家长口袋里掏钱……"

"你这位家长说话太出格了吧,我想不出我们的老师会做出这样的事情!"

"你想不出,有人做得出!你们有老师亲口对学生说,星期六晚上的补课一定要来,有些重要内容课堂上没讲,你不来要吃亏的!"

"你这位家长,说话要负责的!"班主任提高了声调。

"我当然负责!"那家长声调更高,并且说时还拍着自己的胸脯。

激烈的争论在整个走廊里回响,于是有人把校长请了过来。

"欢迎家长们对我们学校的工作,多多提出宝贵的批评和建议!"校长一进门很客气地对大家说。

"校长,你们搞教育也不容易,"站起说话的显然是一位资历不浅的家长,"几十年来,学校老是在分数里转,计算着百分之多少考取了大学,这哪里是培养人才?国家需要的人才是多方面的,只讲分数,只讲升大学,这是多么狭隘的人才观!你们也一直在喊教育要改革,我看首先要改变观念!刚才与班主任争论起来的家长是我的老同学,当年高考我比他多了几分,读了大学,他读了中专。可现在他是龙港实验工厂的骨干，什么发明创新都有他的份，是个名副其实的人才！"

"对！你这位家长说得对，教育必须改革！"校长忽然换了一种语调说，"可是，改革，真是难啊！"

故事戛然而止。卜俭熙对梁雪梅说："我打算将这个故事以《记一次家长会》为名打印复制，在家长会之前召开全体班主任会议，当场人手一份，请大家评议。这个会我想请方副校长和学生处主任召集主持，学校教改试验已经大半个学期，大会小会开过不少，老师们观念有所更新，班主任们也各有体会。一定要提高学期评语的撰写质量，首先是体现教改精神，针对具体学生，发现优点与长处，以表扬鼓励为主。竭力避免内容概念化，缺乏针对性，语言生硬，达不到对学生鼓舞信心与启示未来的作用。"

"俭熙，听你说起过，要对高三毕业班的成绩报告单进行改革，现在考虑得怎样了？"梁雪梅问。

"雪梅，这是我们改革体系中的一环，但这桩事情并不简单，涉及多方面的关系，校长会议专门研究这个问题。原先考虑高三毕业班成绩报单试验用'毕业鉴定'，后来想到马上涉及高考，不妥。最后决定今年高二试行'毕业鉴定'，要点是两个：一，把毕业班学生的品德、特长、潜质、创造性精神以及成果，实事求是地写透，需要的话还应附上有关材料、照片等；二，各科学习成绩分为甲、乙、丙、丁四个等级，至于四个等级之间的分数段如何确定，是一个需要细致研究的难题。其真正意图是希望高校录取新生时无需在并无实质意义的有限分数之间做取舍，而对品格为人、才能潜质、创新精神等方面增添分量。这样的话，高三班主任要收集众多材料，当然要忙些。不过一定要实事求是，校长要逐个审核，最后还必须签上大名。我们的意图是，对上一级学校招收新生以分数为绝对界限的弊端有所启示，进而改变基础教育老是缠绕在分数的顽疾之中。"

"高见!"梁雪梅竖起了两个大拇指,"你的这个试行'毕业鉴定',我相信不仅对你们的在校学生具有显著的引导作用,而且对上一级学校招收新生也将产生积极的影响,甚至将深刻地颠覆学生、教师,以及家长们的思维定式!"

"谢谢鼓励,我可不敢奢望!"

"俭熙,我才应该谢谢你!"

"为什么?"

"你让我的论文有了充实的内容,今天的交谈,又使我论文的结尾有了亮点!"

"别亮点不亮点了!我们的设想上级会批准吗?抑或有人基本赞同愿意出力加以修改补充吗?高校招生能不能接受?"

"成事总会有个过程。"梁雪梅语调略显深沉地说,"真理常常会迟到,但它终将现身,放出光芒!"

"面对大海,一滴水珠算得了什么?我虽然自信,但一点也不乐观。"

"卜俭熙,你有理由自信!反正我站在你这边!"

"谢谢!"说完,卜俭熙仰脖一口喝完了杯子里的咖啡,准备起身。

"请等一下,我有事情告诉你!"

"什么事?"

"喜事!"

"什么喜事?"

"我要结婚了!"

"恭喜恭喜!你早该重新找一个了,过往的不幸,到下半辈子去寻求补偿!"卜俭熙笑嘻嘻地问,"新郎是谁?"

"一个老头。"

"老夫少妻,当下时兴着呢!"

"老头,你知道是谁?"梁雪梅反问。

"你说呀!"

"我的导师,他现在叫我称他老头。"

"啊!是他?"卜俭熙着实吃了一惊,"我想过你应当再找一个,可就是没想到过他。"

"实话对你说,我也没想到过他,只在知道他单身食堂吃一顿带两顿已经几年,顿感一股怜悯之情涌动,觉得这样的专家应当有人照料才是。俭熙,我们女人是不是都犯贱,好像有个丈夫去照顾才感慰藉!"

"那么你们谁先开的口?"

"谁也没开过口。"

"这倒神了?"卜俭熙哈哈笑着说,"师生情深嘛,早就秋波频送,灵犀相通!"

"你就别瞎猜了,告诉你吧,真正挑动和撮合我们俩的是程阿姨!"

"啊?程阿姨是你们的大媒人!"

"这个程阿姨绝顶聪明,会说话又机灵,先后给我们俩各打了个电话,就让我们牵手了!"

"太好了,太好了!准备什么时候办喜事?"

"待我论文完成,并且获得通过,那时程阿姨也从乡下回来了。"

"好,程阿姨回来我就找她,这桩喜事由我们两个为你们操办!"

"啊呀,老头老太了,无须张扬,聚几个亲朋好友打个招呼就算过堂了。"

"知道知道,你不用操心,我们会把握好的。"

第十六章
一辆警车把裘沅从教室里接走

上午八点过后,英语系三年级正在阶梯教室上大课。八点四十分,一辆警车突然在教室门口停下,学院保卫科长从车里走出来,径直走进教室,在授课老师耳边轻声说了几句,授课老师紧接着大声问:"裘沅同学在吗?"裘沅举手回答:"在。"授课老师说:"请你出去一下,有人找!"

裘沅木然又忐忑地离开座位,通过过道,走出了教室。一位女警员拉开警车后座门。"为什么?"裘沅问。"你先请入座!"女警员说着,以手示意。"我犯了什么法吗?"裘沅有些激动。"请你不要激动,我们是执行公务。"女警员话语很平和。

教室里靠近窗口的许多同学看得清清楚楚,虽然没听清他们之间的说话。警车开动了,保卫科长挥手送别。教室里议论纷纷好一阵才继续上课。

警车响着警笛,一路高速直开 A 市公安局。下了车,裘沅默默地随着女警员,她脚步急促,裘沅加快频率紧跟。刚跨进大楼,那边迎过来一位魁梧的警官。

"这是我们局长。"女警员说。

"你是裘沅?"局长问。

"是的。"裘沅回答。

"裘谷平是你的父亲?"局长又问。

"是的。"裘沅再回答。

接着局长转向女警员说:"抓紧时间,你们马上过去!"

"是!"

于是女警员领着裘沅来到一个小间,墙壁上装有大屏幕,对着屏幕放有几把椅子,裘沅实在憋不住,问:"你们找我来到底有什么事?"

"你先请坐,注意看屏幕。"女警员说。

裘沅坐定,紧盯屏幕。女警员戴上耳机,说:"打开!"

"啊!这不是我的家吗?"裘沅诧异地问。

"不错,是你的家。"女警员说。

"正对我的家,一直有摄像头,这怎么可以?"裘沅颇有些责问的语气。

"临时的,我们来学院接你的时候,才装上的。"

"为什么?"

"等一会儿你就知道了。"

裘沅再也没有说话,一直紧盯着屏幕,时不时看看手表。她心里十分焦急,倒也不怎么紧张,因为她信任公安局。她猜想一定是家里进了小偷,敲门怕他跳窗户。不过小偷,公安局抓住了再与我们联系也不迟,为什么还特地用警车接我过来直观现场?

就在这时,门终于缓缓地被拉开了,走出来一个人。

"啊!是他!"裘沅惊叫起来,"怎么会是他,海归博士!"

说时迟那时快,两个警察刷地闪将过来,拗住了他的两臂,锁上了镣铐。接着一个警察从他西装内侧口袋里掏出一个麻将牌大小的薄薄的小方块,特意伸向镜头翻来转去停了刹那,"这是微型照相机",女警员解释。还有一位警察从另一只口袋里掏出两个狭长小盒子,也伸向镜头,"这两个是U盘",女警员解释。

裘沉难以置信,心脏怦怦剧跳。海归博士被押走了,屏幕上的图像消失了。"摄像头卸掉了。"女警员说着,起身把裘沉领到一间小型会客室,局长正等在那儿。

"你俩请坐!"局长打着手势示意,待两位坐定之后继续说:"都看清楚了?"

"他是间谍?"裘沉问。

局长点点头,说:"华裔美籍。他一踏上中国的土地,我们就注意他了,他的真正目标是打探你父亲的科研项目,而早有预谋的是,他认定你可以是他的跳板。"

"局长,想想真是后怕,我犯下了大错误……"裘沉战战兢兢地说,心里想,昨天傍晚海归博士问她怎么没回去为父亲准备晚饭,她对他说父亲近些天吃住都在单位里,实验正在关键阶段,这不是给了他信息,才使他今天上午敢于破门而入。

"这怪不得你,你也在他们的视野范围里,因而你也是我们的保护对象。"

"那么他主动靠近我,你们也都注意到了。"裘沉问。

"基本了解。"

"那你们为什么不早点把他抓起来?"

"抓人是要有证据的,尤其是外国间谍,没有确凿的证据,那可要惹出外交麻烦的。"

"重要机密我爸从来不放在家里,他拿不到什么有价值的东西的。"裘沉说。

"间谍都是经过专业培训的高手,他们可以从书架上的书籍,电脑里收集的资料,甚至是小纸条上一道数学计算题,推断出研究的类别,当下正处于什么阶段。"局长说。

"这么厉害,谢谢你们保卫了我爸的研究项目,为国家守住了机

第十六章 一辆警车把裘沉从教室里接走

密!"裘沅很受感动。

"这是我们的职责嘛。"局长说,"裘沅同学,公安局不是留客之地,我们马上派车送你回学校。不过务必请你给你妈打个电话,叫她明后两天不要回家,我们的有关人员对你们家所有物件都要进行检测,你爸那里你们不用操心。"

"谢谢局长!"

在送裘沅上车途中,女警员对裘沅说:"我姓徐,局长办公室主任,我给你手机号码,有事可以直接联系。"

"谢谢你,徐主任。"两人紧紧握手。

来到警车旁,徐主任先让裘沅入座,然后自己也坐了进去。裘沅说:"徐主任,你们很忙,就不必……""不,我应当送你回学院。"

警车拐进学院大门,一直开到裘沅宿舍门口,其时正是午餐时间,来来往往的学生很多,司机长长按响喇叭,仿佛有意要引起人群驻足关注,致使寝室里的同学也推窗探望。车停稳之后,徐主任先下车,然后裘沅也下了车。两个人就在车门口紧紧握手,说着"再见"告别。裘沅很敏感以上细节,想必都是徐主任的用心谋划,借以消除上午裘沅从课堂上被警车接走可能引起的种种猜测和议论。

小柯正准备去午餐,裘沅推门进去,两个人既惊又喜,几乎同声激动地说:"裘沅啊,你回来啦,没啥事吧?"裘沅神态平常地回答:"没事,肚子饿了,吃饭去!"

三个人午餐来去,一路无语,明显反常。回到寝室,小柯把裘沅的课业用品递给她:"走的时候那么急,什么东西都没拿。""谢谢你们,我的好姐妹!"裘沅心里清楚,保卫科长从课堂上把她叫出去,然后警车接走,怎么可能什么事也没有呢?不把事情透露给她们,我在她们心里就如云雾里的月亮时隐时现,永远是个谜团,往日相互信赖亲如姊妹的纯净友谊将不复存在,这样的日子是三个人都难以忍受的。

"被警车接去公安局,没啥事,你们信吗?"裘沅终于说。

王莉和小柯面面相觑,没说话。

"告诉你们吧,让你们说着了,我撞车了!"

"怎么啦?"

"海归博士是间谍,被捕了。"

"裘沅,你可别吓着我们!"王莉和小柯不敢相信。

"公安局专门派警车来接我,为的是让我去他们的监控室里观看逮捕他的直播。好了,我只能说到这里,我的好姐妹,你们就当我什么也没说过,谢谢啦。"

"知道,我们什么也没听见!"王莉和小柯几乎同时这样说。

接下来谁也不说话,寝室里出奇地安静,时间显得漫漫冗长。其实,三个人脑海里都在波涛翻腾。王莉想,恋爱的姑娘总自信把握得住,直觉敏锐,见微能知著,其实,什么漂亮啊,帅气啊,再遇上甜言蜜语的小计谋,早已晕乎乎的没了方向;小柯后悔那天硬把她拉去跳舞,不然,以后的事情就不会发生;裘沅自然想得最多,也最剧烈:一切都被他玩弄于掌心之中,要是真的跟着他去了美国,逃不脱陷进他们的圈子,怨天尤人呼爹唤娘都为时已晚,她这一辈子才刚刚开始的人生,不敢想象将以什么样的结局给毁了!万幸万幸,她无限感激公安局同志的拯救之恩!而她深感愧疚最没脸面对的人是胡兴兴……

两天期满的那晚,裘沅接到公安局办公室徐主任的电话,告诉她所有一切都已检测过,没问题,你们放心好了。你爸的书房也看不出有杂乱的迹象,他们是有这种本事的,进来时是什么样子,离开时可以整治得纹丝不变。所以局长关照,假如你爸没有发现什么疑问,你们也就不要主动向他提及这件事情,免得他老人家气恼心烦,有碍工作与健康。

周末下午,裘沅早早地回家,扫地抹桌,准备晚餐。那天离开公安局时,局长关照一定要给她妈打个电话。她妈校长上任至今从来都是周末才回家的,她曾想不去惊动她,忽一想,万一她来市区开会顺便有什么事到家里歇脚呢,这个电话是不敢不打的。卜俭熙接了电话之后的几天里,心里一直挂着烦闷的心事,所以今天回来得特别早,一进门就急切地问:"裘沅,两天不能回家,你这个电话是什么意思啊?"裘沅牵着她妈的双手,边说"妈你别急",边把妈拉到沙发上一起坐下,然后把被警车接去公安局看直播,以及局长的谈话与关照,详尽地复述了一遍。

"丫头,你呀,差一点闯下大祸了!"

"妈,我还差一点被他骗到美国去,想想真是后怕、恐怖……"

"啊!怎么回事?"

"他知道你和爸都并不欢迎他,于是他骗我说今年暑假,要为我弄到全额奖学金的录取通知书,去美国名校读研,毕业回来买房买车,还说你们一定会高兴的……"

"险呐!"卜俭熙惊出一身冷汗,"丫头,你要是真的跟他去了美国,就是跌进了他们的陷阱,到那时,呼天唤地谁能应,不听从他们摆布,掐死你就如拍了一只苍蝇,连尸体也别想找得着,你的一生就彻底被毁了!"

"妈——"裘沅"哇"的一声扑入妈的怀里,大哭起来,"妈,你说找对象主要看人品,我以为这不过是老生常谈,爸说这个人他不能接受我也听不进去,我被漂亮啊帅气啊迷了心窍,这个教训,我终身铭记!"

卜俭熙双手捧着女儿的肩膀,两人面对面,母亲边为女儿拭着眼泪边说:"丫头,你这叫长记性了!妈相信你,让乌云早点过去,吃一堑长一智,但愿你以后的路走得好,走得稳!"

裘沅深深地频频点着头。不过卜俭熙了解女儿,如此突如其来的重大打击,她的心绪势必烦乱如麻,短时间内难以平复,然而母亲相信,当下她对自己的责备远多于对那个华裔美籍间谍的愤恨。

当晚,卜俭熙本能似的急着要把这个消息告诉梁雪梅。裘沅在家,就发了条短信:"女儿在家,通话不便,裘沅与那博士断了。""断了?"梁雪梅弄不明白,是一时联系不上,还是别的什么蹊跷?于是回短信说:"什么意思?不明白。"卜俭熙再发短信:"一句两句说不清,明天找机会给你电话。"

星期天,母亲觉得责怪或者鼓励的话似乎已经多余,女儿虽然想得很多,但也觉得没有什么再要向母亲询问或者诉说的了,整个一天母女俩说不上几句话。午饭之后,裘沅觉得与其在家犯闷,还不如回学校,姐妹们在,随便聊聊舒缓心情,哪怕就一个人也自在些。于是她对母亲说学校里还有功课要做,转身便回学校去了。

裘沅一走,卜俭熙立即拨通了梁雪梅的电话:"雪梅,我告诉你……"梁雪梅截断话头说:"现在不行!我的论文评审组成员都已看过,在最后评定之前,必须有一次答辩,上班时间他们不容易聚得全,今天下午他们加班,答辩马上就要开始。晚上我给你电话。"

答辩结束不一会儿,梁雪梅的手机响了,她以为是卜俭熙,打开电话就说:"你倒是信息灵通,答辩刚刚结束……"电话那头回说:"不是,梁老师,我是程阿姨,我后天就能回来了!"梁雪梅兴奋地说:"欢迎欢迎!你丈夫的腿好了?"程阿姨回说:"好着呢,撑着拐杖到处走。"

听完电话,梁雪梅就回去准备晚饭。半个小时许,导师他们的会议结束了,回到家有关评审的话他没说一句,梁雪梅也没发一声相关的话语,只是告诉他程阿姨后天就要回来了。导师一听异常高兴:"太好了!这下你可以省点力了,不,你可以把时间用在你热衷的事业上了!"梁雪梅问:"老头,你这话是什么意思?"导师回答:"什么意思么,我也不大清楚,反正你很快会知道的,肯定比我还清楚!"

用过晚餐,收拾完毕,梁雪梅就回宿舍去了。还未坐定先拨通了卜俭熙的电话。卜俭熙一看是梁雪梅,就先开口:"雪梅,总算等到你的电话了,今天整个下午我好像只有一件事,就是等你的电话!"梁雪梅说:"到底出了什么事,那么焦虑?俭熙,别急,请你慢慢讲清楚!"于是卜俭熙把女儿的话大体复述了一遍。"险呐,险呐!俭熙,你真是捡回一个女儿啊!庆幸,庆幸!她现在的情绪怎么样?"卜俭熙说:"抱着我大哭了一场,后来呆坐在房间里,我体会她满脑子是悔恨与懊恼!"梁雪梅轻声问:"她提起过兴兴吗?"卜俭熙说:"没有,我倒想问的,后来一想,还是缓缓再说。"梁雪梅紧接着说:"对对,缓缓再说。"卜俭熙问:"胡兴兴最近情况怎么样?"梁雪梅说:"身体正常,但是寡言少语,最令我感到揪心的是,难得看见他的笑容……"卜俭熙说:"都是我们家裘沉惹的!"梁雪梅说:"俭熙,可不能这么说!"卜俭熙说:"现在情况变了,雪梅,我相信他俩的缘分还在,你回去不妨透露点信息,探探兴兴的口风。"梁雪梅想了想说:"我会的。"

前些日子,因为撰写论文,加上照顾导师,梁雪梅休息日很少回家,儿子宿舍有同学作伴倒也自在。今天周末胡兴兴接到电话,妈要他回家吃晚饭。"你不是要照顾导师吗?"胡兴兴说。"已经安排好了,你回来,妈有话跟你说。"

胡兴兴回到家一进门便问:"妈,你有什么重要的话,电话里不能说?"

"几个星期没见你了,妈想看看你!"梁雪梅说着,仍在厨房里忙。

"打个电话不就是了,"兴兴边说边走进厨房,"你看,我不是好好的嘛!"

"兴兴,好久不尝海鲜了吧,今天妈买了条大鲳鱼,犒劳犒劳你!"梁雪梅把鲳鱼翻了个身,油锅里发出毕毕剥剥的响声,随即又洒上一圈黄酒,一股青烟带着令人馋涎欲滴的浓重香味弥散开来。"好香!"胡兴兴深吸一口气说。

"去洗洗手,喝口水,准备吃饭。"他妈说。

开始吃晚饭了,梁雪梅特意用一种平常的语气对儿子说:"兴兴,告诉你一桩你怎么也想不到的事情,裘沅跟那个海归博士的关系断了……"

"怎么啦?失去联系了?"胡兴兴的语气并不显得怎么异常,但停止了咀嚼,直愣愣地望着他妈。

"不是,那海归博士是美国间谍,被公安局抓起来了!"

"真的?妈,你说的是真的?"兴兴顿感诧异,两眼发呆似的盯着他妈。

"当然是真的,这种事情怎么可以瞎说?"

"是俭熙阿姨告诉你的?"

"是的。这个博士间谍的真正目标是裘沅她爸的研究课题,而之所以来到外国语学院,是认准了裘沅作为跳板。"

"对裘沅,那是一场极其可怕的噩梦啊!"

"是啊,虽然已经知道了结局,但想想,我的手心里仍然会为她捏着一把汗呢。"

"那么事情与裘沅有什么牵连吗?"胡兴兴有点紧张地问。

"没有。那博士间谍一踏上中国的土地,就被严密监视了,裘沅全家都是公安局的保护对象。"

"哦。"胡兴兴明显地松了一口气,"现在裘沅的情绪怎么样?"

"变了,寡言少语,没有笑容。她妈说她满脑子是悔恨、懊恼……"

"庆幸!"胡兴兴似乎情绪高涨了起来,"裘沅应当庆幸才是!"

晚饭后,胡兴兴在自己的房间里悄悄给裘沅挂电话。接通以后,对方说:"喂,哪一位……喂,你是哪一位?哦,是胡兴兴啊!好久没听你说话,一下没听出来,不好意思,你好吗?"胡兴兴说:"我嘛,还是老样子,你怎么样?"裘沅说:"我嘛……你……知道什么啦?"胡兴兴说:"我

第十六章 一辆警车把裘沅从教室里接走

都知道了。"裘沅说:"那你是不是在笑话我？我对不起你!"胡兴兴说:"说什么呀,怎么会呢？我为你庆幸,庆幸!"这时王莉与小柯推门进来,裘沅说:"我的室友回来了。"说完便把电话关了。

"是胡兴兴的电话吧？"机灵的王莉一下就猜着了。裘沅毫无表情,只是微微点了点头,也没有发出任何一点声音。王莉继续说:"我看你们还是重归于好,别再整天闷闷不乐的!"

裘沅依然毫无表情,只是微微摇了摇头,还是没有发出任何一点声音。这时门外有人唤王莉,她出去了。小柯见王莉把门拉上了,便向裘沅靠拢过去轻声问:"你们曾经好过,为什么就不能重新再好呢？"

"我抛弃他,我伤害了他……"裘沅打了个嗝似的吸了口气才接着说,"我对不起他!"

"噢,裘沅,你也不必那么古板,找对象,不就是挑挑拣拣的事嘛,换一两个人也算不得什么呀!"小柯说得确乎很轻巧。

"小柯,你不知道,他是个那么真诚纯厚的人,我对不起他,我不能再欺骗他了……"说着,便无声地掩面哭泣,拦不住的泪珠簌簌地滚落下来。

小柯赶紧拿来餐巾纸递给她,紧靠她小心地问:"裘沅,是你被欺骗了……"听到这里,裘沅即刻点头似的垂下脸去,哭出了声来。

小柯心里明白了,但不知说什么好,一时无措。忽然灵机一动,绕道从另一端说事,很神秘地贴近裘沅的耳朵:"我告诉你,"她下意识地看了看关着的门,"上星期四你不在,王莉左说右说要我回家去,我问为什么,她笑嘻嘻地看了我一会儿,说今天晚上男朋友要过来。"

"真的？"裘沅擦了擦眼泪问。

"那还能是假？我自然得成全他们啰,嘻嘻!"

裘沅跟着小柯露出了一丝颇含窘态的笑容。小柯继续说:"怪不得刚进学院就听有流言,说三年级以上的漂亮女生没几个是处女。"

裘沉沉默了一会儿,十分深沉地说:"山盟海誓,从一而终,还情有可原,然而玩世不恭,事过之后,形同陌路,实在有负于将来共度一生的真正恋人。"

"裘沉,你说的道理我赞同,但是你的情况特殊呀,只要你自己是真诚的,你就自欺一回吧,上苍也会闭一只眼睛原谅的。"

小柯话里的含义若隐若现,本意却显而易见,于是裘沉说:"小柯,你可真会说话……"

接下来连续几天,胡兴兴几乎天天有电话,有时一天里上下午都有,约她出去吃饭,听音乐会,哪怕是马路上走走,公园里坐坐,裘沉总是用这样那样的借口推辞。

胡兴兴没办法,告诉他妈,求妈去让俭熙阿姨做做工作。梁雪梅不仅与卜俭熙通了电话,而且还约定两个人见面,商量了好长时间。

一个休息天,全家三个人吃午饭。裘谷平对所有一切浑然不知,却忽然发现女儿好像瘦了不少,竟然停下筷子说:"裘沉,最近你身体怎么样?怎么好像瘦了不少,脸色也不大好!""爸,没什么,这几天考试,睡得晚了点。"于是大家无话,裘谷平吃完去了书房。"你看,多思多想伤神啊,你爸都觉察出来了!"卜俭熙对女儿说,"我早说过,妈可认准了兴兴,他可以让你一辈子和睦美满,你就不要再犹疑了!"裘沉没有答话,放下饭碗说:"妈,我去房间睡一会儿。"

卜俭熙不急于收拾桌面,走进厨房,关上门,拨通梁雪梅的手机,轻声说:"她在睡午觉,一点半左右过来差不多。"只听得那头"嗯"了一声,卜俭熙便把电话摁了。

卜俭熙轻手轻脚地收拾好一切,坐进沙发里看报,不知怎么报纸上的文字老是入不了眼帘,忍不住总要抬头望那墙上的电钟,半个多小时,时间就是这么看着秒针分针一圈一圈走过来的。

"笃笃笃!"敲门声,卜俭熙刷地起身开了门。"俭熙阿姨好!"

"是兴兴,快进来,快进来!"胡兴兴与上回一样不急于进门,鞋底在门口的塑料垫子上反复摩擦。

"好了,好了,快进来!"卜俭熙转身在卧室的门上敲了两下,"裘沅,兴兴来了!"

裘沅还未走出卧室门便说:"胡兴兴,你好!"胡兴兴即刻迎了过去,双手捧着一束鲜花送到他面前,说:"裘沅,下个月8号是你的生日,我这是提前祝贺你生日快乐!""谢谢!"裘沅微微一笑,接过了鲜花。胡兴兴随即转身把一个厚厚的材料袋递到卜俭熙面前,说:"俭熙阿姨,这是我妈特地叫我送来的,她的博士论文通过了,她十分感谢您,说没有您学校教育改革的创新与实践,她写不出这篇论文,在此,妈先让我对您表示感谢!"卜俭熙说:"你妈也太谦虚了,没有她从理论上概括、提升,我的教改试验没那么快摸得准方向,我要谢谢她呢!""妈,你与雪梅阿姨真是天生的好搭档啊!"裘沅插话,"我为你们感到骄傲!""是呀是呀,我们为我们俩的妈感到骄傲!"胡兴兴紧接着说。

"哎呀,我们只管站着说话,兴兴,快请坐!"卜俭熙从餐桌边挪过椅子,"我去泡两杯茶,你们聊聊,我去打个瞌睡。"

"妈,不用了,我们到外面去走走。"裘沅说。

"那也好。"其实这一出正是卜俭熙与梁雪梅商量所预期的。

走到门口,胡兴兴说:"要不要跟裘伯伯打个招呼?"

"不用了,也许他正在沙发里打盹呢,不去打扰他了。"裘沅说。

两个人离开大楼,沿着上回的方向肩并肩地走着,但好长时间谁也没有说话,其实两个人都是满肚子的话语,就是找不着最恰当的第一句。

"今天天气真好!"胡兴兴说。

"阳光格外明媚!"裘沅接上一句。

又走了好长一段路,两个人的眼睛也不曾有过一瞬的相对而视。

"兴兴,我对不起你!"裘沅终于忍不住地说。

"有什么对不起的?"胡兴兴转过脸望着裘沅说。

"过去……"

"你能回到我的身边,就是一切!过去的事永远不要说,我也不想听!"胡兴兴拦断她的话头,语气坚决,"你看,我们迎着太阳前行,把阴影永远摔在后头!"

胡兴兴的话语深深地震撼着裘沅的内心,她停住脚步,发呆似的凝视着他,眼眶里闪动着泪花。

"裘沅,你怎么啦?"

"兴兴,你真好……"裘沅的语调好像要哭出来似的。

"好!好!让我们一切重新开始!"

裘沅没有说话,只是使劲地点着头,同时抬起右手抹去了眼角将要流出的泪珠。

"前面就是大惠丰,我们再上八楼喝咖啡去!"胡兴兴说。

"好的!"裘沅终于露出了笑容。

进得咖啡厅,他俩仍然在边角处找了张小桌子面对面坐下,过来的服务员还是上回那个小姑娘。

"你们好!好久没来了?"

"读书,考试,忙!"裘沅笑着对她说。

"忙,就累,咖啡帮你提提神,欢迎常来!"服务员说完,放下一张大卡片,转身过去了。

"上次我们喝的是拿铁,今天我们换一种?"裘沅低头看着大卡片说。

"咖啡还有好多种?"胡兴兴问。

"好多种,除了拿铁,还有摩卡、卡布奇诺、蓝山……"

"不管哪一种,我想大凡少不了香、甜、苦这三种味道,这就是生活的味道,这叫感觉的迁移!"

"有意思,还饱含哲理!"

"谢谢夸奖!"

"咖啡,我们今天喝卡布奇诺?"裘沉问。

"随便。"胡兴兴答。

"哦,随便!"裘沉轻轻重复着,喉头却咯咯地笑出了声来。

"你笑什么?"胡兴兴问。

"我想起了你的那首小诗……"

服务员用盘子将两杯咖啡端了过来,并且逐一放到各人面前,转身离去了。

"你说的是《A市男人》?"胡兴兴问。

"是的,至今我还能背出来!"

"见笑见笑!"胡兴兴端起咖啡与裘沉碰杯。

"喝酒才碰杯,喝咖啡不搞碰杯的。"裘沉说。

"有规定吗?"胡兴兴问。

"没有。"

"就是嘛!管它是酒还是咖啡,我们碰的是杯,听一声叮当!"胡兴兴举起了杯。

"你真幽默!"说着,裘沉也举起了杯,当的一声,裘沉笑得咯咯咯,胡兴兴也和着嘿嘿嘿地笑。

两个人谈得越来越融洽,不知不觉个把小时过去了。

"明年毕业,你还考研吗?"裘沉问。

"考!你爸也支持我,我的决心在那时就已经坚定了。你呢?"

"我不读研,我将进修'教育学''心理学',考一张教师资格证书,踩着两个妈妈的脚印,去中学当一名老师。青少年学生纯洁好学,只要你对他们好,他们就喜欢你、尊敬你,从而自己也将得以净化。"

"好,当老师好,我支持你!"

"谢谢你的支持!"裘沅也端起咖啡与兴兴碰杯,继续说,"让我们一口干了,然后你就专注地欣赏咖啡厅的优雅装饰吧!"

裘沅招手让那小姑娘服务员过来,付了款。

"下回过来,可要带着糖喔!"小姑娘服务员笑着说。

"当然!"说完裘沅转身唤,"兴兴,我们回吧!"

待胡兴兴站起靠近她时,裘沅一只手伸进胡兴兴的臂弯,另一只手举起向小姑娘服务员挥别,两个人相对深情一笑,欢欢喜喜地跨出了咖啡厅的大门。

第十七章
喜 上 加 喜

两次教育技艺学习交流会之后,校长会议进行了一次专题研究,卜俭熙的意图这既是一次阶段性小结,同时也是一次教改继续深入的学习活动。她深信教改试验的成败,学校领导层观念的更新,以及操控水准的提高其意义是决定性的。

卜俭熙暗喜讨论不仅热烈而且切题,大家一致认为老师们的思想活跃起来了,教育现代化的本质是教育过程的现代化的观点,已经被普遍地理解和接受,而且明显地渐渐成为教师们教育实践的一种思维趋势,教师们也确有乐在其中的积极情绪。

但是,德育为首,立德树人,是作为教师的首要职责。这个观点虽然不会有老师说不,但分数第一的阴霾犹存,所以这个问题或明或暗地被忽视、被轻视仍然不是个别现象。因此,下阶段教改在这个问题上必须加强。大家认为卜校长提出班主任要设法把班级建设成为学生第二个充满暖意的家,这个主张与提法饱含深意,极其有力地撬动着班主任与学生们的心灵与情感。几个月来,绝大多数班级的面貌都有改观,有些个班级的师生之间以及同学之间关系的生动案例,已经不是什么罕见的事情了。

"不过德育与智育位置的颠倒事实上已经很长时间了,要矫正过来绝不可能一蹴而就。"卜俭熙说,"不过,我一向认为,老师中间并不缺乏热衷于改革的激情,经典性的言论,富于创新精神的实践,恰到好处的举措,等等,有必要加以梳理、概括、强化,使之成为可以普及的规范或者说模式,以至逐渐完善使之成为龙港中学教职工代代传承的必备素养。"

书记校长们十分赞同卜俭熙的这些说法,于是展开又一轮热烈的讨论。比如,关于要培养出好学生,首先自己要是个好老师,要勤于学习更新观念,不断提高教育技艺水准;关于在任何情况下,教师永远是学生上进的引领者、鼓舞者,与其相对的大忌是对学生自尊心的打击与冷漠;关于品格教育是塑造学生心灵的一门绣花般的艺术,全校每一位教职工面对任何一个学生,都应当具有全方位的示范性效应,没有时空的界限;关于传授知识是开发学生智力潜能的一门深邃的学问,基础教育的最高境界是为学生的成才搭桥引路,做好铺垫;关于某些班主任和任课老师长期潜心钻研教学过程的优化,积累了丰富的实践经验,理应总结发扬,就近的榜样特别应当把它们鲜活地树立起来;关于依据学生的实际,因材施教分层提高的教育策略,期待老师们的积极探索,切实落地,开拓创新;关于计划从这届初、高三毕业生开始,改一般"评语"为"毕业鉴定",强化"德""才"方面的表现与潜质,校长必须最后审核,签名盖章,等等。

就这些内容,卜俭熙建议召开一次行政扩大会议,也就是除了校长副校长支部书记以及各处室主任原行政会议成员以外,还邀请各处室副主任、支部委员、各学科正副教研组长、各年级组组长等参加。卜俭熙的意图很明显,略微透露校长会议的讨论情况,以引发老师和干部们对教改试验的真实看法与想法,以备后续的教改步子更加切实而稳妥。会议没有讨论提纲,要求与会者对学校大半个学期以来的教改试验,自由自在地有感而发。

片刻静场之后,会议一下子热闹了起来,发言一个接一个,而且舆论一边倒地对教改试验充分肯定,还有不少对于卜校长的褒扬之辞。一个多小时,大家的发言没有间歇过。

散会后,卜俭熙请支部书记与三个副校长暂留,她说:"我建议这个阶段性小结报告,由黄副校长来做!"

"不行不行,我不行!"黄副校长现出突然和吃惊的神态,其他两位校长与书记也意想不到,没有当即附和。

"黄校长,你行!你是学校开张最早就任的副校长,你踏踏实实忠于职守,早已获得教职工的认可,而且教改试验以来,你的言论见解也赢得了广泛的共鸣。何况,阶段性小结,你是代表校长会议的全体成员,我主张在一些重要问题上,领导层要扩大发声面,以示我们的理念共识和团结一致!"

"卜校长怎么一说,也有道理。"支部书记说,"黄校长你就辛苦一下,花点时间整理整理,然后再请卜校长修改修改。"

"有必要,我们可以再聚集讨论一次嘛。"卜校长说。

"那我试试吧,卜校长。"黄副校长终于被说动了。

"不是试试,就这么定了。"其实,卜俭熙了解,面对全体教职工做报告黄副校长早已不是第一次,而且讲话实在,反应良好。卜俭熙还了解到,前一时期干群之间的几次紧张关系,好在黄副校长的就中斡旋。而且,作为学校第一责任人,卜俭熙更清楚必须发挥学校领导层的群体作用,有利于教改试验的舆论氛围更趋和谐。况且,卜俭熙一向怀有这样的认识,所谓优质的教育资源,其核心首先指的是学校最高领导的基本素养。她一向认为作为学校的第一把手,有责任为具有潜质的下属提供锻炼的机会,创设提升的空间,以利于他们日后能独当一面,担起重任。

整整两个休息日,黄副校长的每一分钟都用在准备小结报告上。

星期一一早就找卜校长,把所列提纲和已经书写的部分讲稿呈上请教。卜俭熙看后说:"内容概括得齐全,条理也清楚。阐述的部分你还可以放开一些,多多采用你自己的语言,老师们的精彩发言尽量多引述一些。"黄校长听着连连点头。

"黄校长,昨天我看到翁老师去年的一篇工作汇报,觉得他不仅课上得好,教育理念也是非常前沿的。比如他认为作为一名教师,首要的意义是一名教育者,所以无论你任教什么科目,无论课内课外都有责任教育学生学会做人,等等。所以我想给你个建议,"卜俭熙停了一会儿说,"你是否可以找他深谈一次,看看能不能把翁老师作为一个较为完整的教育者的典型,树为我们龙港中学全体教师的学习榜样?"

"好的,卜校长,今天晚上我就去访问他,明天一早向您汇报!"黄副校长说。

"黄校长,我们是天天共事的同志,别再您啊您的,反而不自在。"卜俭熙反弹似的回应。黄副校长点头笑了笑,心里想,这个卜校长真是谦和,半个字的奉承也要原璧归还。

转身卜俭熙又找了方副校长,问他学生处能不能研究一下,筛选出一位工作一贯负责,教育重视立德树人,教改以来又有创新事迹的班主任,树为全体班主任的学习榜样,要知道身边的榜样看得见摸得着,我们加以肯定与表彰,仿效与超赶的正面效应是完全可以预期的。方副校长回答卜校长,一定办好这件事。

星期五上午,卜俭熙接到崔书记电话,问她能不能马上就来教育局,有事与她商量。卜俭熙即刻安排好几件事情,驱车出发。

来到教育局,与上次一样,崔书记把她请到自己的办公室,在小沙发里坐定。亲自泡了热茶,送到小茶几上,转身拿了自己的茶杯坐到另一张小沙发上,说:"卜校长,你说过要向我汇报你们的教改试验情况,不必了,梁雪梅的博士论文里写得很丰富了。"

"崔书记,梁雪梅是不是把我们的情况太过拔高了?"自从卜俭熙看过梁雪梅的论文,心里一直存有这样的疑虑。

"不!"崔书记语气铿锵,"尽管你们的改革还有不足,还要努力,但是大方向对头,改革实践已显成效。卜校长,说实话,把富于创新精神的理念,化为切实落地的舆论与行动,绝非易事,你们做的正是我们所预期的!"

"谢谢,谢谢崔书记鼓励!"卜俭熙很受鼓舞。

"卜校长,今天请你来,我有个设想与你商量!"

"崔书记,您客气了,什么设想,您请说!"

"读了梁老师的文章,我就开始谋划组织一批重点中学校长,上你们学校参观与体验,听取学校领导介绍,还希望与老师座谈,与学生座谈,等等,总而言之,要让你费心了,组织整整一天的教改试验现场会……"

"崔书记,在您的主导下,我与同事们努力更新观念,从教育教学到课外活动的各个层面,可以说都初有起色,不过从教改的整体着眼,还有许多环节需要进一步努力,崔书记您设想如此规模的现场会,我怕是尚欠火候……"

"卜校长,'教育必须改革',多年来强烈的呼吁从未停歇,我们使命在身,压力山大啊!以往有过展示改革的公开课、研究课,也有过以示素质教育的各种课外活动,以至各种名目的实验班,等等,可是星星点点,不仅成不了气候,尤其是触及不了教育之所以必须改革的要害处!卜校长,你们的教改试验不同,抓住核心问题,剖析各种因素的相互制约关系,口号既务实又富于创意,举措切实,教与学的关系发生了颠覆性的改观……总而言之,你们的改革,值得让校长们观摩,一定能引发他们的思考!"

"崔书记,我理解您的意图,支持您的设想!"卜俭熙好像换了口气似的,停了刹那继续说,"崔书记,我们有过类似的思想准备,不过时间宜于放在明年国庆节前后……"

"为什么时间要放在明年国庆节前后?"崔书记问。

"我是这样想的,既然是教改试验的展示,那么总该有点拿得出手的成效来才是!而教育的成效在时间上有着滞后性特点,我们的试验刚刚起步,光有面上的热热闹闹是不够的,时至明年国庆节前后,意味着我们的教改试验已经经历了高考、中考,还有市、区各学科类的文体类的各种比赛,等等,从现在的趋势看,只要我们把握好方向,继续努力,我相信,也有信心,届时我们一定能拿出一些说得响、看得见、摸得着的成效来……"

"好了,卜校长,我被你说服了,看来你对这次教改试验胸有成竹,一定能够不负众望!"

"我们努力!"卜俭熙语气恳切,"崔书记,不瞒您说,您的决策与支持给了我最大的信心,还有,如今已经成了博士的大学闺密梁雪梅,在理论方面也充实了我的底气……"

"说到梁雪梅,她即将来局里就任副局级教育科研室主任,办公室与人事处的有关同志正在做着多方面准备。有趣的是,局里已经组成七位教育理论深厚并且实践经验丰富的智库,梁雪梅的导师是其中之一,而智库隶属于教育科研室,这下原先的学生成了导师的领导了……"

"关系转化得这么快,倒是一桩趣事。不过我相信他们一定会处理好的。"卜俭熙说,"崔书记,你不知道吧,他们要结婚了!"

"结婚?谁跟谁,梁雪梅和她的导师?"

"对啊!"

"什么时候举行婚礼,我一定要为他们贺喜!"

"他们说,老头老太了,无需张扬,不过总得邀请几位领导,以及交往甚密的亲朋好友在学校食堂聚一桌,聊以见证而已。这事我自告奋勇为他们操办。"

"卜校长,那你准备得怎样了?"崔书记问。

"学校食堂聚一桌,总觉得有点太寒酸,而且到头来看的比吃的多,弄得两位老人好不自在,我想还是放在哪个饭店里好。崔书记您说呢?"

"要我说,"崔书记忽然灵机一动,"这一桌放在我们局里的食堂,我们的厨师可是金江大酒店退休的名厨,他有绝活!"

"这太好了!"

"届时,我还会请市里主管教育的领导赴宴贺喜,我们一定会给他们的婚礼喜上加喜!"

"崔书记,这怎么说呀!"

"到时你就会知道了,请你暂时也不要说起!"

"知道。"

在回学校的路上,她便与梁雪梅通电话,说了崔书记的建议。"那倒好。"梁雪梅回说。"放什么时候?"卜俭熙问。梁雪梅没能马上回话。"还忸怩什么呀,下个星期六晚上!"卜俭熙说。"下个星期六,好像仓促了点。"梁雪梅说。"那么下下个星期六晚上?"卜俭熙紧接着问。"好吧。"梁雪梅像是有点不好意思似的。

当天晚上,卜俭熙估计程阿姨工作已经完成,拨通了她的电话,把情况告诉了她后,说:"请你安排半天时间,最好是这个星期六下午,我们俩上街为新郎新娘筹办点东西。""好的好的!"程阿姨的声音透露着兴奋。"那就一点半校门对面的车站等。记住把老先生常穿的那件西装的尺寸量一量,别忘了!""知道!"

两个人车站碰头,上了直达第一百货公司的公交车。在车上,谈话的内容自然与接下来的采购有关。卜俭熙说:"我问梁老师需要买点什么,她说老头老太了,买什么呀。其实我知道她心里不是这么想的,你看她身上的穿着，不说光鲜亮丽，也总是色调样式得体。所以她的衣服我们无需操心，我们买的说不定被她嫌弃呢。老先生就不同了，好像就一套西装，也不知是什么料的，皱皱巴巴晃荡晃荡的。这次我们一定给老先生买一套挺括一点的西装，当然颜色适宜深一些的。你看着吧，将来老先生一定会被梁老师改造好的。不管怎么说，床上被单被套总该换新的吧。"程阿姨听着一直微笑点头，至此她说："房间里的窗帘太旧了，是不是也换一块新的？"卜俭熙紧接着说："对对！拣花样好看的，偏红，一挂，房间马上就显得喜气洋洋！可尺寸大小不知道呀？"程阿姨说："我已经量好了。"卜俭熙夸奖说："程阿姨，你真是个有心人！"

因为一路上商量好了，所以购物很顺利，两个人提着大包小包正欲离开时，卜俭熙忽然发现沙发靠垫，停下说："买两个沙发靠垫，把那两个灰溜溜瘪嗒嗒的换掉。"

"回去我就把新房间布置起来！"在回家的车上程阿姨说。

"程阿姨，不急，回去你先把东西藏进你的房间，到那天让新郎新娘打扮一番出门了，你再布置新房，待他们回来，给他们一个惊喜！"

"好的好的！"

"不过，婚宴你也要去参加……"

"我也要去？人家都是大人物，我不去！"程阿姨很是吃惊。

"程阿姨，你去理所应当！你是大媒人呀！"

"那我什么时候布置房间？"

"程阿姨，那天下午，我陪他们先过去，你就开始布置，搞定之后给我电话，我会打车过来接你这个大媒人去赴宴！"

婚宴当日，新郎新娘最先到达，喜滋滋地等候在教育局会客室门口，准备迎接客人们的到来。

最早到达的是教育局书记兼局长崔正和人事处处长，接着是东方师大教育系主任、博士生研究生办公室主任。再接着是梁雪梅工作过的中学校长,以及语文组的一位同事。最后进来的是卜俭熙与程阿姨。

"大媒人程阿姨到!"程阿姨一见这么多文化人,有点不好意思,卜俭熙硬是从后面推着。大家拍手,梁雪梅快步走过去,把她拉到自己身边坐下。

不一会儿,一个小伙子走到崔书记跟前说可以入座了。崔书记即刻站起大声说:"敬请新郎新娘先入座。"于是,大家簇拥着新郎新娘来到了教育局食堂唯一的包间。大圆桌中央耸立着用南瓜雕刻的一对凤凰,昂首翘尾,欲歌若舞,充满喜庆气氛。不去说冷盆里的花样,一眼望去,就那杯盘勺碟荧光闪闪,就很是典雅高贵。崔书记说:"我们的大厨知道两位高人在此举办婚宴,执意从老东家那里把整套餐具搬运过来,以表示他对两位新人的祝愿。"梁雪梅说:"谢谢,谢谢! 待会儿我们一定过去敬他一杯!"

接着新郎新娘站起逐个为客人们斟酒,于是祝贺、祝福、碰杯的叮当响成一片。大家品味佳肴,不免又要对大厨连连称赞。上热菜时服务员还一一报出名目,比如,浓汤鸡煲翅,芝士伊面焗澳龙,葱蒜雪花牛肉,清蒸芝麻斑,雀巢果皇玉带,金牌海皇卷,百年好合,等等。

正当大家品尝佳肴尽兴之际,崔书记忽然站起大声说:

"新郎新娘,各位朋友,今天是两位高人的大喜之日,我代表教育局向他们表示最热烈最诚挚的祝愿,祝愿他们新的家庭生活幸福美满!"大家热烈鼓掌,"同时,在这美好的时刻,我们教育局还要为他们两位喜上加喜,现在由我代表局领导宣布:

"新郎新娘,各位朋友,教育必须改革,是多少年来各界的强烈呼吁,最近国家最高层发话了,教育必须改革,教育必须现代化。为了强化教育改革策略的落地与深化,局里决定成立不涉及任何行政事务的副局级教育科学研究室,他们的任务是专注于研究教育的本质,沉下去了解我们教育的现状,改革的核心问题是什么,突破口在哪里和如何有效地突破,等等,向局领导提供咨询、方案,及至具体的建议,以使我们教育局的决策、文稿、评优、讲话,等等,师出有据,切合实际。我一直认为教育局不仅仅是一个行政办事机构,它更应当是教育理念与实践举措的权威性前沿。现在我代表局领导宣布,任命优秀的博士生梁雪梅同志为教育局副局级教育科学研究室主任!"大家热烈地鼓掌。

"向梁雪梅同志颁发聘书!"权当礼仪小姐的一位女同志把红色的聘书递给崔书记,崔书记离开座位走向新娘梁雪梅,梁雪梅赶紧起身迎向崔书记,在大家热烈的掌声中,梁雪梅接过聘书,两人紧紧握手。

"还有喜事,喜上加喜!"崔书记站在原地接着说,"请博导新郎接受本局首批督学聘书!

"我们还将特聘一批懂教育、敢作为的专家学者,以及理论与实践确有成就的老校长、老教师,组合我们教育局的智库,隶属于教育科学研究室,期待他们运用自己的学识和研究的新成果,推动我们的教育改革方向明确,举措切实,稳妥地向前推进。现在我宣布,新郎博导是我局特聘的第一位专家! 在此,我也代表局领导向博导新郎授予聘书!"

"不过,有趣的问题发生了,"掌声之后崔书记微笑着说,"从前导师自然是学生的领导,今天婚宴之后,导师竟成了学生的属下,这事有点蹊跷!"大家哈哈大笑。

"培养出能够领导自己的人,这才真叫导师呢!"有人说,大家又一阵哈哈大笑。

不一会儿,服务员端上来"合时环球鲜果盘",梁雪梅知道婚宴行将结束,她招呼服务员拿来一只酒杯,于是先往他俩杯子里倒了点酒,自己一手拿酒杯一手拿酒瓶,轻声对导师说"我们去敬大厨一杯"。大厨知道了赶了出来,众人夸赞大厨手艺高超,色香味俱佳。新娘把杯酒递上,大厨说"祝新郎新娘百年好合白头偕老",一抬头把酒干了,新郎新娘也把杯中的酒干了。又是一阵拍手声。

婚宴结束,局里派了辆车,欢送新郎新娘回家,卜俭熙和程阿姨同车回去。

卜俭熙也跟着上楼,她既要看看她与程阿姨构想的新房有没有新的气象,更要看看两位新人对此有没有惊喜的反应。不出所料,两个人大吃一惊,喜出望外。梁雪梅转过身握住卜俭熙的双手,说:"我的好闺密,谢谢,谢谢你!"卜俭熙说:"还有程阿姨呢。"导师也真的很受感动,在一旁说:"卜老师,程阿姨,你俩让我们真正地开始了新的生活,谢谢,谢谢你们!"

"还有鲜花,花瓶也是新的。俭熙,你们的用心可真是周到!"梁雪梅发现小茶几上艳丽的鲜花与别致的花瓶,大声说。

"这我倒没想到,程阿姨,是你买的?"卜俭熙问。

"梁老师,你去看花中夹有卡片。"程阿姨说。

梁雪梅赶紧过去从花朵丛里抽出一张红色的卡片,上面写着:祝爸爸妈妈婚姻幸福美满。署名是:胡兴兴、裘沅。

梁雪梅顿时泪珠滚落。

"雪梅,你怎么哭了,我们应该笑啊!"卜俭熙直视梁雪梅的眼睛说。

"俭熙,我此刻滚落的不是眼泪,是珍珠!"两人相对而笑,同时张开双臂,紧紧相拥。

第十八章
迎接全市校长的观摩考察

卜俭熙在教育局与崔书记的谈话,没向任何人说起,她想这已经不是一个需要讨论的问题,决定随着黄副校长的报告,作为一个时间节点直接宣布,鼓动与激励大家循着既定的方向与策略,为龙港中学的教改试验创造性地做出各自的贡献!

黄副校长做报告那天,卜俭熙主持会议,支部书记、方副校长、石副校长等也都端坐在主席台上。卜俭熙的开场白十分简要:"前些日子,校长会议对大半个学期以来学校教改试验进行了一次研讨与梳理,或者说阶段性小结,接着行政扩大会议也讨论了这个问题。下面,我们就请黄副校长代表校长会议,向全体教职工做一个汇报,题目是:龙港中学教改试验的初步实践与继续深入的构想,大家欢迎!"卜俭熙带头鼓掌。

黄副校长起身走近讲台。"卜校长让我代表校长会议做教改试验阶段性小结的报告,确实感到诚惶诚恐,谢谢老师们支持!"说完黄副校长翻开讲稿,开始了他的报告。虽说照本宣科,但读来从容,并且依据内容,有快有慢,有轻有重,还有几处脱稿发挥,也恰到好处。在讲到"教育现代化的本质是教育过程的现代化"时,黄副校长的情绪一下子有点激动起来,他说:"卜校长说得对,其实,在我们教师中间教育水准相当现代化的就有人在,我看翁老师就是一个代表,问题是我们当领导的没能站得高,予以总结提升,鼓动推广。学习交流会上可以说是观赏了翁老师的授课情况,前天我与他有过一次长谈,使我更深地理解他之所以课上得那么精彩,并非仅仅是头脑聪慧,凡事有本有源,他对教育事业充满热情,对青少年学生成才规律见解独到。

"谈话间,他翻开他的《教育随记》让我看,我注意到有一页的顶端写着七个字的标题:我的坚持与反对。标题下面很工整地一条一条记录着他的'坚持与反对',共有十七条。

"比如,坚持讲解新知识一定要抓住重点,由表及里,逐层剖析,使学生明白易懂,反对备课马虎,安排随意,没计划,无预案,上课只管自己讲,不管学生懂不懂;

"比如,坚持上课不仅要教给学生新的知识,还要教给他们如何学习的方法,反对只重视对知识概念或定律定理的死记硬背;

"比如,坚持作业必须认真讲评,表扬思维活动的创新意识,鼓励出错的同学纠正思维方法方面的欠缺,反对作业布置一大堆,批改打打√画画×就算了事,忽略了深化知识与提高学生思维能力的开掘与积聚;

"比如,坚持教学必须以表扬与鼓励为主原则,而且表扬与鼓励应当切实到位,反对轻视后进学生,解答他们的疑问时态度随性,缺乏耐心;

"比如,坚持不论课内课外,关心学生的举止品行,教育学生学会做人,反对明明看到学生做错事,置若罔闻,高高挂起;

"比如,坚持尊重学生的人格与自尊,反对任何形式的斥责、嘲讽与惩罚,等等。

"翁老师的这十七条,再加上听了他讲课的感受,我概括翁老师的教育理念与实践有如下四个特点:一,热衷于教育事业,深爱学生,为了下一代更加优秀,倾注他全部智慧与精力;二,潜心钻研教材,理解深刻通透,所以传授知识能够深入浅出,幽默生动;三,重视对学生的了解和研究,面对学生的不同实际,方法过程因势利导;四,诱导学生观察生活中的种种物理现象,激发学生动脑动手去解释与验证的兴趣,目的在于为培养未来的人才积聚勤于思考、敢于创新的习惯与能力。这是我们从事基础教育的最高境界!

"所以,校长会议一致认为,翁老师教育理念前沿又朴实,知识传授充满创意,谋略高远,这样的老师应当成为我们的榜样,何况,翁老师的教育已经成果丰硕,我们要为翁老师鼓掌!向翁老师学习!"

全场顿时响起热烈的掌声。

"黄校长,我要求插几句话可以吗?"方副校长站起身说,事先他写过纸条征得卜校长的支持。

"当然可以,方校长你请说!"同时,黄副校长把话筒让给他。

"我完全赞同翁老师是我们全校教师的榜样、楷模,向翁老师学习!"方副校长向着翁老师举一举拳头,呼口号似的说,"不过我此刻要求插话的意思是,我们还有不少老师,他们对教改试验的精神领会敏捷深刻,思考问题入木三分,见解举措切实到位,产生广泛良好的影响。比如,丁老师通过观察与调研,发现学生缺乏阅读课外书籍的兴趣,这样必然难以形成自己独特的兴趣爱好,更不用说萌生成才的自我意识了。丁老师建议组织班级小图书馆,亲自培养读书习惯,如今班级读书蔚然成风,而且对全校正产生着广泛而深远的影响。又比如,卜校长号召班主任要把班级创设成为学生充满暖意的第二个家,陆浩老师反应最快,领会其目的是创建好班级这个立德育人的小环境。第一次主题班会就开得非常成功。现在教室里整齐清洁,有花有草。所谓弱势同学再也不会受到歧视、欺负或者作弄。某些学科有困难的同学,班上组织了五六个帮扶小组,深深感动了家长。上学期结束,班级以'班级,我们第二个家'为主题,邀请全体家长举行联谊活动,学生汇报,家长发言,事实上,学生、家长、老师三位一体有利于学生成长的良好小环境已经形成。再比如,应老师班上学生打破头的事件,大家早已知道了。这件事情在卜校长的主导下,学生处小袁主任、应老师,还有美术老师相互配合严丝合缝,取得了令人信服的效果。我认为,这是我校塑造学生心灵需要绣花般艺术的典范,值得我们记取、仿效、赞扬!我的插话完了,谢谢大家!"

"方校长说的这三个事例,校长会议议论过,我在整理今天的报告时,确实有好事说不全的感觉。"黄副校长接着说,"教育局主导的教改试验,热切希望我们学校出现深入领悟教育现代化的本质所在,并且成批成批地出现敢于创新与勇于实践的优秀教师,可以说,这样的局面如今正在出现!我们的阶段性小结有那么多创新成效,归功于老师们的努力,在此,我们校长会议每一个成员,向全体老师、职工同志们表示感谢、致敬!"主席台上所有成员全体起立,拍手行礼。全场教师职工也起立,报以热烈的掌声。

"同志们,"黄副校长接着说,"让我们相互激励,敢于创新,敢于实践,不辱使命!下面,让我把报告读完,接着卜校长还有重要内容对大家说。"

黄副校长读完报告,把话筒移给了卜校长。

卜校长接过话筒说:"首先,我要告诉大家一件事情,我们两次教育技艺学习交流会,总有一位女同志坐在最后旁听,她叫梁雪梅。她原是一位机关干部,那时高中毕业生数量满足不了大学的招生计划,号召有条件的各界青年积极报考大学,于是她便成了我大学中文系四年的同窗闺密。毕业后她被分配在一所著名的重点中学。由于她教育教学业绩突出,四五年里又发表了几篇极具教改意向的论文,引起了教育局书记兼局长崔正同志的注意。不久,她被报送至东方师大教育系读研,接着继续深造又读博。她来旁听我们第一次教育技艺交流会,读博已近两年,听后深感共鸣,当即向我索取有关资料。我将老师们的发言,校长会议记录,还有我自己的几个报告统统复印给了她。第二次旁听之后,她告诉我说她的博士毕业论文的题目已经敲定:教育必须改革,教育必将实现现代化——从龙港中学的教改试验说起。

"梁雪梅写就了论文,送交评审组不久,崔书记也看到了这篇文章,很是兴奋,随即打电话让我去一次教育局,对我们的改革试验肯定鼓励有加。接着他希望我们组织一天的现场展示活动,他将组织全市的市、区重点中学校长、书记,来我们学校观摩、考察、研讨。我对崔书记说实话,我们有这样的思想准备,不管结论怎样,我们努力了,也算是为教育改革提供一个实实在在的案例。不过,崔书记,时间是不是放在明年国庆节前后?"

"崔书记问为什么。

"'我是这样想的,'我说,'既然是教改试验的展示,那么总该拿得出一些实质性的成效来才是!而教育的成效在时间上有着滞后性特点,我们的试验刚刚起步,光有面上的热热闹闹是不够的,时至明年国庆节前后,意味着我们的教改试验已经实践近一年,经历了高考、中考,还有市、区各学科类的文体类的各种比赛,家长们如何议论,等等,从现在的趋势看,只要我们把握好方向,继续努力,我相信,也有信心,届时想必能够拿出一些说得响、看得见、摸得着的成效来……'

"崔书记同意了我的看法。老师们,这就是说,我已经代表学校接受了一个重大的任务:明年国庆节前后举办一个整整一天的有关教改试验的展示会。老师们,让我们共同努力,把举办好这次展示会看作一次考试,看作给教育局和崔书记对我们寄予期望的一个阶段性交代,说得更高一些,也算是我们对国家号召'教育必须现代化'的一种呼应。老师们,对这次展示会,我是信心满满,因为有你们各位,老师们,你们有信心吗?"

"有!"老师们回应。

"我希望听到的声音还能够响亮一点,老师们,有没有信心?"

"有!"声音够响够亮,紧接着教师们还热烈地鼓掌。

"谢谢大家!"卜校长显得很是振奋,"那么,我告诉大家,按崔书记的意图,这次考察活动绝不是蜻蜓点水做做样子的,他们要从各个角度各个层面了解我们教改试验的各种情况。所以,我想我们应当组织一个筹备小组,策划设计把老师们的努力与学生方面的反应,尽可能地展示出来,用课堂教学,用实物,用摄影,用图表,用数字,尤其是将学生的情绪与成效展示出来。听课肯定是普遍的随机的,每一位老师都要有所准备,我相信老师们都能拿得出充满改革精神的一堂课来。崔书记还希望我们能组织多种形式的座谈、交流活动,总而言之,他们希望从各个角度各种层面获取真切有益的感性体验。不要以为崔书记他们只是在考考我们,不是的,他们在探索教育改革切实有效的途径,我们所做的是为这种探索提供实例,因而我们的努力作为,无论如何也是一种贡献。所以,从现在开始,各处室,各教研组,各年级组,各位班主任,每一位任课老师,各学科小组的指导老师,都要进一步领悟教育必须改革的前沿理念,构想和琢磨既能体现教改趋向,又能体现你们各自的风格特点的一堂课、一个主题班会、一个热门话题的辩论、一次读书活动的体验交流、特定学科课题的研究汇总、某个社会问题的调研报告,等等,等等。成型之后,望老师们积极申报,然后由校长会议、教导处、学生处联合逐个评议敲定。说到这里,我想再次强调应当贯穿于各项活动中的几个注意点:

"第一,所有内容必须真实,并且具有普遍的可行性,绝对杜绝虚夸。

"第二,学校教育的首要任务是立德树人,这是一项塑造心灵的工程。它首先要求教师自身的师德高尚,面对涉世未深的青少年学生要体察入微,以情感染情,以心点燃心,我们的努力要充分体现品格教育并非按部就班的劳作，而是一门绣花般的艺术。

"第三，教师传授知识的同时，必须注重教材潜在功能的挖掘，人生观、价值观、是非观、美学观，以至思想方法，等等，以利于学生掌握知识的同时，他们的智力潜能得到开发，他们的思维能力得到提高，这是一门既深邃又切实的学问。

"第四，每一位教师应当努力获得学生的信任和喜爱，得不到学生的信任和喜爱，作为一名教师那是很失败的。我确信作为一名好教师最要紧的秘诀，务必彻悟并实践对每一位学生自尊心的尊重与维护、自信心的扶持与鼓舞，任何情况下始终坚持表扬与鼓励为主原则。幼苗的高矮肥瘦自有不同，只要培育得当，一样都能成才。"

这次会议之后，沿袭着基本形成的教改趋向，龙港中学的各处室、教研组，所有老师们都在用心为迎接展示会做着准备。

差不多与此同时，梁雪梅的教育科研室里，也正在议论有关龙港中学明年国庆节前后教改展示活动的事。出席会议的有七位督学，以及各学科的教研员。有一位督学说："这次展示活动必将产生重大影响，我们是不是组织力量前去支持，发挥教科室应有的作用？"一些同志发声附议。梁雪梅说："这个问题我向崔书记提起过，崔书记认为不必，龙港中学的教改试验我们只是聘任了一个富于改革理念的校长，现在的进展也正如我们的预期。假如突然介入三五个甚至一批专家学者，出了成果，还可能被误认为原来如此。"大家听了点头称是。

"现在我把前些日子议论和酝酿的我们室的工作方案概括一下，"梁雪梅继续说，"现阶段诸位督学的主要任务是，理论与实践结合，尽量阐述清楚两个问题：一，当今的教育为什么必须改革；二，如何把握教育改革的重心与途径。辛苦各位，希望两个月内交出最初报告。方法既要钻研理论，更要深入下去做多方面的调查研究。文章铸就，首先供领导决策参考。经领导批准，也可以到媒体上去响亮发声，组织各个层面的讨论以至争论,只有当符合教育规律的改革理念形成气候,有效的策略举措才能真正诞生、落地、生根。

"各学科教研员同志们,你们原本都是本学科的教学高手,身为教研员,你们一直关注着本学科的教学状况及其趋势。如今国家创导'教育现代化',因此你们首先要认真学习体会其精神实质。其次,你们要经常到各级各类学校随机听课,发掘优秀的教学案例,并且广泛而专注地浏览本学科的报纸杂志,发现与遴选教师们富于创新精神的佳作,每个月以教育局教育科研室名义汇编一本暂名《优化(某学科)教学技艺探索》的简朴杂志,直接下发到学校各教研组,作为各教研组教研活动的必读文件,予以学习、评议、践行。而且,所采用的文章不仅要写上作者的姓名,还必须标明其所在的学校。意图很明显,把存在于广大教师队伍中的先进理念、优化的教学个案,得以聚集、发扬,产生标杆性影响,促使优化教学过程成为学校领导与教师们思维活动的焦点、常态,激励创新,形成气候。第三,请各位教研员多一只眼睛,去逛逛书店,把那些蚕食学生时间、抑制学生智力发展的什么'复习资料''高考习题集''为你高考加分'等等买回来,与督学们一起审查后,建议将有害无益的统统下架。以后,这类书籍必须经过权威机构审核,才能出版发行。"

这个会议之后,教育局教育科研室的工作正式运转起来了。

第十九章
仅仅是提供一个研讨的案例

斗转星移,时日如梭,国庆节即将来临。依照崔书记的意见,为避免影响各学校欢度国庆的有关事宜,卜俭熙决定把龙港中学教改试验展示活动放在国庆节之后第二周的某一天。

展示活动当日,龙港中学一如往常,整个校舍没有一句有关教改的标语口号,校门口也没有表示欢迎来宾的彩绘展板之类,只有两张课桌,两个年轻的女职工站立其后,一个守着签到簿,一个捧着一大沓大号信封。据说今天的来宾来头都不小,市教育局书记兼局长崔正,新成立的教育科研室主任、专家,各区主管教育的副区长、区教育局书记、局长,市、区教师进修学院院长,还有市、区重点中学的校长书记们,约有百二十人。

九点左右,来宾们陆续进校。两个年轻女职工恭恭敬敬又笑容可掬地敬请签名与分送材料。来宾们拆开信封,是两张展示活动的时间安排:

上午——

第三第四节课,所有教室开放听课。附有年级、班级、科目、任课教师姓名,以及教室编号的表格。

午餐后——

来宾们参观展示室,位于实验楼底层东侧。

下午——

一点半到三点——

各教室有如下活动:

(1) 多个班级举行班会,主题是:把班级建设成为学生充满暖意的第二个家。

(2) 初中高中各有两个班级进行师生讨论会,主题是为分数而教与为分数而学其弊端在哪里。

(3) 初中高中各有一个班级进行专题讨论:把时间与精力迷失在电脑游戏之中,主要是不是意志力问题。

(4) 初中高中各有一个家长与教师座谈会,主题是:协调家庭教育与学校教育的共识,要处在哪里。

(5) 初中高中各有两个班级学生也参加的家长会,营造三者目标愿望的一致性,创设有利于学生身心健康成长的环境氛围。

(6) 初中高中各有两个班级,同时举行"有一个美好的自己等着你"的课外阅读体验交流会,主题是:激励学生要有理想与抱负,必须学会静心读书的良好习惯,培养自己的兴趣特长与钻研精神。

(7) 初中高中各有一个教室进行学科兴趣小组活动情况交流。

(以上各项活动,均附有教室编号)。

材料最后还用黑体字写有这么一段话:

各位来宾,届时,选择您感兴趣的内容,敬请自动进入教室。欢迎提问,或发表见解!

三点半——

每周一次,全校文艺、体育、学科兴趣小组活动:

(1) 足球场上高中班际联赛争夺前四名比赛;

(2) 初中篮球联赛,分初一联队、初二联队、初三6个班各班一个

队,共八个队进行循环赛,今天篮球场上有两场比赛;

(3) 本校三名体育单项高手:地区运动会男子跳高冠军,地区运动会男子铅球亚军,地区运动会女子一百米季军,均由体育老师在相关场地进行个别辅导;

(4) 歌咏、舞蹈、器乐、戏剧、朗诵等活动在文艺楼;

(5) 物理小组、化学小组、生物小组活动在实验楼相关实验室;

(6) 数学小组活动在教工俱乐部;

(7) 文学小组、历史小组、生物小组、地理小组等活动在女教工宿舍楼底层。

所有以上各项活动,欢迎来宾们随意前往考察。

四点整——

全体来宾办公楼西侧会议厅集中。

将近四点,来宾们陆续来到会议厅,随即一拨一拨地大声议论,似乎还带着些兴奋与诧异。

主席台上坐着崔书记和卜校长。时间一到,崔书记站起身说:"各位校长,同志们,今天龙港中学的教改试验展示,全方位,多角度,让大家东奔西找地辛苦了,现在时间已经不早,大部分同志还要回市区,我们只能开个短会。何况,教改试验还未满一年,一切才刚刚开始,所以龙港中学也没有总结介绍的任务。龙岗中学的教改试验,我们教育局没有过什么顶层设计,也没有派驻过任何领导或者专家,我们只是通过考核,聘任了一位富于创新精神的校长,一切都是在她的主持下展开的。"接着崔书记挺直手掌指着卜俭熙说,"她就是我们尝试遴选机制任命的龙港中学的卜俭熙校长!"全场热烈鼓掌,"待会儿我们当然要请卜校长讲几句话的。"全场又一次热烈鼓掌,崔书记接着说,"从大家热烈的掌声里,说明你们今天的观摩考察很有收益,下面我们就用半个小时自由发言,原地站起,每人三两分钟,说说你们最有感触的话题!"

"我先说,初中生王晓力,现身说法介绍自己的转变经过,"一位中年偏上的校长站起说,"他还让我们看他前后对比的作业本和最近制作的生动有趣的泥塑作品,这个典型案例,充分说明他们的教改试验对德育教育的重视……"

"岂止仅仅限于德育,他们站在理论的高地,依据大脑的智力潜质,鼓励发展特长,把学生整个身心的积极情绪都调动了起来,佩服佩服……"一位中年女校长说。

"用我们卜校长的话说,"崔书记插话,"塑造学生的心灵是一门绣花般的艺术!"

"绣花般的艺术!这个提法好!"一些校长呼应,随即有许多人拍手。

"下午我连续参加了两个班会,同学们的发言,让我深受感动!"一个女校长说,"'把班级建设成为充满暖意的学生第二个家',这是一个极有深意与远见的创新!事实上,班级集体是对每一个学生成长具有深远意义的舆论环境,它润物细无声地熏染着每一个成员的行为品格。如果每个学生对自己的班级都有充满暖意的感受,那么你们学校就是陶冶学生为人品格的大熔炉!卜校长,向你学习,向你致敬!"女校长面向卜俭熙大声说,同时对着她拍手。

卜俭熙赶忙站起,两手合十,作揖致意。

"品格教育需要绣花般的艺术,卜校长的提法可谓经典!"一位S市著名中学的老校长说,"良好的品格之所以重要,因为它不仅是学生们成才不可或缺的基本素养,而且是时刻推动他们奋勇向前的内在动力!"

"老校长的概括也是经典!"有位戴着黑框眼镜的较为年轻的校长紧接着说,"老校长说得对,我觉得我们的教育改革不仅缺少真正说到点子上的理论,更加缺少的是把理论落地,切实地产生效益。参观你们的展示室,最让我感到吃惊的是,大家都在争分数的时候,你们的教改试验却特别强调要把学生从分数的桎梏中解脱出来,不到一年,你们的高考升学率反而提升了九个百分点,其中的道理太值得深思!"

"使我感到吃惊的,还不仅仅是这九个百分点!"一位女校长紧接着说,"在展示室里,你们的统计清楚地说明你们的生源状况是'起点低、层次多、差距大',教改试验还不满一年,你们另一张统计表竟然在全国全市的学科比赛中拿到那么多奖项,有的还是最高奖。"女校长拿出了她的记事本,"比如,周峻同学荣获全国物理小论文S市赛区全国优秀论文奖,S市计算机竞赛一等奖;沈毅、沈涵同学双双荣获全国物理竞赛一等奖,他俩还双双荣获S市高三数学竞赛一等奖,蒋寅同学获三等奖;葛磊同学荣获华夏杯全国中学生作文大赛一等奖,S市计算机竞赛二等奖;张琼华同学荣获S市高三作文竞赛一等奖;仓悦同学荣获全国地理知识竞赛特等奖;庄严同学荣获S市第一届青少年生物百科竞赛二等奖;杨立宏同学荣获九龙杯(数学)双基比赛一等奖,顾音蕾获三等奖……简直难以置信,其中太有深意,大有文章!"

"这些还不算,今年高考,他们有3.5%的学生考取了一流大学,初升高情况也大有提升,前所未有,真是了不起!"有位校长抢着插话,全场热烈鼓掌。

"有关这方面的情况,我们请卜校长讲几句!"崔书记说着把话筒推向卜校长,全场再次热烈鼓掌。

"各位校长,同志们,谢谢大家对我们的鼓励!"卜俭熙说,"说实话,有那么些高三毕业生考取一流大学,还有那么些学生在各学科比赛中获奖,确实出乎我们的预料,不过由此,我们更加深信一条真理,那就是每一个孩子都是聪明的,因为他们都有一个与生俱来潜能无限的大脑。科学家们说,如果环境与条件适宜,再加上新型的教育活动,那么人脑就能把它的创造性才能发挥到不可想象的高度。科学家们估计,当今大脑潜能的开发只有10%～15%,有的甚至说不过5%。科学界预测,21世纪大脑科学研究将是第一课题。于是我们意识到,与其说教育把学生当成'空瓶子'硬塞知识索取分数,倒不如把他们视为潜能无限期待开发的一个个大脑。据此,我们的教改试验,首先聚焦于以下三个方面:一,尽可能地开拓与创设适宜于学生大脑潜能开发的环境与氛围。比如,首先要把学生从延续了几十年的分数桎梏中解脱出来;提倡集体姓氏,把班级集体建设成为充满暖意的学生第二个家;引导学生养成读书的兴趣与习惯;大力发扬学生中的创新思维与创新行动;协调学校、学生与家长三方在成才问题上的共识,等等,都是着眼于此。二,号召与鼓励每一位老师理应成为学生从心里喜欢并且终生难忘的好老师。教师的形象是学生塑造的,学生是否喜欢与爱戴你,他们有一架直觉的天平在心里。要成为学生心里的好老师,没有秘诀,根本原因在于你是否对每一位学生的人格与自尊心加以尊重和维护,对待他们的缺点与错误,你能否让他们感受到你的真诚与善意,从而醒悟悔过,心生感激。作为一名教育者,必须始终坚持表扬与鼓励为主的原则,幼苗总有肥瘦高矮之不同,只要培育得当,一样能够成才。三,倡导教育现代化,优化教育过程。比如,要求教师备课要深入,表述阐述要浅出,引发学习兴趣。传授知识的同时,要有意识地挖掘教材中固有的潜在功能,诸如世界观、民族观、人生观、是非观、美学观、辩证法、思维逻辑,等等,拓展他们的视野,提高他们读书的透视力,促进思维能力的提升,鼓动他们形成自己独特的兴趣爱好,激励他们的理想抱负与钻研精神。总而言之,一切的一切,目的在于催生他们大脑潜能的自我开发,这才是我们优化教育过程的最高境界。

"为了让这些设想落地实践,全体教师每四个星期进行一次教育现代化问题的学习与交流。交流发言领导不点名、不暗示,可以事先报名,也可以灵感突发洋洋洒洒地临场发挥,也可以三言两语,直击要害。

因而每次活动气氛活跃,有的谈体验,有的说教训,有的介绍自我感觉良好的课堂案例,有老师深有感触地述说,用心开发学生大脑潜能的思考,也使自己的脑洞大开,等等。老师们发言争先恐后,各具特色,可谓百花齐放。因此,对于什么是教育过程现代化的认知与实践愈趋深入。今天我非常高兴地告诉各位,就在这样的学习交流过程中,面对我校的生源'起点低、层次多、差距大'的实际,一个很具意义的教育策略诞生了,那就是'因材施教,分层提高,让尖子冒得出,使中间迈大步,叫后进不落伍'。就此,学校领导和老师们也都再也不用既模糊又并不科学的平均分来评估一位教师的教学业绩,以及学生的学习状况。起点可以不同,提高就是成效。

"渐渐地,'因材施教,分层提高'并不仅仅是一句口号,而是教师们在备课、精选作业与重点讲评时有针对性地个别辅导,学科兴趣小组辅导老师更是追求创意,带领学生发现与确立课题,鼓动潜心钻研已经成为老师们努力优化教育过程的一种思维定式。有老师自嘲似的说:'其实学生中骏马不少,但是老师中伯乐却不多,我们也要开动大脑,敏于发现学生的潜能长项,鼓励诱导,让尖子冒得出来!'高中各年级,都还分别召开过学生、家长、辅导老师结拜师徒式的座谈会,营造氛围,激励学生奋力冒尖!"卜俭熙停了刹那,像是缓了口气继续说,"所以我想,这一切,与那九个百分点和那么些奖项不无关系,因为大脑潜能的开发在学生们下意识里成为一种自觉行为的话,长进是可以超常规的、跨越式的!"

卜俭熙这一番言论,赢得全场一片掌声。

"卜校长,本人十分赞同与崇尚您的教育理念!"一位似是接近退休年龄的老校长站起身说,"在展示室里看到那么多学生自己设计和制作的实验装置,尤其是那个变魔术似的、大泡泡里的小泡泡爆炸而大泡泡安然无恙的实验,着实使我们大为惊异,您能为我们说说其中的故事吗？"

"好的，不过，这个问题我请我们的物理翁老师给大家说说。"翁老师坐在第一排，卜俭熙向他招招手，翁老师走上了讲台，卜俭熙打个手势，他在卜校长旁边坐下。卜俭熙又补充一句说："展示室里各位看到的学生设计制作的物理实验装置，市区物理比赛的奖项，还有今年考取一流大学物理专业的高三毕业生，大半是他的高作……"会场里许多人情不自禁地拍起手来。

"本人不善言辞，今天让我面对这么多领导讲话，真是既忐忑又荣幸，谢谢大家！"翁老师很有礼貌地开始了他的发言，"我从一句心里话说起，本人从教二十多年，从未脱离过教学物理的讲台，平心而论，还算尽心尽责。来到本校不久，正逢卜校长带领我们教改试验，才开始认识到以往只是为物理而教物理，现在认识到，教学要培养人才，关系到国富民强、中华民族的伟大复兴，真的，如今觉得动力倍增！"接着翁老师简要概述了关于大小泡泡的巧妙的设计，以及未能最后如愿的事实，他继续说，"它一直是个挂在我心头的憾事，如能够解决集束光源问题，实现了设计的预想，那不仅对两位设计者是莫大的鼓舞，对其他所有同学也是激励创造性学习的鲜活榜样。忽然想起美术杨老师带领王晓力去美术工厂学习，我们何不也大胆地走出去！于是我找卜校长商量，能不能去向有关科研机构求助。卜校长对我的想法称赞不已，说一定竭力配合。第二天，卜校长就让我去组织处开介绍信，还说带上那两个学生，午饭后用小车送你们前往。研究所的领导热情地接待了我们，答应特意为我们设计制作一台小型激光器，今天终于能够让各位在展示室里看到了我们两位学生设计的实验，并且取得了完满的成功。"

全场响起了热烈的掌声。

"在这里，我觉得有义务向各位领导传达激光所领导的一句话。"翁老师继续说，"当他们决定特意为我们设计制作一台微型激光器时，我们师生三人不约而同地起立,向他们鞠躬致谢,可那位领导说:'不必不必,我们需要学校源源不断地向我们输送优秀人才,为国家创新攻关,而学校培养人才需要我们提供一点支持,理所应当,这是一种意义深远且完美的循环!'"

全场爆发出特别热烈的掌声。

"同志们!"崔书记没等掌声停歇,喊也似的说,"没想到发言这么热烈,而且都很精彩。看来还有人有话要说,但时间不允许,只能到此为止了。今天的观摩,你们会问教育局有没有结论与指示?我一开始就说过,没有!在龙港中学教改试验启动之前,我们局里就得出了比较一致的见解,教育要改革呼吁了几十年,零敲碎打的规定下达过多次,时隐时现颇有声势的试点也不下三五处,结果都因为抓不准要害,不仅缺乏普遍性的推广价值,形不成气候,分数第一的顽疾反而愈趋深重!如今国家倡导'教育现代化',这既是针对教育本身存在的不足,更是新时代发展的紧迫要求。对这个重大使命,我们教育局还缺乏足够的认知。教育是一门科学,是极其深邃的学问,回顾以往,我们一直忙于事务,甚至还算不得真正懂得教育的人。为了弥补这个缺憾,局里新近成立了副局级的教育科学研究室,他们的工作不涉及任何行政事务,是我们教育局的智库,他们的职责是洞悉形势,研究理论,调查教育实际,问题质疑,接受咨询,提供建议,起草文件等,以使我们的决策举措既切合实际,又符合教育规律。今天他们都到场了,有主任梁雪梅,以及博士生导师、博士、古今中外教育家研究者、经验丰富的老校长等,现在请他们与大家认识一下。"他们都坐在第一排,崔书记伸直手臂敬请起立,全场热烈鼓掌,他们全体转身行礼致意。

"'教育现代化'是一个紧迫、崇高、意涵深远的命题,因此,没有一个大学习、大讨论,以至大辩论,不仅难以正确深入地领悟,更不用说新观念诞生进而形成气候了。所以,今天我们请各位考察龙港中学的教改试验，许多同志很有感触，但我必须明确地告诉大家，龙港中学的教改试验不是典型，也不是样板，不过是为大家学习与实践'教育现代化'提供的一个案例。形式主义的效仿搬弄某些做法，算不得真正的教育改革。'一个校长就是一所学校'，当下校长们的首要任务是，必须以新的精神境界去认识与体验'教育现代化'对校长的要求与期待。局领导会议决定，从现在开始，教育局将首先分片分块组织各种规模各种形式的校长们的学习、讨论以至辩论。无须急于收场，一次不够可以再次，精神实质的领悟、新观念的确立务必到位。而后校长们带领老师们学习、讨论、交流，有计划地将认识与体验切实落地，以使教育改革各具特色地扎扎实实地起步。其间，局教育科研室将向各校提供有关理论探讨、调查研究报告等资料供参考。有关龙港中学教改试验的资料，需要者可向教育科研室索取。当然，某些学校会率先进入边学习边实践阶段。那时，欢迎各学校把你们有创意有成效的改革成果积极向教育局通报，适当阶段我们将组织多次校际交流，让智慧碰撞、激励，以促进对'教育现代化'理念认知的深化，教改实践真正地形成气候！"这最后一句，崔书记放慢了速度，提高了语调。说完，他抬腕看了看表："时间差不多了。会议到此结束，散会！"

校长们边起身边鼓掌，然而仿佛是崔书记的结束语蕴含的压力，和缓了拍手的力度与声响。

2018 年 7 月 18 日—2021 年 6 月 15 日初稿
2021 年 10 月 23 日第二次修改

后　　记

本人专业语文教学,当过26年班主任,5届年级组长,10多年校长,退休后又在民办学校当了6年校长,可说是搞了一辈子教育。其间,对如何教与如何学,一直有所思考,时不时写写文章说说个人的实践与体会,退休20多年来亦然。

如今国家号召"教育要现代化",共鸣,振奋,改革有了大方向。然而,几十年的陈年旧疴,企望一两个文件、几个专家学者的报告,着实难以撼动。而教育,人人都能说上几句,议论纷纭,皆有依据,却难聚共识,形不成气候。尤为艰巨的是,教育是塑造灵魂培养人的工程,学校万千,情况复杂多样,改革不可能有一个划一的模式。

《校长(2)》循着"教育要现代化"号召,虚拟了一所学校的改革进程,却也并非空穴臆造。现实中符合教育现代化精神的案例广泛地存在,然而,花哨片面东一榔头西一棒的所谓改革也屡见不鲜。《校长(2)》的意图在于探索,但是由于本人的局限,小说肯定存有缺点甚至明显的不妥,欢迎批评、质疑,乃至论争。也许正是这样,整个教育层面的教改能够活跃起来,各级各类层次不同的学校,一样都能出彩。

感谢编辑先生对我拙作的认可。我特别感谢陈先法、陈永志、范守纲、过传忠、江晨清、张越、彭世强、张颖等诸位作家、文艺评论家、编审、教材主编、文学作品诵读研究者、校长、特级教师、原市级教育行政领导等，这些大脑未曾退休的老同志，给了我热诚的鼓励与切实的支持，并且提供了宝贵的修改建议。还有范家材、郑永先、何史芳、郭敏、朱慧丽、吴静君等老师为我提供他们的经验及资料，在此我对他们的热忱支持表示诚挚的感谢，尤其是上海市物理教材主编、特级教师张越老师，他知道我正在写这本书，便将他的经验与资料和盘托出，供我参考与选用。

倘若我的"探索"对校长以及老师们的教育改革能有一点启示，那是我的莫大慰藉与幸运。

2022年2月19日

图书在版编目(CIP)数据

校长.2 / 沈杰著.—上海：文汇出版社,2022.10
ISBN 978-7-5496-3852-9

Ⅰ.①校… Ⅱ.①沈… Ⅲ.①长篇小说—中国—当代
Ⅳ.①I247.5

中国版本图书馆 CIP 数据核字(2022)第 134641 号

校长(2)

作　　者 / 沈　杰

责任编辑 / 戴　铮
封面装帧 / 李　廉

出版发行 / 文汇出版社
　　　　　上海市威海路 755 号
　　　　　（邮政编码 200041）
经　　销 / 全国新华书店
排　　版 / 南京展望文化发展有限公司
印刷装订 / 启东市人民印刷有限公司
版　　次 / 2022 年 10 月第 1 版
印　　次 / 2022 年 10 月第 1 次印刷
开　　本 / 640×960　1/16
字　　数 / 180 千字
印　　张 / 15.5

ISBN 978-7-5496-3852-9
定　　价 / 38.00 元